兩岸同根同源的文化展演研究

以臺灣民俗村和閩臺緣博物館為例

潘峰 著

崧燁文化

目　　錄

代序 / 001
前言 / 005
緒論 / 009
第一節 緣起 / 009
第二節 研究方法 / 014
　　一、田野工作的過程 / 014
　　二、實地調查方法 / 16
　　三、材料整理 / 17
第三節 文化展演的理論研究：溯源、發展和當代轉向 / 020
　　一、來自劇場的表演概念 / 020
　　二、人類學的引進：劇場外的社會表演 / 022
　　三、從「被看」轉向「看」：
　　　　關注視覺體驗的文化展示研究 / 031
　　四、一點思考 / 041
第四節 主題公園和博物館的研究現狀和思考 / 043
　　一、西方學者的研究取向 / 043
　　二、臺灣學者的相關研究 / 056
　　三、大陸學者的研究偏重 / 062
　　四、大陸的主題公園、博物館研究現狀的反思 / 066
第五節 分析框架和章節安排 / 072

第一章 「同根同源」的兩種展演 / ０７９
第一節 經濟的維度：廈門臺灣民俗村 / ０８０
　　一、臺商投資的熱土：廈門經濟特區 / ０８０
　　二、旅遊經濟成為城市發展的動力 / ０８３
　　三、潮流中：一個臺商的民俗村投資案例 / ０８４
第二節 政治維度：中國閩臺緣博物館 / ０８８
　　一、作為「閩南文化的核心區」：泉州古城 / ０８８
　　二、將「閩南文化」壓縮：閩臺緣博物館的緣起 / ０９１

第二章 建造「同根」景觀 / ０９５
第一節 再造：臺灣少數民族的建築符號 / ０９５
　　一、旅遊市場的定位 / ０９６
　　二、移植：從臺灣到大陸的「同根」文化 / ０９８
　　三、大眾文化的形塑：扎根大陸的建築改造 / １０２
　　四、建造實踐：從照片到實體的文化雜糅 / １０７
第二節 再生產：「閩南紅磚厝」的建築符號 / １１２
　　一、尋找「同根」建築的依據 / １１２
　　二、紅磚厝作為「閩南特色」建築的代表 / １１６
　　三、紅磚厝符號的空間再生產 / １１９

第三章 展示物的表述 / １３６
第一節 直接表述：「緣」的物品分類 / １３６
　　一、「緣」成為展示主題 １３６
　　二、陳列設計的分類實踐 / １４３
　　三、物品擺放的「純潔化」敘事 / １５０

第二節 含蓄表述：「正宗」商品的「同根」展覽／１５３
　　一、採購：選擇「熟知」的商品／１５４
　　二、商品的「舞台」／１５６
　　三、「正宗」中的「同根同源」／１６２
　　四、消費背後：本土化行銷的策略／１７４

第四章 空間實踐／１７７
第一節 「權威空間」的角色「扮演」：
　　　博物館和參觀者的互動／１７７
　　一、進入博物館空間／１７９
　　二、「劇情」的發展：參觀和體驗／１８６
　　三、聯想：在落下「帷幔」之時／２００
第二節 協商的舞台體驗：編導、舞者和觀眾的互動／２０５
　　一、「觀眾想看什麼？」／２０５
　　二、「看」和「被看」：舞台展現和觀眾想像／２１２
　　三、「我們都是一家人」：觀眾與演員的空間互動／２２１
　　四、協商的主體性／２３４

結論與反思／２３６
一、文化展演的同構性／２３６
二、觀眾、演員和文化腳本／２４０
參考文獻
後記

代序

　　這是一本涉及臺灣和大陸的書，但和通常的臺灣問題研究專著不同。書中並不是像多數的臺灣研究論著一樣，去把大量筆墨放在對臺政策或者臺灣與大陸的關係分析之上，地處閩南泉州的中國閩臺緣博物館和廈門的臺灣民俗村是本書關注的主要研究對象。說起博物館和民俗村，分別是當代文化展示和旅遊的熱點，一方面是政府採取各種政策，進行補貼，促進博物館免費開放；另一方面，民俗村成為展示一個區域或者民族的歷史與文化的新形式，在不少地方列入到旅遊線路之中。兩者產生一個交集之後，本書所涉及的兩個研究對象，便構成了一種新的和臺灣相關聯的文化展演現象。

　　兩岸關係在消除彼此的誤解和敵對過程中，逐漸波折前行。總的基調從彼此的武力合併和對抗，轉向了更為務實和積極的合作與交流，大陸方面過去強硬的武力手段逐漸被柔性宣傳政策和正常的經濟文化交往所代替，大量臺商和演藝等界人士到大陸發展事業，臺灣旅遊開放之後大陸遊客蜂擁而入，在新的層面實現著相互的瞭解。兩岸學術界的交流也日益豐富，近兩年我也有機會兩次赴臺，在「中央研究院」和臺灣大學進行了為期兩個月的學術交流活動。在這樣的交流過程中，在大陸一側建造兩岸關係的「同根同源」的人造景觀，建立地方文化品牌的同時，也成為對臺宣傳的重要途徑之一。在這一過程中，打造一種地方文化特色，運用地方特有的文化元素，表徵和展示其社會文化意義與訴求，成為各地新的文化建設和旅遊籌畫的主題。地方的城市規劃和發展方略確定了福建泉州、廈門這樣的城市的新定位和新特點，甚至南音等福建的文化演藝形式已經加上了「兩岸同根同源」的意義，閩南地區文化遺產的保護已經提升到更宏大的政治話語中。國家話語和地方特色在閩南

同時展現，相得益彰，也應當使我們獲得國家和地方關係的新認識。

對於關心人之由來和美之所在的人而言，博物館（museum，也包括中國的美術館）似乎是最適合的去處。在歷史和藝術中徜徉漫步，使人產生一種虔誠和敬仰之心，我們通常說受到「薰陶」。在這樣的薰陶中，人們也在參觀經歷中有所收穫，追溯歷史榮耀與艱辛，獲得藝術感知與啟迪，在匆匆一瞥中度過一段時光。這種參觀結束後，比較進入博物館之前人們實際上已有所改變。當然這種改變的結果可能會呈現出諸多的與博物館展覽設計者不同的文本。因為每個參觀者也都是在能動地觀摩，甚至以一種在博物館裡也許並不主動的方式，實現內心的主動介入，而不是一個簡單的接收器。

儘管人們在博物館裡似乎很少吵鬧，但博物館既是教育場所也是遊覽場所，本書所涉及的民俗村更是如此。透過在書中所描寫的這兩個展演地的參觀和遊覽，兩岸遊客可以感受再造的臺灣文化氛圍，瞭解臺灣的歷史過程，獲知創造那些文化的臺灣民眾的歷史心性和生活形態，使之成為兩岸接觸與交流的新型平台。未來這類文化展演應當根據每一項目的地域所在，發掘區域和族群的獨特性，也許可以採用更為活潑的形式，也許可以讓觀眾有更多的參與機會和更好的分享感受，促進這類展演更讓人喜聞樂見。

博物館和民俗村作為重要的理論與實踐領域，更是文化呈現的媒介，展示出社會文化的各個層面，包括政治、經濟、社會及宗教等不同議題。在現今全球化的趨勢之下，世界各地的博物館數目都在持續地增加，民俗村也在各地不斷建設起來，幾乎沒有一個地區沒有自己的博物館，沒有當地的民俗村，除了建構歷史敘事、保存文化遺產、展現民俗文化等因素之外，更帶有文明進步的象徵意義，成為一個城市或者地區提升現代化程度的一種外在標誌。在當

今社會中，博物館和民俗村也更多地和旅遊結合在了一起，以求提振經濟，推進文化。在這樣的背景中來看地處福建的閩臺緣博物館和臺灣民俗村，也許在這裡的創辦者、投資者所想要表徵（representation）的更重要的內涵是兩岸關係的政治訴求。

　　閩臺緣博物館和臺灣民俗村在兩岸關係的糾結中，將閩臺地方文化知識與建築、陳列、文物詮釋關聯在一起，將相對遙望的海峽兩岸關聯在一起，其建築物、蒐藏品、蒐藏與研究、展示與宣傳教育可以說是一個雜糅的思考方式、意識形態、權力結構與經濟行為的操弄結果，也受到這兩者的出資方、支持機構、主管部門的性質及所處的社會文化系統的制約。本書分別從政治和經濟維度，展現了兩岸在社會、文化方面的諸多相似性，成為理解「同根同源」表徵體系的主要線索。各種展覽物的蒐藏、認識、陳列、詮釋等行為，不僅是有關臺灣歷史與文化知識的傳遞和臺灣少數民族多元文化價值的展示，更是特定時代大陸對臺關係的過程性發展與變化的結果。我們相信，未來也可能會隨著這種過程的新變化，而不斷有所調整。

　　在本書中，作者運用社會互動、文化表徵和角色扮演理論，力求論證大眾消費文化和國家意識形態共同塑造了文化景觀的形象並賦予意義，兩岸的不同參與者介入了這一過程，並在一定程度上與大眾文化達成某種契合，人們按照兩岸關係特定時代的文化腳本進行角色扮演。透過記憶、行動和形象想像的方式，借由閩臺緣博物館和臺灣民俗村這兩個平臺，使得「同根同源」的主流話語表述在不同地域間實現了意義的轉換，於是在同一個主題思想引導下根據不同的觀演關係，根據現實文化境遇製作出了不同版本的文化腳本。在國家對臺宣傳的「宏大敘事」和臺商紛紛跨地域「市場經營」的大背景下，國家、專家學者、媒體、演員、參觀者以及各種展示物、情境等，共同上演了一出「社會戲劇」。儘管演劇的人們有著他們不同的自我，也用各種各樣的方式進行自我的表述，借用

了各種不同的表徵手段，或者同樣的表徵形式具有著不同的表徵意涵，但這兩個平台搭就了一個大舞台，為劇碼的呈現提供了有效的空間。

　　在進行大量的現場景觀描述的同時，作者也強調，在意義賦予過程之同時，應當重視觀者的主體性，以及對意義解讀的各種實踐。注意在文化展演中，觀眾如何觀看演員的演出，又是透過什麼樣的方式解讀文化腳本的。人們參觀和遊覽過程中，隨著身體的移動，也在完成觀念的交流，在文化展演的表徵結構中，這些能動的參觀者、遊覽者具有的主體性得到呈現，也許有些讀者會期待這種呈現能夠更為生動和深刻些。

　　羈絆於作者與為他的田野工作提供便利的兩個機構的關係，在書中他並沒有著力去討論展演是否再現與重構了臺灣的社會歷史與族群文化象徵的全貌，是否是一種接近真實和立場客觀的再現，也沒有更多地去評判在空間轉換之後閩臺緣博物館和臺灣民俗村在展演的形式與內容上發生的變化。對於閩臺文化展演與多元文化的生活經驗、族群認同、文化創造、歷史與集體記憶的詮釋、社會史觀的重建等文化政治相關聯的領域，對於展示物與物在歷史和生活中原本的主人在展示和展演中文化資產的所有權、歷史文化之論述的主控權等等，此類乃至其他更為廣泛的議題，希望本書的讀者和批評者們在進一步探索中，能夠有新的見解和認識。

　　遵作者囑，遐思數語，聊為序。

王建民

中央民族大學中國當代民族問題研究基地

民族學人類學理論與方法研究中心副主任

中央民族大學人類學專業博士生導師、教授

前言

　　自1949年以來，兩岸關係一直是件大事。中國大陸「一國兩制」的基本方針提出，將過去強硬的武力手段轉向對柔性宣傳政策的傾斜。其中，建造兩岸關係的「同根同源」的人造景觀，成為對臺宣傳政策的重要途徑之一。在宣傳對臺政策的宏觀話語下，地方的城市規劃也在依據特殊的城市定位進行資源的協調。泉州的中國閩臺緣博物館和廈門的臺灣民俗村分別從政治和經濟維度，展現了兩岸在社會、文化方面的諸多相似性，成為本書理解「同根同源」表徵體系的主要線索。我認為，在對臺宣傳的「宏大敘事」和臺商紛紛跨地域「市場經營」的大背景下，國家、專家學者、媒體、演員、參觀者以及各種展示物、情境等，共同上演了一出「社會戲劇」。

　　本研究運用列斐伏爾（Henri Lefebvre）提出的「空間三維說」作為文化展演的分析框架，以理解當前中國話語中的「同根同源」是如何成為一個自在的表徵體系進行運作，並作用在兩處人造景觀（泉州的中國閩臺緣博物館和廈門的臺灣民俗村）的空間建造、主題化和實踐當中。本書試圖透過一種理論建構的案例討論，直接將戲劇表演的三要素——演員、觀眾和文化腳本納入複合的、多維度的互動當中。研究關注消費的社會文化力量和國家意識形態：（1）是如何塑造文化景觀的形象並賦予意義，並在一定程度上與大眾文化達成某種契合；（2）表述是如何透過記憶、行動和形象（想像）的方式讓「同根同源」的主流話語在不同機構間進行意義的轉換；（3）在意義賦予過程之同時，重視觀者的主體性，以及對意義解讀的各種實踐。這樣的解讀是如何合理地鑲嵌在文化展演的表徵結構當中，並透過身體的移動實踐展現他們各自的

主體性。

　　在研究方法上，本書採用參與和觀察與非結構訪談法相結合，進行跨地域的田野作業。研究視角延續文化表演研究的理論脈絡，並引入視覺文化研究的相關成果作為討論的分析工具。書中將所有資料看作是一種建構的文本，並強調民族志文本的協商性——是各個研究主體在當時、當地共同建構的表演文本。與以往研究忽視演員、觀眾、文化腳本三者整體性不同，本書嘗試透過使用空間的概念，將三者整合在一個框架中，討論三者的互動關係。特別是關注兩點：一是知識、話語的權力是如何作用意義的編碼和解碼的雙向過程，二是演員和觀眾如何在空間實踐中達成意義的協商。

　　全書內容包括緒論、概述、主體內容、結論四部分。首先是緒論部分，簡要介紹研究問題、相關理論回顧，主題公園、博物館的研究現狀，以及本書使用的研究方法和主要內容。第一章是概述部分，概述主題公園和博物館案例的基本情況，包括地理位置，城市規劃的意圖，以及建設人造景觀的政治、經濟的宏觀背景。初步勾勒出「同根」話語作用下，不同社會歷史背景、城市技術安排、官方話語導向而共同形塑的社會結構。第二、第三和第四章是論文的主體部分。章節安排採用列斐伏爾的理解空間和實踐空間的概念劃分。前兩章是理解空間的層面，討論人是如何透過專業知識有意識地控制空間，以主題化或系統化的方式整合空間。後一章（第四章）是實踐空間的層面，討論社會成員的表徵行為，是如何把各種理想融入到現實的空間改造和實踐當中。首先，第二章討論主題公園和博物館作為一種建築，是如何被建造成人造景觀，以表徵「同根同源」的社會空間。這一建造過程中，消費文化和意識形態是如何透過規劃、建築的專業化技術，將「同根同源」的話語附合在建築的各種符號上。第三章則討論展覽品的視覺形象是如何在主題公園、博物館的空間中得以系統化表述。筆墨將集中在「同根同源」的話語如何透過展覽品的敘述，有條不紊地安排文字內容，以至形

成一種貫徹前後、有序的交流文本。這一章討論諸如企業故事、傳說、陳列大綱等形式的文本，是如何經過「淨化動機」的展示設計，讓各種有不同符號組合成的物品在新的場域中變成「同根同源」展演的一個組成部分。如果說第二章論述視覺物的建造技術，那麼第三章論述的是，展示物的秩序化安排和系統化言說。第四章討論「同根同源」表徵體系的空間實踐層面，圍繞著觀眾、遊客透過在空間中以身體移動、視覺凝視的活動，帶來對符號解讀這一個持續不斷的認知過程。其中，主體的能動性被放置在一個互動的位置，是與編碼形成的知識結構、合法性制度之間的互動，最終在某種程度上達成意義的協商。最後是結論部分，歸納上述研究的要點，並對以往的理論研究做一點自己的思考。

　　總而言之，本書透過兩處人造景觀（博物館和主題公園）的研究，提供一個以空間視角看待文化展演研究的地方性個案，展示了觀眾、演員、文化腳本在空間實踐過程中的相互關係。結論大致為以下幾點：一是兩處案例——主題公園和博物館的文化展演，都呈現出對「家國同構」價值觀的當代解讀和結構性移植。二是觀眾和演員的二分法可以用更靈活的生產者和消費者的概念進行替換。三是所有參與主體都具有能動性，他們用各自的行動（編碼／解碼）積極地參與到空間的實踐當中。一方面，話語建構的力量自上而下滲透到所有主體的各種行動中。另一方面，所有主體不是像傅柯、德波、布希亞等學者所說的被動教化和接受，而是透過自下而上的空間實踐，主動地迎接、再生產話語的意義。

緒論

第一節　緣起

　　你可以感覺到，臺灣離你很近。早晨起來，到書報攤買一份早報。報紙的正版多是宣傳大陸如何對臺商進行產業優惠、政策扶持。字裡行間都是「臺灣同胞」的稱呼。報紙下角貼滿了各種企業的招聘、招聘廣告，相當一塊專欄留給了臺資企業。走在街上，你看到幾個本地人聚在一起，圍坐在小桌邊泡茶。他們正在用閩南話「八卦」（閩南習慣用語，閒談）。如果停下來聽聽，你會發現許多有關臺灣的閒事：有的人對大陸和臺灣之間的戰事憂心重重；有的人抱怨臺商太奸、不好得利；還有些人回想起解放前去臺灣的親人——多年來未曾見面。走到小商鋪，客氣的臺灣老闆立即招呼你過去。眼前是各式各樣標有繁體字的臺灣商品。他還會悄悄告訴你，這幾款「便宜的」相機是「走水路（走私貨）來的」。回到家裡，我一邊從紙箱裡拿出一包「統一」泡麵泡開，一邊隨手將前面的電視機打開。螢幕裡正播放著「海峽評論」的系列節目。端正、嚴肅的女主播一身正裝。她一邊就目前的臺海局勢向兩位在場專家諮詢，一邊隨時保持與遠在臺灣的藍營民意調查員現場聯線。這時候，父親從外邊回來，一推開門就說，「那幾個臺灣來的學生……」

　　這就是我生活的廈門——到處可見「臺灣」影子的地方，也是離臺灣很近，甚至用用肉眼都看得見的城市。離廈門最近的一處島嶼，這是臺灣的金門列嶼。登上廈門的高山，面朝東的三座小島就是臺灣的金門。如果再用望遠鏡遠眺對岸，至今還可以看到島上的宣傳標語——「三民主義、統一中國」。少小的往事許多已忘

記,但是多年前的一件小事卻記憶猶新。那是在胡里山炮台遊玩時的一次邂逅。一個海外留學生用望遠鏡眺望東面的小島。這時,他回過頭看見我,突然很有禮貌地問道:「對面的小島(為臺灣金門的大膽島)是臺灣麼?」我點了點頭。他繼續問我,「這麼近。你們應該經常上去吧?」我一臉茫然,不知該如何回答。確實,臺灣離我們很近,許多東西已經內化到廈門人,以及福建人的日常生活當中,有甚於分不清彼我。另一方面,臺灣同樣離我們很遠,因為中國的統一尚未實現。

　　自中華人民共和國建立以後,新成立的中央人民政府一直希望用武力解決臺灣問題。1978年之後,對臺灣的政策軟性轉向。1983年以後,鄧小平在多次談話中,提出「一國兩制」的構想。1984年5月,在第六屆人大二中全會上,鄧小平在《政府工作報告》中正式提出了「一國兩制」的構想,並獲得大會通過成為中國的基本國策之一。這最終確立了解決臺灣問題的「和平統一、一國兩制」基本方針。對臺的政策經歷了過去的武力強制攻臺,向現在的和平統一的構想,與中國政府的體制改革向市場轉型是分不開的。首先,經濟的高速發展需要穩定的政治局面作保障。以往對臺灣的強攻、震懾等武力手段,並沒有達到「回歸祖國」的預期效果,卻在軍隊建設的投入中消耗了大量資源。其二,以公有制為主體的經濟體制,需要融入多元的經濟成分和多種的融資管道,作為強健的支持。那麼,臺商資本和技術作為大陸市場發展、引進專案的一個重要部分,日益成為非公有制企業運營的主要力量。在文化事業方面,一批批針對臺灣事務的研究機構、辦事部門在福建省沿海地區孕育而生。比如,廈門大學的臺灣研究所是中國最早研究臺灣問題的學術單位,培養了第一批臺灣專門史研究的學者。針對臺灣學的研究,大陸學者、專家的研究就從歷史學、考古學、民俗學的多學科視角,追溯閩臺兩地、大陸和臺灣之間的淵源關係,並出版的一系列書籍、雜誌和影像資料。1980、90年代,在中國政府

多方協調、努力，以及國際輿論壓力等方面的考慮下，臺灣當局也逐漸放棄了武力對峙的態勢，承認大陸與臺灣方面達成的「九二共識」和「一個中國的原則」。

就當臺海關係即將進入良性迴圈，「統一」夢想似乎臨近的時候，臺灣政局發生了劇烈地動盪———李登輝上台，開始「鼓吹兩個政府」的言論。「臺獨」勢力初露芒硝。到了2000年民進黨上台，一大批「去中國化」、「文化臺獨」言論相繼出現在中國政府的官方視線中。臺灣當局想透過強調「本土化」運動，建構「臺灣意識」，進而在國際上爭取「國家」的認同。這時候，「臺獨」的意圖已經表露無疑。對此，中國政府主要採取兩種策略進行應對：一是重申「一個中國」原則，二是加強對臺的文化宣傳。前者可表現為法律上通過《反分裂國家法》表現出捍衛國家主權的決心，並極力透過中國國內外媒體和管道共同抵抗臺灣分裂的「違法」行動。後者表現在加大臺灣學研究的投入力度，並保持學術上的密切關注，特別是闡述兩岸「同根同源」歷史論證的上。對臺工作的加強，突出兩個方面：一是繼續給予臺商優惠政策，如減免商品入口稅費，以吸引更多的臺商到大陸投資；二是搭建更多元的對臺文化的宣傳平台，包括研究機構、研討會、兩岸交流活動等等。其中，涉臺人造景觀的建造成為宣傳大陸政策的一個重要途徑。2004年底，中央提出要建造一所涉臺的專題博物館。這正是透過建造國家「文化工程」的方式，闡述「臺灣自古是中國的領土，祖國大陸人民與臺灣同胞一脈相承，手足情深的歷史」。這一人造景觀就是現在的中國閩臺緣博物館。它不僅陳列設計展示了大陸和臺灣的淵源關係，而且在建築設計、風格上也具有「同根」的文化內涵。目的是「駁斥臺獨分子主張『文化臺獨』和『法理臺獨』的謬論。」

在政府宣導表徵兩岸關係的各種人造景觀之外，有一處主題公園顯得那麼特殊。這就是建立於廈門的臺灣民俗村。民俗村由臺灣人黃景山最早在大陸推出的，集歌舞、建築、美食、娛樂為一體的

「臺灣體驗」的文化產品，為遊客認知、欣賞和體味臺灣文化（包括原住民文化、漢人移民文化，臺灣生態自然景觀等等）的主題公園。該企業將展現「海峽兩岸的文化淵源關係」作為公司立身之本，並製作、包裝成文化產品以推廣到大陸的消費市場。如果說中國閩臺緣博物館是政府對外宣傳中國與臺灣「同根同源」關係的平台，那麼廈門臺灣民俗村則是從臺商的視角，討論由臺灣的資金和勞務服務組成的文化產業是如何與「同根同源」的主流話語取得必然的聯繫。

　　回到留學生對臺灣「這麼近」，卻「上不去」的困惑，引起我對問題緣由的思考——為什麼政府和企業需要展現兩地文化的「同根同源」呢？不難看出，一方面，「這麼近」說明了兩岸在許多方面具有相似性，能夠「同根同源」地展現，產生彼此的熟悉感和親切感，形成情感上的共鳴。另一方面，「上不去」則說明了兩岸未統一的局面仍然存在，也為主題公園和博物館的建造提供了合法性。換句話說，臺商藉助大陸對臺政策的各種便利條件開展文化產業、優先占有市場份額；博物館的專題展覽是以宣傳兩岸文化「同根同源」的職能為主導。這些都被合理地放置在兩岸「文化相近、政治相隔」的宏觀環境當中。可以說，無論是基於市場經營，還是政府宣傳的導向性考慮，要是沒有「上不去」的大背景作為依託，怎麼會有宣傳、展現「這麼近」的必要性呢。

　　從這一必要性延伸出另一個問題的思考：針對「上不去」，或者未統一的臺海局面，臺商的民俗村企業和政府的博物館是如何展現「這麼近」，或者「同根同源」的主流話語呢？實際上，這兩處人造景觀分別從政治（意識形態）和經濟（消費文化）兩個維度上展現了兩岸在社會、文化方面的諸多相似性，成為理解「同根同源」表徵體系的兩條主要線索。本研究試圖將意識形態和消費文化看作是兩股重要的作用力，討論它們是以什麼樣的方式，以及為什麼用這樣的方式形塑「同根同源」的話語，並使之成為自在的運行

體系。本書選擇泉州的中國閩臺緣博物館和廈門的臺灣民俗村的案例考察，可以看作是對這方面的努力。我希望透過不間斷的人類學田野作業和文本分析，嘗試借鑑表演理論相關研究成果，並結合視覺文化的當代討論，共同看待「同根同源」的文化展演研究。希望透過對人造景觀的空間建造、空間主題化和空間實踐三者的實地考察，對文化展演的相關理論探討作一點有益的補充。

我認為，在國家對臺宣傳的「宏大敘事」和臺商紛紛跨地域「市場經營」的大背景下，國家、專家學者、媒體、演員、參觀者以及各種展示物、情境等，共同上演了一齣社會戲劇。本研究運用列斐伏爾提出的「空間三維說」作為文化展演的分析框架，以理解當前中國話語中的「同根同源」是如何成為一個自在的表徵體系進行運作，並直接將戲劇表演的三要素——演員、觀眾和文化腳本納入複合的、多維度的互動當中。本書試圖透過一種理論建構的案例討論，思考三個相互關聯的問題：

一、消費文化和國家意識形態是如何塑造文化景觀的形象並賦予意義，並在一定程度上與大眾文化達成某種契合？相當於表演理論中，演員如何按照特定的文化腳本進行角色扮演？

二、表述是如何透過記憶、行動和形象（想像）的方式讓「同根同源」的主流話語在不同地域間進行意義的轉換？相當於表演理論中，在同一個主題思想引導下根據不同的觀演關係、文化境遇製作出不同版本的文化腳本。

三、在意義賦予過程之同時，重視觀者的主體性，以及對意義解讀的各種實踐。這樣的解讀是如何在合理地鑲嵌文化展演的表徵結構當中，並透過身體的移動實踐展現他們的主體性？相當於表演理論中，觀眾如何觀看演員的演出，又是透過什麼樣的方式解讀文化腳本？

這三個問題最終將把我們帶回到文化展演理論「三位一體」的

思考當中。本書希望透過案例研究，對表演中最基本的關係——演員、觀眾和文化腳本提供自己所理解的答案。

第二節　研究方法

一、田野工作的過程

　　此項研究的田野工作分為三階段：第一階段是前期摸索和瞭解情況。這一階段的主要任務是評估研究的可行性。主要收集的主題公園和博物館的規劃、建設的背景材料、並與相關領導、工作人員見面，簡要說明研究的目的和意義。第二階段是圍繞博物館和主題公園中發生的各種活動，對觀眾、遊客群體進行直接觀察。這可以分為兩種進路。首先是民俗村的觀察。我力圖參與民俗村各項商業節目、公益活動安排，透過拍攝影像、照片、追蹤旅遊的整個過程、記錄在主題公園中與同伴、工作人員之間的對話、互動情況。透過不定期的田野調查，逐步增加與不同類型遊客的接觸次數和交往範圍，觀察各種有關遊客、公司員工在具體場景中的各種反應，努力透過移情的方式感受、設想他人在當時、當地的行為方式及其背後的原因。及時問詢方式，調整對事先對研究主體的先入為主的想像。其次是博物館的觀察。我力圖參與博物館的實際業務當中，追蹤陳列設計、實物擺設、整體布展的工作流程當中，使用拍攝、錄音和文字等方式記錄在博物館空間中策劃者、學者、工作人員、觀眾之間的互動。將博物館的展覽空間看作是人類學的田野地，我將與不同類型觀眾的接觸中，透過滾雪球的方式擴大訪談的涉及範圍。及時觀察並記錄參觀者在遊覽過程中的反映，並與展覽設計者的思路和安排進行比對。透過詢問設計者如何賦予意義，以及觀眾如何解讀，以雙重視角共同思考不同主體的展演意義。第三階段分

類是再調查階段。分別對具體人群、就具體問題進行再觀察和詢問。

　　田野工作分別在泉州和廈門兩個點進行。

　　首先，在廈門的臺灣民俗村的調查，是從2007年1月開始到2008年1月結束。在2007年的三個月（1月、7月、8月）和2008年1月之間，我從事了十多次不間斷的田野工作。在整個調查過程中，我採用的是有限參與的觀察者身分：不是直接介入公司的實際操作，而是以一名特殊的遊客身分進入田野。在第一個階段2007年1月寒假期間，我透過廈門大學臺灣研究院的老師認識了民俗村公司的林助理。他在電話裡介紹基本情況後，建議我到民俗村實地看一看。在查閱相關報導、媒體新聞後，我正式於2007年5月1日利用「五一」長假的機會回了一趟廈門。次日，我就來到臺灣民俗村與領導高層、主要工作人員和舞台演員見了面，介紹此次調研的目的和意義以爭取他們的支持。第二個階段是2007年7月和8月，我前後到民俗村有十多次。主要追蹤三個類型的旅遊類型，分別是學生遊（假期夏令營）、商業遊（企業）、大眾遊（散客）；並親身體會了一次兩岸交流的活動。第三階段是2008年1月的再調查以補充相關的訪談材料，並追蹤一次學校的「親子遊」。

　　其次是在泉州的中國閩臺緣博物館的調查。這是在2008年3月開始，為期一個月的短期田野工作。比較幸運的是，我透過廈門大學民族學與人類學系郭志超教授，並經臺灣研究院的有關老師牽線，認識了博物館的楊館長。2008年2月中旬，我們驅車來到泉州與楊館長見面，簡要介紹調查的目的和意義。在得到答覆後，我於當年3月份，以調查者兼實習生的雙重身分進入博物館內。日常工作、飲食都與博物館工作人員一樣，有點人類學參與觀察法的味道。在為期1個月左右的時間裡，每天上午9點到下午4點都在博物館內調查，收集記錄和整理有關閩臺文化的文獻資料。同時我還參

與陳列設計、實物擺設、整體布展的部分工作。我跟隨各種博物館參觀團進行隨訪有十次之多，並與展陳部、研究部、檔案部等部門的領導、工作人員進行多次專訪。由於時間的限制，這部分調查的回訪沒有繼續下去。但是，我在北京依然保持與講解員的網路聯繫，許多資料是透過這一管道得到間接的補充和豐富。

二、實地調查方法

在以上調查過程中，我使用參與和觀察法和非結構訪談法。

首先，參與和觀察法的使用。這並不是嚴格意義上的人類學參與觀察法。英國人類學家馬凌諾夫斯基認為，參與觀察法要求研究者在一個社群裡從事田野工作，是需要長時段地留駐當地，和研究對象共同生活、共同經歷的事件研究過程。這一方法的建立，最初是希望研究者採取一種中立姿態看待那些無文字社會的當地人和當地文化。但是，隨著後現代人類學反思的興起，人類學者逐漸發現參與觀察不是客觀中立的方法，而且在很大程度上依賴於研究者個人的親身體驗，調查結果受制於個人的價值觀、社會背景、知識體系的多元影響。本研究在兩個地點，不同空間中進行不間斷的田野調查。由於臺灣民俗村是一個旅遊企業，受制於旅遊淡、旺季的客源量影響，加之遊客呈現短期的流動性，進行長期的參與觀察顯得不合時宜。因此，追蹤旅遊團並及時記錄他們的隨行、隨訪的資料，這使得參與觀察法在我的田野調查工作中變得靈活和機動。博物館調查的情況與之類似。雖然我將博物館的工作地點當作一個「想像」的社群進行調研，但是參觀者的流動性、對象不確定性與上述民俗村的情況大體一致。因此，兩處田野點的調查均以觀察法為主，輔以參與法。

其次，非結構訪談法的使用。我事先只是確定主題的問題和框

架，針對不同的訪談物件，和不斷變化的回答改變提問策略，及時協調與受訪者之間的興趣領域。將話題的主導權放在訪談者手中，而將想像發揮的自由最大限度地留給受訪者。針對兩處田野點的訪談物件不同，訪談方法大體分為專家諮詢和觀者感受兩種。一是專家諮詢。針對博物館、主題公園的相關負責人，針對不同主題進行專家諮詢。比如，就臺灣民俗村的建築問題，採訪建築設計部的主要領導；就展覽品設計問題，詢問展覽館的相關負責人。透過回憶的方式，再現這些專家在當時、當地的各種想法，以設身處地的方式讓自己進入歷史的田野地，透過言談方式回顧專家是如何進行規劃、設計、建築等一系列意義生產的過程。二是普通大眾的參觀感受。根據一段時間的研究積累和個人經驗，我設計一套供自由詢問的訪談大綱。其中涉及一些主要問題和延伸問題。我分別對博物館和主題公園的現場工作人員、演員和遊客做無結構訪談。透過變換研究者在場的不同角色，比如學習者、調查者以及遊客的身分之間轉化，獲得不同境遇下「生產」的訪談文本。同時，在訪談中強調話語的建構性，關心訪談主體的能動性、社會心理以及背後意義的闡述。藉助錄音和筆記的方式，對各種言語資料進行詳實記錄，並擴展主題細節，以發現新的相關主題。並在記錄言語文本之外，我還留意一些受訪者經常使用的稱謂、習慣用語。

三、材料整理

在資料整理階段，我主要使用文本分析法和材料編碼法。

首先，採用文本分析法。文本分析是指標對各種文本資料（包括圖像和聲音資料）進行深度分析的研究方式。根據研究主題對文本進行歸類，在每個主題下結合主體在不同場景下、不同對話身分、不同表達方式而表現言語的變異性進行區分。有意識地關注語氣強調、有意修辭一些方面的差異，結合社會具體場景對各種交流

互動背後的意義進行解讀。特別是分析訪談文本中，話語的建構方式（包括言語的組織和各種權力的作用）、共同的文本生產方式（比如在表明職業屬性方面強調的身分認同，還有工作人員指向性回答方式），都是需要思考的問題。其次，在初步分析的幾個結論基礎上，討論文本表述的實踐意義。下一次訪談時有針對性地重複提問，以獲取不同的回答和解釋。最後是自省工作。我將關注點落在研究者的主體角色問題，比如，思考在什麼情況下、以什麼方式提問，是否涉及對方隱私、文化禁忌、言談中是否有壓迫感，等等。上述對文本的分析是在實地研究中不斷進行。根據場景的變化不斷轉換提問的方式，及時將各種相關的感受、啟發和聯想歸入個人筆記本中，作為以後提升概念或理論的可能。

　　之後，是對文本材料進行歸檔和編碼。我先把材料按特定的概念和意義進行分門別類。這一操作化的分類是根據事先設計目錄專案，選取對特定問題比較有說服力的一組材料。接下來，我對材料設置分類目錄。比如，在與「臺灣小吃」有關的一組材料上，做出分類標籤，以備查閱。再來是，找出分類標籤中出現次數較多的那一類問題做註明，以便在下一次的追蹤調查時中追加可以詢問和再觀察的依據。這些工作做好後，下來是建立田野檔案的系統。我將設好的符號或詞語按照一定標準形成碼本（或索引）。這是為同一地點從事追蹤調查，提供一個方便查詢的辦法。再下來，我試圖從碼本的材料中形成與之對應的特定概念。具體說，這是將同一分類標籤的不同材料進行縱向、橫向比較，努力找出不同標籤中各種材料之間的各種可能的聯繫，最後加以歸納、提煉最能解釋某一特定場景中的核心範疇。

　　需要說明的是，在資料整理和分析階段，我將所有文獻、影像、口頭敘述看作是一個表演文本（acted document）。這類似於格爾茨在《文化解釋》中提到的概念。（［美］柯利弗德•格爾茨，文化的解釋，納日碧力戈等譯，上海：上海人民出版社，

1999，第11頁）他將儀式看成是可以寫作和閱讀的文本，其中蘊涵著有關他文化的基本思想和文化符碼。民俗學家鮑曼更是將表演看作是交流展示的一種模式。在這個意義上，觀眾和演員之間的互動對文本具有建構性。（［美］理查•鮑曼，美國民俗學和人類學領域中的「表演」觀，楊利慧譯，民族文學研究2005，3：139～144）他認為，學者研究的表演是在一個觀眾和演員的交流中產生的。研究者不是獨立於文本之外，而是參與其中。因此，上述資料的整理中，田野工作者並不是客觀意義上的「第三隻眼」（在馬凌諾夫斯基宣導的田野工作盛行的人類學時代，研究者進入社群做實地調查，是將當地人看作是自己的研究對象。因而，價值上的客觀、中立一直是參與觀察法所力圖達到的研究理想。而人類學的主位／客位的研究方法，則是另一個程度上要求人類學者在進／出田野中區分研究的參與程度，並時刻提醒、反省如何定位研究者的自我身分。本文用「第三隻眼」作為一種隱喻，正是為了說明當時人類學者所奉行的客觀主義研究視角，好比是一個凌駕於社會生活之上，不願干涉社會生活的、無生命的錄影鏡頭），而是參與了當時、當地的文本建構。在一定程度上，當代的民族志書寫已不是為了保持客觀、中立，而是將研究者捲入田野現場的各種事務中，並與所有主體共同建構的一種表演文本。因此，作者在文中是以「第一人稱」出現。我不會排斥研究者的提問方式、感情、現場參與，以及各種目的、動機等等的參與研究當中。相反，這些以往被看作是「不科學的」、「主觀的」的因素，都會貫穿於整個的文本分析和呈現當中，即便是採用系統的資料提取方法。

第三節　文化展演的理論研究：溯源、發展和當代轉向

自1970年代以來，社會科學和人文科學出現了對「表演」的關注，被稱為知識界的一種興起。學者在本質上將表演歸結為文化素材的意義，並對這些素材的闡釋有了新的影響。（Beeman, William O.The Anthropology of Theater and Spectacle. Annual Review of Anthropology, 1993 (22): 370.）這樣的表演概念不同於舞台表演的演員表演，而是在更廣泛社會意義上的解讀。學者們普遍認為，這樣的表演發生在一個真實的時間裡，並對特定的參觀團體進行指向性的展示。

一、來自劇場的表演概念

（一）表演的詞源

在古希臘語中，對表演一詞的理解出現在戲劇和史詩當中。人民創造的史詩是透過戲劇大意的呈現。亞里斯多德（Aristotle）經常使用mimos就是指表演，即模仿人或動物的表情、動作或聲音。後來派生的動詞Mimeisthai和名詞mimesis都是指人有意識的摹仿行為。到了哲學大師柏拉圖那裡，表演成為「摹仿」的引申，成為教和學的代名詞。這種基於摹仿的教學在理性哲學中，逐漸上升成為自然形成、藝術再現、行為方面效仿的核心概念。亞里斯多德將「摹仿」的概念推究到詩學的領域，將之看作是經過精心組織、以表現人物行為的藝術活動。（亞里斯多德，詩學，陳中梅譯，北京：人民文學出版社，1998年，第27頁）這樣，表演具備了行為模仿的基本特徵，並表現口頭藝術的詩學和行為藝術的戲劇

中得到關注。

(二) 戲劇中的表演理論

在戲劇學的領域裡，表演通常是指演員面對觀眾扮演角色、透過行為塑造舞台形象的藝術創作行為。在舞台表現方面，表演理論要求演員依據作家提供的劇作形象，在導演的指導下進行二度創作，塑造出人物形象。在現當代，戲劇表演理論流行有三大體系，分別是（前蘇聯）史坦尼斯拉夫斯基的體驗理論、（德國）布萊希特的表現理論和梅蘭芳的寫意理論。從演員表現角色的角度、觀眾理解角色的視角出發，體驗理論強調演員要真實地再現角色，需要動用生活的各種經歷賦予角色真實的體驗，所謂「化身於角色當中」，能讓觀眾從中體會到真實的情感。表現理論則不同，反對演員對角色過度移情，而是要採取一種間離的效果，要讓觀眾保持理性判斷而不是沉迷其中。梅蘭芳戲曲理論多半是對兩派的一種調和，追求「寫意」的方法塑造程式化的表演。他認為，觀眾觀看表演是在虛構的表現中，領會形象的傳神而認識生活的真實。總之，體驗理論關注「真實再現」，表現理論關注「批判式表現」，而戲曲理論可以說是「程式化表現」。這三大流派的立場各異，但對後面的表演理論的發展影響深遠。

若要追本溯源，舞台表現的戲劇表演很大程度是來自於人類社會的儀式活動。學者汪曉雲就在《是戲劇還是儀式》（汪曉雲，儀式還是戲劇——論儀式和戲劇的分界，上海大學學報（社會科學版），2007，1：141~144）一文中，討論了儀式參與者如何分化為演員和觀眾的問題。他從哈里森對古希臘酒神祭祀儀式的研究中受到啟發，認為儀式參與者關注集體力量的神聖化呈現，是人與神的對話。首先，當人的儀式化行為從神的崇拜轉移到參與者本身的時候，就變成扮演或模仿的演員。其二，當歌舞集體被分化出領舞的權威時，其他隊員「合舞」的集體性便不存在，轉而成為旁觀

者。最後,祭祀儀式中參與者誦讀的祭文也在這轉變中成為最初的劇本或劇情。這一觀點立足於儀式如何產生選舉,儀式活動如何變成表演。不同的是,人類學大師特納一生都在努力從戲劇中借鑑邏輯和元素,來看待儀式本身的研究。另一位人類學大師克利福德•格爾茨將峇里島的各種儀式直接視為「戲劇性的文化表演」。從這個意義上講,對戲劇表演的借鑑自然成為人類學儀式研究的一個理論「突破」。

二、人類學的引進:劇場外的社會表演

儀式研究一直是人類學研究的傳統領域。最早關注在儀式研究中關注表演的人類學家分別是貝特森(Greglrh Bateson)和米德(Margaret Mead)。他們使用影像記錄的辦法研究峇里島的儀式、出神和舞蹈。之後,貝特森對新幾內亞的儀式表演,逐漸發展出一個理論框架,即在特定文化場景裡的認知和行為導向研究。這一框架對以後人類學的表演研究,增添了一個重要的認知工具。(Beeman, William O.The Anthropology of Theater and Spectacle.Annual Review of Anthropology, 1993 (22): 369-393.)

「表演」的術語逐漸成為重要的研究範疇,在1960～70年代歸到人文和社會科學中,特別是在人類學和社會學中得以發展。十分重要的是,傳統戲劇研究和人類學、社會學的邊界被跨越了。(Carlson, M., The Performance of Culture: Anthropological and Ethnographic Approaches, in Per-formance: A Critical Introduction, 2nd.edn, London&New York: Routledge, 2003. Pp.11-30.)其中,具有戲劇背景的人類學家理查•舍赫納(R.Schechner)起了非常重要的作用。他在《戲劇評論》的一期雜誌中,撰寫了「戲劇和社會科學」的文章。在這篇文章的導論

中，他羅列了「表演理論和社會科學相符的七個領域」：1.日常生活的表演，包括各種類型的集會；2.運動、儀式、玩樂、公共政治行為的結構；3.各種交流模式的分析（不含書寫文字），符號學；4.人和動物行為中強調玩樂和儀式化行為之間的各種聯繫；5.心理治療中關注人際互動、付諸行動和身體知覺的部分；6.共同關注異域和熟悉文化的民族學和史前史學；7.表演的統一理論構成，實際上就是研究行為的理論。不難看出，包括人類學在內的其他學科使用的表演概念更加寬泛，是指各種行動的、實踐的、有意義的社會行為。接下來的理論簡述，主要以學者高夫曼、格爾茨、特納和漢德爾曼的研究為切入點，討論表演理論如何在社會學、人類學的研究領域中得以生根和發芽。

（一）高夫曼的日常戲劇和「框架」概念

美國社會學家歐文•高夫曼（Erving Goffman）提出的「擬劇論」，認為「世界就是舞台」，社會互動都在發生，並充滿儀式行為（ritual act）。他強調所有日常生活和互動都類似於舞台上的表演行為，並將舞台、道具、演員、觀眾、劇本等劇本術語應用於日常生活的行動解釋當中。在他看來，人們的行動是就是一種表演，而特定情境中的互動物件就是觀眾。行動者就是演員，他們在其他人（觀眾）面前展示自我。這樣看來，人們的展現需要特定的情景，類似於舞台上的布景、環境。在高夫曼看來，人們的交往具有主體性，是以策略方式操縱和表達社會要求的預期狀態。所謂「形象管理」。

同時，他將舞台的前台和後台的二元區分引入到在特定社會情境中人與人的互動中。這一二元區分的觀點，逐漸形成高夫曼獨特的框架理論。他在代表作《日常生活中的自我呈現》（[美]高夫曼（Erving Goffman），日常生活中的自我呈現，馮鋼譯，北京大學出版社，2008年，第203～217頁）中，首先對社會機構進行

定義,「指固定的障礙物環繞」,其中「特殊的社會活動有規則地發生」。這對後來布林迪厄提出的場域概念(field)產生了重要影響。接下來,他認為,在社會機構中,前台表演的東西是經過「形象管理」的一種社會期望表達,而真實的意義隱藏在互動之外的後台空間。因此,前台是精心設計的區域,而後台是意義的真實。演員極力根據社會價值、標準作為劇本塑造形象,向觀眾表達某種一致性。對於觀眾而言,這兩個區域是不能被隨便跨越的。一旦被跨越,社會機構也會透過各種危機管理的保護措施,並重新定義新的二元區域中,回到原初的狀態。

(二)格爾茨的表演文本

象徵主義人類學家格爾茨借用表演概念研究儀式,最突出的表現在《文化解釋》中「深層的遊戲:關於峇里島鬥雞的記述」一文當中。他將儀式活動視為一種表演文本(acted document)([美]柯利弗德•格爾茨,文化的解釋,納日碧力戈等譯,上海:上海人民出版社,1999年,第11頁),並將表演區分為「深度扮演」和「淺度扮演」。卡爾森(M.Carlson)評論說,在格爾茨的眼裡,捲入「深度扮演」的參與者表演,對有關文化基本思想和文化符碼(code)具有重要的研究意義。(Carlson, M.2003.The Performance of Culture: Anthropological and Ethnographic Approaches, in Performance: A Critical Introduction, 2nd.edn, London & New York: Routledge. Pp.11-30.)

在峇里島的儀式研究中,他將儀式看作是一出社會戲劇。比如,透過對集體參與的鬥雞活動的研究,研究者可以洞察該社會中表演和其他文化、政治維度的互動關係。簡而言之,峇里島的政治結構是以戲劇的方式呈現。他認為文化是由語言、人工製品、儀式等符號形式給予編碼的「意義之網」。其中,儀式行動者,即表演

者（actor），在「意義之網」中表現自己的主體性和能動性。在他那裡，儀式和戲劇是如此相似，以至於在研究中直接用「文化表演」的概念直接稱呼儀式。學者理查•鮑曼（Richard Bauman）在著名的《作為表演的口頭藝術》（Bauman, Richard.1975, Verbal Art as Performance. American Anthropologist 77: 290-311.）一文中，曾這樣評價格爾茨的儀式研究：首先，格爾茨的儀式是一種「文化表演」，引導人們承認支持著儀式所體現的宗教觀的權威；其次，透過藉助於系統的象徵符號，引發一套思想觀念和情緒動機，以確定特定宇宙秩序的圖像（一種世界觀）。在《尼加拉：十九世紀巴厘劇場國家》一書中，尼加拉被塑造成超自然秩序的中心，而「國家」透過儀式在想像與真實之間進行展示和表演。透過各種慶典文本的分析，格爾茨認為，國家是一個共同體的單位，需要透過儀式展演、權力的誇耀以彰顯自己的存在。（[美]柯利弗德•格爾茨，尼加拉：十九世紀巴黎劇場國家，趙丙祥譯，上海：上海人民出版社，1999年，第131頁）而這一國家圖景的背後，是峇里國家無力促使專制權力走向全面集權化。最終，它走向了一種排場和慶典，走向了主宰著峇里文化迷狂的「公共戲劇化」。（[美]柯利弗德•格爾茨，尼加拉：十九世紀巴厘劇場國家，趙丙祥譯，上海：上海人民出版社，1999年，第13頁）

（三）特納的閾限理論和舍赫納的轉換模型

維克多•特納最初對表演的關注始於儀式研究。從解決危機的社會過程研究中，他逐漸認識到社會過程具有「戲劇性表演」。（Turner V.The Anthropology of Performance En Victor Turner comp. The Anthropology of Performance, PAJ Publications, New York.1987. Pp.72-98.）之後的各種探索，都圍繞著儀式和戲劇之間複雜的關係。特納發展了他「社會戲劇」的理論，並連同他許多關於表演的思考一起收集在《從儀式到戲劇》（From Rite to Theatre）一書中。另外，特納甚至將表演的概念引用到民族志教

學當中。這是「將學生放置在『表演的框架』當中，讓他們透過行動理解民族志知識，透過製作腳本使民族志變得有意義。」
（Turner, V. "Performing Ethnography" The Drama Review, Vol.26, No.2, 1982. Pp.33-50.）

特納的表演研究與透過儀式的密切相關，並據此提出著名的閾限理論。這一理論承襲范•傑鈉（Arnold Van Gennep）的儀式三階段（Arnold van Gennep, Nicole Belmont. The Rites of Passage.London: Rutledge & Kegan Paul, 1965. Pp.3-5.）劃分：前閾限、閾限中、閾限後。他認為閾限是所有透過儀式中必須經歷的階段，具有模糊不清、仲介性的特徵。而前閾限類似分離的概念，是主體需要從原社會結構中脫離出來；經過閾限過程，即閾限後，主體被安置到不同的社會結構當中，獲得更新的身分和地位。之後（1982年）在與人類學家舍赫納的合作中，特納將閾限概念外推到「社會劇」更廣泛的社會研究當中。特納力求將閾限理論與他對「社會戲劇」和「審美戲劇」之間關係的理解整合起來。在此基礎上，特納將社會中的一切表演行為，比如藝術、體育運動、遊戲等都看作具有儀式的屬性；而內置於其中的社會規則和道德可以聯繫社會結構。這樣，閾限（liminal）概念演變為更寬泛的「類閾限」（liminality）概念，為其他學科、領域的廣泛應用。比如，格雷伯恩的「世俗／神聖／世俗」理論（參見納爾遜•H•格雷伯恩，旅遊：神聖的旅程，見瓦林•L•史密斯，東道主與遊客——旅遊人類學研究，張曉萍等譯，昆明：雲南大學出版社，2002）是將「類閾限」引入到旅遊研究當中，探討遊客在旅遊中，類似朝聖而具有自我更新意義上的非凡體驗。

理查•舍赫納是特納的弟子，以從事表演研究和「環境戲劇」的實驗著稱。在他看來，表演研究是一個廣泛的新學科。他說，「不是僅僅研究戲劇或演劇，表演研究從事的是探索從戲劇、舞蹈、音樂到儀式、運動遊戲以及日常生活的表演（角色扮演）整個

表演範疇。」繼承了特納有關儀式的研究，舍赫納將表演看作是「修復行為」（restored behavior），而角色概念是指的日常生活中的各種角色。同時，舍赫納也在尋求在「社會戲劇」和「美學戲劇」之間尋找聯繫或差別。舍赫納在《選擇性忽視》一書中，提出這一關係的圖表。這一圖表為特納多次使用。圖表顯示，社會戲劇和美學戲劇位於八個指標的圖表的兩個分離部分。其中，社會能量流將這一指標環繞起來。戲劇個體將社會生活的間接行動看作是生產美學戲劇的原材料；而社會實踐者使用的技術源於舞台戲劇，並支援社會戲劇的各種活動。而這一技術最終會返回劇場內。（Carlson, M.2003. The Performance of Culture: Anthropological and Ethnographic Approaches, in Performance: A Critical Introduction, 2nd.edn, London & New York: Routledge. Pp.17-18.）可以說，這一模型說明了社會戲劇和「表述的文化類屬」（如傳統戲劇）之間的轉換關係。

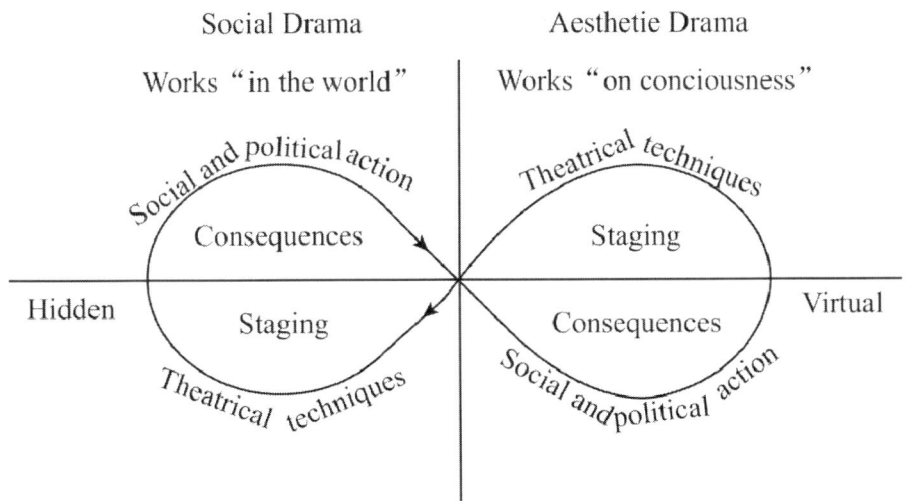

Figure 1.1 Richard Schechner's diagram of the flows between "social drama" and "aesthetic drama."

（四）漢德爾曼的國家秩序的儀式表演

唐•漢德爾曼（Dong Handelman）對文化表演或媒體再現的研究，集中於政治儀式的操演方面。在他看來，政治儀式不同於傳統儀式，是一種分類方法和宇宙哲學的表達方式，是一種秩序的展示。「在現代國家裡，展演猶如鏡子，反映國家集權制下社會秩序的巨大幻象。這些幻象掩蓋了集權制度塑造、約束和控制社會秩序所具有的巨大力量。」赫茲菲爾德對此評價說：漢德爾曼似乎是把能動作用放在儀式中，而不是儀式的實踐者身上。「儀式塑造了產生儀式的那些秩序。」再則，儀式受到一種「超邏輯」的支配，而執行或旁觀儀式的人是掌握不了這種邏輯的。（[美]麥克爾•赫茲菲爾德（Michael Herzfeld），什麼是人類常識，劉珩、石毅、李昌銀譯，北京：華夏出版社，2006年，第285頁）

與上述學者不同，唐•漢德爾曼注意到觀者的視覺性。在1990年出版的《模型與鏡子》一書中，漢德爾曼認為凝視不是在參與者進行儀式化身（being）中處於重要的作用，但對展演的傳播卻是非常重要的因素。他認為，「官僚的價值透過凌駕於所有感觀的視覺而得到評價。官僚體系的生產、保持和各種文本的使用不需要藉助數位，分類只是依靠雙眼。因此，官僚體系也屬於解釋學意義——依據自己的假設而進行的實踐和解釋。……這一解釋不斷影響著凝視（觀察）和開放的方式，這是透過呈現展演事件的技巧而得以達成。」（Handelman, D.Models and Mirrors: Towards an Anthropology of Public Events. Oxford: Berghahn Books, 1998. P.xxxv.）在他看來，正是透過儀式表演或技術再現，成為一種團結的偶像式模範。我認為，唐•漢德爾曼的政治展演以受眾的視覺接受為中心，以服務國家和政治同一化的目的。這是漢德爾曼所說的「呈現」超邏輯。展演以一種肯定的論調，不僅敘述制度的確然性，而且對秩序的反覆強調——細節和精確、一致性。「國家展演和表演盛會將這些極端方式（精確性），以相同方式呈現，背後是存在是權力支持點。這是觀眾所看不到的權力力量在作

用。」（Handelman, D.Models and Mirrors: Towards an Anthropology of Public Events.Cambridge Universi-ty Press, 1990. Pp.41-48.）按照他的說法，展演意在說服觀眾相信這些表面幻象是社會秩序的重要反映——嚴肅、深刻、遊戲的、狂熱的反映。這需要一個前提，即展演需要藉助美學的藝術製作，透過媒體傳播的方式，大量地複製官僚制度的邏輯。總之，唐•漢德爾曼認為表演靠官僚體制而存在，使用美學特徵藝術化再現，向受眾（觀眾）傳遞一種「超邏輯」，即展示一種社會秩序固定化的想像。就這一點上，唐•漢德爾曼的國家儀式十分類似於英國學者霍布斯邦所說的「傳統的發明」。霍布斯邦認為，「傳統的發明」包括一套實踐活動，通常有明文規定或者約定俗成，且具有儀式或象徵性質。（[英]霍布斯鮑姆（E.Hobsbawm）傳統的發明，顧杭、龐冠群譯，南京：譯林出版社，2004年，第2頁）這樣的「傳統」透過反覆灌輸一定的價值和行為規範得以實現，而且必然蘊含著與「具有歷史意義的過去」的連續性。

　　上述研究展現了文化表演的不同研究取向。高夫曼將表演看成人們交往和互動的方式。格爾茨則視為文化解釋的文本。特納的儀式研究從結構分析外推到社會規則表達和反觀的分析。而漢德爾曼把整個展演看作是國家秩序的展示。那麼，我們回到最初的問題：什麼是文化表演？密爾頓•辛格（Milton Singer）在著名的《當一個偉大傳統現代化的時候》（Singer, M.When a Great Tradition Modernizes.London: Pall Mall, 1972. P.71.），常被許多研究表演現象的人類學家作為出發點多次引用。書中，辛格首次對「文化表演」概念進行簡明的界定。他認為，文化表演包括了戲劇、音樂會、講演，同時又包括祈禱、儀式中的宣讀和朗誦、儀式與典禮、節慶，以及所有那些被我們通常歸類為宗教和儀式而不是文化和藝術的事象。文化表演是處於文化的中心位置並且反覆發生的，它們封裝（encapsulate）著人們值得關注的文化資訊，而且透過表

演，人們也可以認識其中蘊涵的觀念內容。不難看出，辛格的研究是將表演看作是時間、地點和場合之間「相互分離」。這一概念的出現對後來的表演研究產生巨大的影響。

鮑曼將以往的表演研究歸納為兩個取向（[美]鮑曼（Richard Bauman）著、楊利慧譯，美國民俗學和人類學領域中的「表演」觀，民族文學研究，2005，3：139～144）：一是特殊的、藝術的交流方式；二是特殊的、顯著的事件。後者就是上述學者，如特納、格爾茨的儀式研究。而前者為鮑曼所關注的領域，將表演看作是「一種說話的模式」。在他那裡，表演理論關注的是，民間文學文本在特定語境中的動態形成過程。（Bauman Richard. Verbal Art as Performance. American Anthropologis 1975 (77): 290-311.）這樣，文化表演研究轉向置於特殊文化處境的表述和交流的活動的專項研究。社會語言學者開始關注交流方式中的不同表演觀。比如，德爾•海謨斯（Dell Hymes）提出「交流民族」的概念，鮑曼強調交流實踐的方式。

無論是特殊的、藝術的交流方式，還是特殊的、顯著的事件，都在強調客體性研究。換句話說，強調從表演負載者的角度出發，關注「被看」物件所傳達的資訊和表達。在這個層面上，文化表演研究成為解讀意義和功能的文化類屬。另外，有些學者，如上面提到的唐•漢德爾曼，將展讀研究擴展到政治學領域。開始關注政治儀式所傳遞的「超邏輯」意義。還有的學者將文化表演看作是「特殊的、藝術的交流方式」。這些觀點都與後來的傅柯對話語的研究有幾分相似之處。值得肯定的是，這些研究取得豐碩的成果，但相對缺少對「看」主體性的系統關注，即視覺主體的實踐性。而之後的視覺文化研究恰好彌補這一研究領域的不足。

三、從「被看」轉向「看」：關注視覺體驗的文化展示研究

　　如果說人類學家格爾茨、特納、舍赫納等人研究儀式，大部分關注那些所謂傳統的、「不發達」的小型社會，那麼進入20世紀以後，科學技術帶動現代藝術的巨大變革，從攝影、電影到商品廣告，影像技術日新月異，逐漸內化為日常生活的一個重要的組成部分。以人的視覺體驗為中心的圖像文化，不斷被生產和製造出來，幾乎充斥在現代世界中每一寸空間。由此，強調觀感體驗的視覺文化，逐漸成為人們認識、理解世界的一種新的重要方式。它深刻動搖了以語言為中心的霸權地位。（周憲，視覺文化與消費社會，福建論壇，2001，2：29~35）

　　與此同時，學者們的興趣隨之轉移，從表演客體轉向對視覺主體性的關注。可以說，對觀看行為的研究成為理解文化展現的另一個重要路徑。正如美國學者尼古拉•米爾傑夫（Nicholas Mirzoef）所言，「觀看，實際上是一種異常複雜的文化行為。我們對世界的把握在相當程度上依賴於視覺。看，不是一個被動的過程，而是主動發現的過程。」（Mirzoeff, Nicholas. The Visual Culture Reader, Routledge.1998. P.6.）約翰•伯格（John Berger）進一步說，觀看行為本身就滲透著複雜的權力關係。一方面，「注視是一種選擇行為」，另一方面，「我們觀看事物的方式，受知識和信仰的影響。」（[美]約翰•伯格，觀看之道，桂林：廣西師範大學出版社，2005年，第2頁）

　　以下簡要回顧視覺文化對展現研究的貢獻。主要從兩個方面入手：一是對看的關注；二是文化視覺性的討論。

　　（一）對看的關注

這部分研究集中於看的行為。學者們普遍認同，「看」首先是人的感知關係，代表一種主體和客體世界的關係，內在於諸多社會文化關係之中。學者從不同角度闡述了各自的理論觀點。比如，貢布里希提出「投射的眼光」，認為藝術創作畫不是被動臨摹，而是目的、有選擇的主動投射。（貢布里希，藝術與錯覺——圖畫再現的心理學研究，杭州：浙江攝影出版社，1987年，第101頁）而梅洛—龐蒂的「反身的眼睛」則點明視覺的反觀功能，是透過對自我的不斷審視而完成對其文化感的確認。（莫里斯•梅洛—龐蒂，眼與心，劉韻涵譯，北京：中國社會科學出版社，1992年，第172頁）等等。這些學者從哲學的高度，探討視覺在銜接主客觀世界的重要作用。但是，對後來的文化表演研究有洞見的理論研究主要有兩個——傅柯的全景式監視理論和尤里（John Urry）的旅遊凝視理論。

1.傅柯的全景式監視

法國後結構主義大師米歇爾•傅柯（Michel Foucault）將「凝視」的研究納入權力運作的批評當中。他在1977年出版的《規訓與懲罰》圍繞視覺討論權力作用的變遷，是放置在從酷刑方式到基於全面審查、監視的社會化控制轉變的知識考古中。在書中，他引用邊沁（Bentham）的全景敞視建築為例，敘述這一建築形式如何實現對犯人的監視與控制：

四周是一個環形建築，中心是一座瞭望塔。瞭望塔有一圈大窗戶，對著環形建築。環形建築被分成許多小囚室，各囚室都有兩個窗戶，一個對著裡面，與塔的窗戶相對，另一個對著外面，能使光亮從囚室的一端照到另一端。在中心瞭望塔有一名監督者，透過逆光效果，監督者可以從瞭望塔的與光源恰好相反的角度，觀察四周囚室裡被囚禁者的小人影。（［法］米歇爾•傅柯，規訓與懲罰，劉北成、暢遠嬰譯，北京：三聯書店，1999年，第224頁）

對於被監視者而言，這種觀看是不可以知曉的。這樣就很容易導致權力透過監視的控制方式，將具體的實施強加轉化為一種對囚犯的威懾，讓他們產生理想中的「自我控制」效果。從監獄的凝視外推到對現代社會的研究，傅柯討論了公共權力如何實施對平民的控制。他類比現代社會為一個強大的監視網路和權力載體，各種社會機構學校、醫院和車間實現軟性的規範和監督措施，透過不斷規範技術塑造每個人的身體、思想，最終目的是將個體成為順服的主體。在這一點上，吳瓊認為，傅柯的凝視研究力圖揭示在視覺中心的理性話語中，既隱祕又敞開的，非理性的劇場景觀。（吳瓊，視覺性與視覺文化——視覺文化研究的譜系，文藝研究，2006，1：84—96）具體說，傅柯透過權力的分析討論知識建構科學的整個過程，人們在觀看實踐中逐漸將自己與理性、知識編制在共同的空間當中。比如，臨床醫學的研究就是將病人的身體，看作是實施醫療的工作場所。換句話說，病人的身體變為學者不斷探索醫學知識的他者凝視的空間。（［法］米歇爾•傅柯，臨床醫學的誕生，南京：譯林出版社，2006年）從這個視角出發，傅柯反思了包括醫學「知識」在內的學科體制對於「權力」的價值；同時，指出「凝視」目的在於發現真理，而人本身成為知識生產的空間。進一步說，人的身體成為「科學的對象」，而忽視了其自足的主體性。

2.尤里的旅遊凝視

在旅遊研究領域，約翰•尤里系統地研究旅遊中遊客的凝視，並撰寫了著名的《旅遊凝視》。有意思的是，他認為自己的理論借鑑了不少傅柯有關臨床醫學凝視、全景監視方面的研究。所不同的是，「現代社會的發展很少基於個體的監視和標準化，而更多將旅遊觀光的民主化和地點的奇觀化視為基礎。」（Urry, J.The Tourist Gaze, London: Sage, 1990.Pp.156-157.）

他的研究將凝視看作是旅遊體驗的中心，並不是忽視非視覺的

感觀，而是視覺支配或組織了體驗的範圍。他將追求「令人愉悅的體驗」視為現代休閒旅遊的重要動力，並與傅柯對控制和規訓的「權力」凝視做了概念區分。隨後，他創造了大眾旅遊的凝視的不同形式的理想類型（Urry, J.The Tourist Gaze, London: Sage, 1990.P22.）：浪漫型，追求真實性，所謂「原汁原味的自然美景」；集體型，短期內共同參與，集體互動中「製造」了旅遊景點；人類學型，類似專家透過參與、觀察，並做出積極的闡釋；除此之外，還有觀望型和環境型兩種類型。

　　周憲在《視覺文化的轉向》中，認為約翰•尤里的凝視正處於景觀與主體凝視之間互動之中。他評價道，「凝視是旅遊者主體的行為，凝視的物件便是以圖像形式呈現的景觀。旅遊的景觀需要旅遊者的凝視，它訴求於並塑造了旅遊者的視線；同理，旅遊者的凝視又總是尋找著符合旅遊想像力和期待的景觀，並從這樣的景觀中得到視覺體驗的滿足。」（周憲，視覺文化的轉向，北京：北京大學出版社，2008年，第295頁）而整個旅遊的凝視過程，可以劃分為「前凝視」、「凝視」和「凝視記憶」三個階段。「前凝視」為遊客到達旅遊地之前收集或接受的各種圖像形象，激發起遊客的「到那裡看看」期待；「凝視」是遊客在景點地的一些體驗和經歷；「凝視記憶」主要透過照片方式，留存在內心中關於景觀的視覺記憶。這一分類方法與特納的閾限理論的劃分類似，只不過「凝視」成為儀式的透過階段，而「凝視記憶」是儀式結束時，處於參與者對原記憶、知識理解上的交融狀態。尤里將遊客拍照留影，記憶圖像作為「凝視記憶」的階段。透過景觀照片，使得旅遊在記憶中延續，成為藉以向他人講述體驗的重要媒介。不僅如此，他還精闢地分析了遊客的攝影行為，看作是（1）特定景點意義符號的生產與消費；（2）遊客主體性的實踐。最重要的是，旅遊存在一種旅遊體驗的視覺化過程，是在「前凝視」接受的圖像資訊的引導（類似傅柯的「知識就是權力」的斷言），接受所謂「正確的」觀

看方式；在離開時，用行動的主體性（自我的攝影行為）記錄自己的凝視形象。最終，這些照片，代表了知識和主體性之間的交織，共同建構了旅遊者的景觀體驗。

（二）文化視覺性的討論

視覺文化轉向的主要標誌之一正是當今世界的媒介革命。隨著現代科技的發展引起了當代社會主導傳媒形式的變化，紙媒質的印刷媒介向電子、數位媒質的電視、網路媒介文化產生巨大的轉變。在後現代社會中面臨的一個重要問題是，我們如何理解形形色色的以圖像為主要傳播途徑的世界。文化的視覺性研究出現了以表徵為重要視點的研究趨向，為我們提供了有價值的參考。這樣，以往的表演研究從「現場的」的儀式記錄、舞台演出，國家儀式，轉向透過現代媒介的影像技術進行跨時空再現「現場」的文化研究領域。

我將首先討論作為媒介文化研究的關鍵字──再現（representation）。先回到亞里斯多德和柏拉圖的時代，「再現」（或「表徵」）一詞產生於戲劇、詩學、繪畫對生活的「摹仿」，與上面表演的原義基本一致。從18世紀開起，這個詞的意思應用到當時的工人運動中，具有「代表性的」意義。到了19世紀中葉，這個詞的涵義又演變為「精確地再現」。（陶東風、和磊，文化研究，桂林：廣西師範大學出版社，2006年，第171～172頁）這一時期的藝術創作以真實反映生活為主基調，就如亞伯拉姆斯（M.H.Abrams）透過鏡子的比喻，西方社會認為心靈透過模仿的方式反映外部世界的觀點。（［英］丹尼•卡瓦拉羅，文化理論關鍵字，張衛東、張生等譯，江蘇人民出版社，2006年，第39～40頁）這一觀點被我們稱之為現實主義的觀點，宣稱人工製物的模仿是對客觀世界的清晰模仿。

步入20世紀末期，在結構主義、後結構主義等思潮的洗刷之下，隨著現代哲學的理性中心的逐漸坍塌，所謂的「表徵危機」彌

漫於學界對文化研究的思考中。人們逐漸發現表徵（再現）只是一種文本，不能真實反映現實；它可以被建構和處於生產和消費的迴圈鏈當中。當科技進步帶動影像傳媒的不斷更新，視覺中心逐漸成為人們認識和理解文化的重要途徑。技術提高了視覺感知文化的能力，卻在一方面製造著文化的某種幻象。這時候的「再現」以不同於現場的看到的真實，而是被建構的「在場」。這些觀點對後來的文化表演研究富有啟發。

在當代視覺文化中，媒介越來越多了參與了主體性建構，文化表徵和視覺實踐當中，同時被學者賦予時刻保持批評的視角。正如羅戈夫（Irit Rogoff）指出，視覺文化研究的任務是要確立一種批判的視角，進而重新審視人們觀看的方式和表徵的歷史。這方面的研究非常多，但下面三位西方學者在媒介視覺文化的研究中享有盛名：

1.史都華•霍爾的文化表徵

語言學大師史都華•霍爾（Staurt Hall）在《表徵的運作》（［英］史都華•霍爾（編），表徵，徐亮、陸興華譯，北京：商務印書館，2003年）中對表徵做了一個簡要的概括：「表徵是某一文化的眾成員間意義產生和交換過程中的一個必要組成部分。」在他看來，各種語言都是「表徵的系統」。「這是因為它們都使用某些因素去代表和表徵我們想說的，去表達或傳遞某個思想、概念、觀念或情感。」（［英］史都華•霍爾（編），表徵，徐亮、陸興華譯，北京：商務印書館，2003年，第4～6頁）而意義不是簡單地反映物質和自然世界，而是「被生產（建構）出來的」。表徵被認為是進入了物的建構過程本身。因此，他認為意義不內在於事物之中，它是被表徵系統建構、產生出來的。它是意指實踐，即產生意義，使事物具有意義的實踐的產物。

《表徵》可以說是，他對文化表徵（再現）研究的一部力作。

他認為，自己的表徵理論屬於構成主義，與反映論、模仿論和意指性理論的不同。反映論和模仿論提出，符號和事物之間的直接和透明的模仿或反映關係。意指性理論把表徵限定在作者或主體的各種意向中。構成主義則不同，思想概念和語言存在著複雜的仲介關係。他借用索緒爾的能指和所指概念，霍爾區分了兩種不同的表徵系統。它們之間的關聯產生了符號，而符號組織到語言中，產生各種意義，並用於指稱「現實」世界中的物、人和事。（［英］史都華·霍爾（編），表徵，徐亮、陸興華譯，北京：商務印書館，2003年，第36～37頁）

接下來，他將表徵的運作區分為兩種構成主義的途徑：符號學途徑和話語途徑。前者關心語言如何產生意義，表徵如何運作，即人們所說的「詩學」（來源於索緒爾和巴特）；後者關心表徵的後果和影響，即「政治學」（受傅柯的話語的影響）。話語途徑中，強調表像的一種特定形式或其「秩序」的歷史具體性，強大特殊的語言或意義，它們在各個特定時期、特殊地方被配置的方式。表徵的各種實踐在各種具體的歷史境遇中，在現實的實踐活動中的運作方式。

書中還入選了幾篇有關表徵研究的論文，涉及對攝影作品、文化展覽、廣告媒介、電視劇的媒介傳播研究。不難看出，這些領域都屬於視覺文化的範疇。史都華·霍爾強調說，各種視覺形象成為一種不斷被建構、賦予意義的符號體系。在他看來，表徵透過意指實踐，不斷創造事物的意義。而這需要透過三種不同的序列達成：首先是人、物組成的物質世界；其二是我們頭腦產生的概念和思想體系；介於兩者間的是第三者，是可以編寫意義、代表或傳遞這些概念的符號。第一和第二層之間關係是互動的，包括編碼和解碼具有雙向性。一方面，編碼是將事物編入符碼，賦予和生產意義的過程。另一方面，解碼依靠意義的破譯實踐，這與特定時代的意義產生和各種權力關係的配置存在一定的關聯。這一觀點不斷透過研究

深化和積澱，形成後來有名的「編碼/解碼」理論。

2.居伊•德波的景觀世界

如果說史都華•霍爾在語言學意義上提出文化表徵，作為意義製造和生產的自在系統，那麼法國的居伊•德波（Guy Debord）的「景象即商品」論斷則闡述了表徵成為消費社會的形象霸權。他在著名的《景觀社會》中提出，「在那些現代生產條件無所不在的社會中，生活的一切均呈現為景象（spectacles）的無窮積累。一切有生命的事物都轉向一種表徵（representation）。」（［法］居伊•德波，景觀社會，王昭鳳譯，南京：南京人學出版社，2006年）

居伊•德波在1967年提出「景觀」理論，成為當代媒介批判理論的源頭之一。在他看來，當代社會充滿著商品為特徵的形象景觀。這是由於資本主義生產、消費的關係鏈滲透到社會生活的各個方面，透過可視的形象呈現在消費大眾面前。十分極端的是，他將景觀視為「某種實在化的、物質化了的世界觀」。也就是說，「景觀可以等同於一切商品」。（［法］居伊•德波，景觀社會，王昭鳳譯，南京：南京人學出版社，2006年）不難看出，他的景觀實質是商品或資本對人的壓制，成為「以形象為仲介的人與人之間的社會關係」（吳瓊（編），視覺文化的奇觀：視覺文化總論，北京：中國人民大學出版社，2005年，第59頁）他的景觀理論繼承了德國的馬克思提出的「異化」概念，指出居於其間的民眾受商品令人目眩的形象的巨大壓力，以至於默認，甚至是主動接受視覺景觀，以及所有附帶的資本主義意識形態本身。在他看來，人的消費本身不是簡單的需要本身，而是在商品經濟的邏輯下不斷被建構和生產。這是被激發的需要，而正是景觀讓每個成員都捲入到資本主義體系所編織的不斷迴圈的網路當中。（吳瓊（編），視覺文化的奇觀：視覺文化總論，北京：中國人民大學出版社，2005年，第

73～75頁)進一步說，德波的景觀就是這樣一個世界，反映的人與人的關係呈現「客觀性的拜物教」，背後卻「掩蓋著人與人，以及階級之間關係的真正特徵。」(吳瓊(編)，視覺文化的奇觀：視覺文化總論，北京：中國人民大學出版社，2005年，第66頁)，而是被形象被建構的需要。總之，德波認為，與其說人是在消費商品，倒不如人是在參與消費景觀的價值，服從商品消費邏輯的無形支配。

居伊・德波在1988年出版《景觀社會評論》一書，再一次針對資本主義「景觀社會」的又一批評。書中他強調了景觀製造了權力，具有「統一和集權的性質」。而大眾傳媒的存在有助於這一幻想的傳播，背後掩蓋了景觀的控制實質。對於媒介受眾而言，所有社會的行為和物件都被刻上了它的印記。有甚於，個體逐漸消失自己的個人喜好和個性，「觀者只是被簡單地設想為一無所知、無所應答者」，他們總在被動地觀望下一步會發生什麼事。」(梁虹，景觀的激進批評與景觀文化的發展——德波《景觀社會評論》要義，江西社會科學.2006，5：237～243)有學者就此評論道，景觀的自足運動使得主體的能動性消失殆盡，景觀與主體之間的交往和對話從而被取消，人們對於景觀只能單向度地接受和投入，景觀的專制和壟斷無條件地得到了肯定。(陳家洋，德波景觀批判的雙重閱讀，中國圖書評論，2008，5：13～16)所有這些，都建立在文化視覺性的議題當中。由於消費的無窮盡發展，使得眩目的景觀實現讓媒介技術不斷發展，以至於達到氾濫的地步。最終，景觀的生產依賴於「看／被看」的人的視覺作用，成為消費運行的基本邏輯。

3.布希亞的擬像(仿像)理論

從最早班雅明的「機械複製時代」到居伊・德波的「景象即商品」的判斷，學者逐漸意識到現代的媒介社會已不同於以往以語言

為主導的交流方式，預示著以「圖像轉向」為特徵的時代已經到來。威廉•蜜雪兒（W.J.T.Michelle）在《圖像轉向》提出，視覺文化轉向以形象為中心，特別是影像中心的感性主義形態。法國的尚•布希亞（Jean Baudrillard）似乎走得更遠。他透過現代電子媒介的研究，指出我們已經躍入一個「虛擬影像」的時代。

　　布希亞的理論繼承馬克思主義和法蘭克福學派的社會批判理論，對現代高度媒介化和資訊化的社會提出批判。他認為，以往的「模仿」（亞里斯多德）和「複製」（班雅明）已經被電子技術所超越、為擬真所取代。更極端的是，他的「擬像」概念直接否定真實——不是真實的反映（模仿、摹擬），而是純粹的本身。布希亞在《仿像與擬真》中指出了符號或者圖像從真實到仿像的四個演進階段。他感歎到，今天的整個制度都在不確定性中搖擺，一切現實都被符號類比的超現實所吞噬。甚至如今控制社會生活的不再是現實原則，而是模擬原則。目的性已經消失。現在的我們是由各種模型塑造出來。不再有意識形態這樣的事物，只有仿像。（BaudriUard, Jean. "Fatal Strategies" in Selected Writings, trans.Mark Poster.Stanford: Stanford University Press, 1988. P.120.）在他看來，在媒介時代，不是現實世界是由符號來建構，而是現實物的符號已經取代現實本身。

　　許多學者試圖理解布希亞的仿像理論。比如，齊格蒙•鮑曼（Zygmunt Bauman）理解布希亞的「仿像的世界」，因為一切都是表徵，這些表徵透過逼真的形象融入人們的生活中掩蓋這樣的現實的缺失。（陶東風、金元甫（主編），文化研究•第3輯，天津社會科學院出版社，2002年，第309～310頁）這在一定程度上說明電子媒介是比真實還真實的世界，是形象建構的「超真實」。馬丁•傑（Martin Jay）認為仿像是表徵之物的勝利，形象現在已完全脫離了其指涉物。（Martin Jay. Downcast Eyes: The Denigration of Vision in Twentieth-Century French

Thought.Berkeley: University of California Press, 1993. P544.）在這個意義上，物品的能指與所指完全脫離，仿像成為符號獨立的存在物。馬克•波斯特（Mark Poster）的觀點最為直接。他認為，仿像瓦解了與現實事物的任何對照，將現實事物吞噬進於仿像之中。布希亞所發現的不是無數，非現實的廣告影像以某種方式所忽略的「現實的」商品經濟，他現在只是發現了一種超現實（hyper-reality），一個自我指涉的符號世界。前者是居伊•德波的觀點，而後者直接將表徵與現實分離，成為自在的符號體現，不斷以虛擬和遊戲的方式來展示其圖像。

四、一點思考

綜上所述，格爾茨、特納、舍赫納等人將戲劇的表演概念引入到社會學、人類學領域當中。這些都可以歸到針對文化表演的客體性研究當中，探討表演的意義和功能。隨著媒介文化的出現，視覺文化的研究興起，學者的興趣逐漸聚焦到觀者的主動性上。這在一定程度上，是將對表演客體性的關注轉移到觀眾主體性上。特別是隨著表徵危機的出現，學者開始思考表演是否能夠真實再現現實（亞里斯多德），能否能夠對真實摹仿。這時候的表演概念，深入到語言、符號、商品社會、影像呈現的更廣泛領域中，而成為更為寬泛的再現（表徵）概念。甚至到布希亞的「仿像」那裡，表徵本身完全成為符號建構，成為與現實社會無關的自在呈現的體系。不難看出，這些研究強調文化視覺性，關注「看」的行為和符號權力如何對人的主體性產生影響。比如，居伊•德波的景觀社會理論幾乎將人的主體性抹殺，所謂「受無形力量的支配」。類似的觀點還有布希亞提出的仿像理論。他將形象與現實完全脫離，使得任何的表演或再現都沒有了摹仿的根據，而成為最極端的「幻想」而已。

在我看來，文化表演的研究應該包括表演者和觀者的互動，需

要將視覺文化關注的「看」研究與展演者的「被看」研究區分出來。這兩種針對表演研究的不同維度，即強調表演的客體性，也關注觀者的主體性。這類似於史都華•霍爾的編碼／解碼理論的思路，其中起仲介作用的符號體系，受傅柯所說的話語的支配和控制。值得肯定的是，許多學者意識到權力對表演具有引導性作用。比如，唐•漢德爾曼對國家儀式的媒介操演的研究。傅柯對社會監視討論關注被凝視者主體性的消失。居伊•德波的理論關注形象消費者如何參與到資本主義消費中，受建構起來的權力（消費需求的動力學）控制。這是可以另外劃分出另一個看待文化展演的視角，即關注除「演員」和「觀眾」之外的協力廠商解釋。換句話說，這一解釋是權力機構賦予的系統化敘述，或是協力廠商的話語表述。這一條維度的區分，是以往表演研究中有專題討論，但鮮有將之整合到「看」和「被看」的雙重維度中，而成為一個整體的三重維度。

　　我認為，作為文化表演的研究，表演者、觀者和文化腳本（協力廠商的話語表述）三個維度可以構成一個整合的視角。但是，許多學者的研究只是關注其一，或其二的維度。除了上述學者對話語維度的忽視之外，還有些學者偏重「被看」和話語表述的研究。比如，史都華•霍爾提出的詩學和政治學作為兩個構成主義的途徑以研究文化表徵。實際上關注的是，表演者「被看」的途徑和作為文化腳本的仲介符號這兩個研究視角。如此看來，前者關注的是語言如何產生意義。這類似於如何為表演賦予意義，所謂「編碼」。後者則關心表像背後的秩序性，表徵如何在現實中運作中被表述，以及與權力之間的關係。這類似於文化腳本的話語建構，或說「協力廠商的話語表述」。針對這兩個視角的偏重，直接導致第三個維度的缺失，即觀者（「看」的行為）的解讀，以及他們的知識實踐中所具有的主體性。之後，史都華•霍爾發展的編碼/解碼理論對此做了有意義的補充。

以下是對人造景觀——主題公園和博物館研究現狀的爬梳，特別關注文化展現、表演的研究。同樣，我們也不難發現學者對三個維度的整體性缺失。換句話說，很少學者使用表演者、觀眾和文化腳本（協力廠商的話語表述）作為一個整合的視角，共同看待文化表演的理論研究。

第四節　主題公園和博物館的研究現狀和思考

當文化表演理論與視覺文化研究相互交融之時，20世紀末的人造景觀研究也開始轉向研究的旨趣。具體到主題公園、博物館的文化展現研究當中，西方人類學的學者沿著大師們（如特納、高夫曼、舍赫納）的理論足跡繼續探索和延伸，始終走在當代理論研究的前沿地位。視覺文化的各種研究成果，如傅柯的監視理論和話語權力理論、尤里的凝視理論、史都華‧霍爾的表徵、編碼／解碼的理論，以及德波的景觀理論、布希亞的仿象理論、等等，都在人造景觀的研究中有所體現和應用。其中，詩學和政治學成為劃分表演研究在這一新領域中，不斷發展的兩個重要的研究取向。

在學者的不斷探索下，臺灣學者緊跟其後，幾乎成為西方理論在東方社會延續。相對而言，中國大陸學者的景觀展演研究有所偏頗。這表現在：一是主題公園多集中發展、批評的理論視角；二是相對於西方和臺灣學者的研究成果，博物館展現的理論和實踐的研究相對脫節。這是也許大陸獨特的歷史社會背景、主流知識結構和學者關注點等多種原因，而形成的獨特學術現象。

一、西方學者的研究取向

（一）新博物館學的反思

當代的博物館學研究形成對過去偏重實物和技術的反思，形成學科的一種自審和批評，以至於採用許多後現代思潮的觀點，形成所謂的「新博物館學」。藉助美國學者史都華的文化表徵（在他看到來，展示的物品屬於意義生產的表徵體系）對詩學和政治學的二分法，與之對應的博物館的文化展示研究亦可分為兩個方面。一是關注展示中的符號學或詩學，主要強調意義被建構和生產的方式；二是展示中的政治學和經濟學，它主要關心話語和權力的各種影響。

1.詩學：設計意義的賦予

這一議題關注對展覽物品的符號學意義。什麼樣的物品可以展現？物品排列以何種方式展現？這背後具有複雜的意義體系。學者普遍認為，這一過程包含這人為的篩選、收藏、解釋。同一個系列的展現物，與標本、藝術品、圖片等其它物品共同形成一組語境，成為一個有序的、可言說的一套表徵（再現）體系。這一體系可以集合成為一個流動的符號體系，由能指和所指構成，由此可以進行符號學的理論解讀。

不難看出，這一套實踐的，很大程度是依託在羅蘭•巴特（Barthes, R.）的神話學理論。他在「現代神話」一文中，將神話看作是言談方式的體系。這一體系是由電影、表演、照片，等可視的語言要素組合而成。他認為，神話是一個第二級的符號系統。第一級是由能指與所指組成的符號，所謂的明確意義的「直接意指」；到了第二級系統後就轉化為一個「含蓄意指」（本文中的「直接意指」英文為signifier，或稱呼「能指」；「含蓄意指」英文為signified，或稱「所指」），依託於文化聯想的各種隱含和更廣泛的意義。這樣的轉換依靠的是神話的「淨化」功能。（Barthes, R.Mythologies, trans.Annette Lavers, St Albans,

Paladin.1973.P.156.)將「神話理論」應用大展覽中。這部分學者就將展覽看作是一種神話言談的符號體系，同樣經要「淨化動機」的展示設計，物品原來符號在新的場景中變成了一個「含蓄意指」。

編排事物的次序，並使之「自然化」，是為了讓展品賦予「純淨」、「永恆」的語境。這必然涉及到展陳設計者如何安排物品陳列的各種取向。以往的博物館陳列經歷了情節型、唯美型、參與型的設計理念變遷。但從1980年代以來，新博物館學的出現開始關注觀眾的主體性，或者說是他們解讀符號的能動性。許多學者反對知識傳播的等級性，甚至用「交流」來代替「教育」。比如，荷蘭博物館學者彼得•V•門什提出了以「交流」替代「教育」的主張；日本學者鶴田總一郎也認為博物館社會功能中的「教育」一詞的英文含義，不應是「education」，而應是「communication」。美國博物館學者，史蒂芬•E•威爾還專門著書立說，對博物館的交流功能進行詳細的闡述。為此，美國博物館協會的會刊《博物館新聞》還進行了專門的評述。（俞敏敏，陳列設計中的幾個流派及啟示，中原文物，2003，1：54～58）從理論實踐方向，瑪格麗特•蘭朵（Margaret Lindauer）視博物館展覽為一篇「需要潤色的文章」，認為博物館的陳列設計需要重視「批評型」參觀者的作用，才能有助於發展。（瑪格麗特•蘭朵（Margaret Lindauer），批評型博物館參觀者，見馬斯汀（Janet Marstine）編，新博物館理論與實踐導論，江蘇：江蘇美術出版社，2008年，第231～258頁）

現代視覺文化研究的興起，使得新博物館的展現設計開始考慮立足於觀眾的審美視角。在這樣的背景下，學者開始借鑑藝術學、戲劇學的有關理論，思考展現環境的視覺效果。金（Margaret J.King）討論如何從主題公園中借鑑「速食化風格」，透過強調流行文化、大眾文化的元素，創造「集體記憶、信仰、符號和原型的

綜合集成」。這種對展品「主題化」的構想，同樣關注觀眾解讀符號意義上的主體能動性。麥爾斯同樣注意到博物館知識需要不斷更新，以跟上觀眾對諮詢要求的增長、消費口味更替的不斷要求。
（Miles, R.S.The Design of Educational Exhibits. 2nd. Edition, London: Unwin Hyman Ltd. 1988. Pp.171-184.）

　　隨著許多西方的博物館走向市場化運作，博物館的設計從知識闡釋者的高台上走下來，面向平民化、大眾化已經是大勢所趨。這反映在幾個方面：一是對教育權威性的反思。比如E•胡珀—格林希爾（Eilean Hooper-Greenhill）的《博物館的教育》（Hooper-Greenhill, Eilean. The Education Role of the Museum. London and New York: Rout-ledge. Leicester Readers in Museum Studies series, 1994.）、羅伯茨的《從知識到敘事：教育家與變化的博物館》（Roberts, Lisa C.From Knowledge to Narrative: Eduators and the Changing Museum. Washington, DC, and London: Smithsonian Institution Press, 1997.）可以看作是這方面的努力；二是成為「社群」或「集市」。比如，布魯斯將後博物館看成是「去等級」的理想社群，用一種體驗音樂計劃改造博物館，超越觀眾選擇、樂趣為先的原則。（布魯斯（Chris Bruce），影像與民主：作為後博物館的體驗音樂計劃，見馬斯汀（Janet Marstine）編，新博物館理論與實踐導論，江蘇：江蘇美術出版社，2008年，第145～172頁）三是學科批評的課堂。比如，金和馬斯汀注意到博物館陳列設計能引發思辯的一面。（金（Lyndel King）和馬斯汀（Janet Marstine），大學博物館和美術館：機構批評的場所和課程關注點，見馬斯汀（Janet Marstine）編，新博物館理論與實踐導論，江蘇：江蘇美術出版社，2008年，第306～335頁）許多學者透過批評方式的重塑展示法則，比如維爾森的「非展示品的展示」（Wilson, Fred. Fred Wilson. Speak of Me As I Am (ex.cat.MIT List Visual Arts

Center, Cambridge, MA), 2003.），弗拉瑟的「角色扮演」（Rodriguez, S.Institutional Critique Versus Institutionalized Critique: The Politics of Andrea Fraser's Performances, 1: 2.2002, http://www.thirdspace.ca/journal/issue/view/2.），等等。這些批評彙集成一股人文人文主義的思潮，學者開始意識到博物館應該恢復歷史與文學的天然聯繫當中。而「敘述主義復興運動」的興起是其中的一個代表。

　　隨著對符號意義的單向賦予和「權威闡釋」的各種批評不斷加劇，博物館系統對應文化知識詮釋者的地位，在「去中心化」、「解構」和「反思」的後現代思潮下受到越來越多的學科挑戰。知識符號背後的各種權力關係被暴露在學者的研究視線當中。加上傅柯有關話語、「規訓」的研究興起，讓展覽政治學自然成為新博物館學的另一個重要議題。

　　2.政治經濟學：話語和權力的討論

　　美國學者E•胡珀—格林希爾（Eilean Hooper-Greenhill）在《博物館與知識的型構》（Hooper-Greenhill, E.Museum and the Shaping of Knowledge. London: Rotledge, 1992.）一書中，全面檢驗博物館知識體系與權力關係的著作。基於傅柯的知識型（episteme）概念，考察了博物館發展過程中，各個時代的博物館如何處理知識的問題，並劃分類型，包括文藝復興的梅迪奇宮（the Medici Palace）、16世紀的珍品陳列室（Cabinet of the Curiosity）、17世紀英國的皇家學會博物館（Repository of Royal Society），以及現代知識型的學科專業博物館（disciplinary museum）。這五種模式的劃分中，我們不難看到傅柯在《事物的秩序》中三個知識型的身影。E•胡珀—格林希爾試圖思考的是，人在不同時期的展示模式下，放置在各自的知識／權力關係中的不同主體性位置。

從這個視角出發，參觀者的主體性引起博物館學研究的興趣。在這樣的展示空間中，學者關心知識是如何形塑個體的主體性。有兩個研究趨向值得關注：一是沿襲傅柯的全景式監視理論；二是採用特納（Victor Turner）的透過儀式中的三階段理論。

首先，全景式監視的討論主要以E•胡珀—格林希爾的展示研究為代表。基於對傅柯「規訓」概念的應用，他進一步提出「展覽複合體」（complex）的概念，並廣泛用於各種展示機構，比如百貨公司、火車站、主題公園的研究中。許多學者也在這方面做出自己的貢獻。比如，貝內特（T. Bennett）也採用傅柯《規訓與懲罰》的觀點，以歷史、建築及展現機制等多元視角，共同看待博物館體系是如何運用知識與權力教化、規訓參觀者。他在文中認為，在博物「規訓」的知識體系中，觀眾的觀看行動實現了自我監視的統一。（Bennett, T. The Birth of the Museum-History, theory, Politics. London: Routledge. 1995. Pp.59-88.）就這一點上，貝內特集中研究主體與治理性的觀看技術，提出著名的展覽機器（exhibitionary apparatus）理論。（Bennett, T.The Birth of the Museum-History, theory, Politics.London：Routledge.1995.P80.）學者特克（Tucker, M.）甚至斷言，博物館試圖傳播的知識，並非是中性，而是「被製造出來的」。（特克（Tucker, M.），後現代／後博物館：當代博物館評論的新走向，張譽騰譯，臺中：博物館學季刊，國立自然學博物館出版，1996，（2）：3~12）

人類學的儀式研究也影響到新博物館學領域。鄧肯（Carol Duncan）引入特納透過儀式的三階段研究，並將他的類閾限（liminality）概念用於參觀過程的研究中。與全景式監視的興趣不同，鄧肯關心參觀者如何從世俗生活中脫離出來，將博物館看作重新理解世界的審美體驗。（Duncan Carol. Civilizing Rituals Inside Public Art Museums. London Routledge. 1995. P22.）博

物館在他的研究中，成為一種「儀式場所」；觀眾按照展覽提供的「腳本」扮演「儀式」中的角色。從審美體驗的視角出發，鄧肯的研究集中於美術館研究當中。從羅浮宮與倫敦國家畫廊的案例著手，公共美術觀一方面使用藝術家極富天賦的展示，讓觀眾在議事中接納藝術家「天才」的角色塑造，另一方面在強調藝術品是「國家財富」的同時，確認觀眾的國民身分。從後一點來看，鄧肯的研究肯定了博物館塑造民族主義、打造現代國家的重要功能。（Duncan, Carol. Civilizing Rituals: Inside Public Art Museums. London: Routledge. 1995. Pp24-33.）這與上述全景式監視取向的話語討論有了某種契合。

　　1970年「生態博物館」運動的發展，可以看作是新博物館學實踐的結果。最早產生於法國，兩位學者希微賀（Georges Henri Riviere）和瓦西納（Hugues de Varine）針對「去中心」、「社群化」的學科自省，提出在公共部門與地方居民共建一個旨在保護文化傳統（遺產）、族群特徵的社群服務。現在各種名目的「民俗村」、「社區博物館」、「文化旅遊村」，甚至是一部分「主題公園」，都是生態博物館，希微賀（Riviere）曾為生態博物館下定義，他認為，生態博物館是由公共部門與地方居民共同策劃、建造和運作的方式。地方博物館提供人員、設備及資源，社區則展現其抱負、知識及個人力量。所以，生態博物館成為社區觀看自己的一面鏡子，用來發現自我的形象，尋求對生活的所在（包括自然或人文的遺產），以及在此領域居住祖先生活的解釋；同時也是一面能讓參觀者藉以深入瞭解當地產業、習俗、特性的鏡子。（參見 Riviere, G.H.The Ecomuseum: An Evaluative Defini-tion, Museum, 1985 (148): 182）的一種別稱。

　　（二）戶外的博物館：主題公園

　　本書所研究的主題公園與上述生態博物館的概念有所區別，這

主要體現在市場經營和社群服務兩個方面。本書所研究的主題公園，其運營典範來自於美國迪士尼樂園的全球化翻版，並且強調贏利為目的的企業運轉方式；生態博物館多為政府主導，並與社區共建的服務部門。同樣，兩者也存在許多相似之處。這表現在「以人為主」的理念，關注大眾文化和觀眾的需要，並宣導用娛樂、參與的方式接納本土文化，或特色文化，等等。

從另一個角度看，主題公園的類屬可以歸到戶外博物館、企業博物館的分支下。在西方博物館發展的歷程中，戶外博物館（opening museum）是與傳統封閉的博物館相對的概念。這類博物館以市場化為經營方式，吸引旅遊為主的一種休閒產業。這些戶外博物館與「主題公園」具有類似的屬性。（陳玉平、王文藝，論民俗主題公園對民族文化的影響，特區經濟，2008，1：190～191）因此，作為一個「被觀看」的展覽機構，主題公園的研究與新博物館的思潮擁有眾多的重疊之處。

主題公園的模式可以追溯到美國的迪士尼樂園。迪士尼樂園在美國本土的成功建設，以成為眾多國家紛紛效仿的展演範本。一時間，各地充滿著各種各樣的濃縮世界，或是可觀看、可體驗的視覺景觀。艾倫•布里曼（Alan Bryman）在《迪士尼風暴》中，認為迪士尼樂園的經營管理原理正為越來越多的企業組織所模仿，使得現代社會呈現出「迪士尼化」（disneyization）的趨勢。他歸納出，迪士尼樂園的四個標誌性特徵：主題化、混合消費，商業化和表演性勞動。與提供標準、均質服務的「麥當勞化」不同，迪士尼化強調「激動人心的體驗」，製造服務的多元化和差異化。（［英］艾倫•布里曼，迪士尼風暴，喬江濤譯，北京：中信出版社，2006年，第7～9頁）而沃倫（S.Warren）從城市規劃的角度分析了大都市的迪士尼化現象。他認為現代西方的城市規劃呈現迪士尼的三種特徵：一是強烈的組織控制和社會秩序；二是生產和消費斷裂，即「視覺上去除了生產痕跡，用幻想掩蓋了消費」；三是

居民的消費能力具有重要意義。（Warren, S.Disneyfication of the Metropolis：popular resistance in Seattle, Journal of Urban Affairs, 1994 (16): 89-107.）

　　上述研究關注迪士尼模式如何在其他主題公園，以至於在其他的公共空間，如購物中心、動物園、建築場所、電影院等，進行自我複製。除此之外，許多學者還討論了主題公園的視覺性展現方式。他們傾向於認為，主題公園營造了一種「非真實的體驗」，讓遊客進入幻想的神話空間。比如，日本學者根本佑二，將主題工業看成是「非日常」的空間。這樣，主題公園更多被商業氣氛包圍，呈現出表演舞台的各種特徵。（轉引自：保繼剛，主題公園發展的影響因素系統分析，地理學報，1997，3：237～245）貝拉•迪克斯（Bella Dicks）在研究城市的公共空間中指出，主題公園與博物館、博覽會、虛擬目的地一樣，都是「迎合消費者口味、被大眾悅納和安全的，並透過表演的方式與參觀者形成互動」的「可參觀」文化。（Dicks Bella.Culture on Display The Production of Contemporary Visitability McGraw-Hill Com-panies. 2001. V-VI.）她使用「可參觀性」（visitability）作為核心概念以指稱這一類人造景觀，並認為這多少與旅遊業的熱潮不無關係。她說，「各種各樣的展現迎合人們不用出行的需要，卻發展出一個旅遊成就大眾活動的時代。」（Dicks, Bella. Culture on Display: The Production of Contemporary Visitability, McGraw-Hill Com-panies. 2001. P2-4.）換句話說，旅遊業是不同地區的人交流頻繁，而人造景觀，包括生態博物館、主題公園建構的視覺文化，為人們理解他文化的重要途徑。

　　（三）主題公園的中國案例研究

　　上述對他者文化的討論，得益於薩伊德的《東方學》中呈現出西方對東方想像的知識體系構建。那麼，位於平民層次的西方遊

客，正是在對「東方文化」的神祕性、奇異性的動機下，從西方向東方流動。同時，居住於東方的人們憑藉這一良機，發展他們的社區經濟，展現他們對民族國家和地域文化的認同和想像。正如康寧漢（Clark E.Cunningham）所說的，「文化表演意圖引誘西方的旅遊者，並為他們表現民族國家的圖景。這一表演向那些參加表演和觀看電視的同一民族國家的人們敘述這一觀念。很重要的是，歷史、認同和傳統只是部分地表演，當地人可以感受到在遊客面前是再現了真實的身分。」（Cunningham, Clark E. the Interaction of Cultural Performances, Tourism, and Ethnicity: An Introduction, Journal of Musicological Research, Vol.17, No.2. 1998.）

其中，中國文化是西方遊客最為興趣的場所，自然成為東亞旅遊目的地最大的市場。同時，針對中國主題公園，如「錦繡中華」、民俗旅遊村、民族村寨的一類研究方興未艾。這些中國學的研究表現呈現出批判性，與後現代的反思主義、解構主義的理論討論不謀而合。這大體集中在兩個層面：一是將中國主題公園看作是大眾消費的場所，批評消費文化對人的主體性控制和支配；二是將主題公園放到族群認同和表徵的視角中加以討論。

1.消費文化的視角

這方面的研究將主題公園看作是企業提供安全、可控制的文化消費場所。比如，鮑勃•麥克歇（Bob McKercher）和希拉蕊•迪克羅（Hilary du-Cros）（鮑勃•麥克歇、希拉蕊•迪克羅，文化旅遊與文化遺產管理，朱路平譯，天津：南開出版社，2006年，第123～143頁）認為，主題公園企業改造文化形態以形成與外界隔離的「環境氣泡」，是為了降低文化產品的陌生性以迎合參觀者一致性的需求，從而導致人造文化是以標準化物質空間的形式出現。

針對中國主題公園的研究，學者偏重消費文化的視角。葛列格

•理查斯（Greg Richards）考察美國的佛羅里達州迪士尼世界裡建立「錦繡中華」景觀的案例。透過跨文化比較的視角，理查斯認為雖然在美國建立的主題公園無法出現歷史真實，但展示出「中國生活中的真實元素」。他指出國外建立中國主題公園的市場張力：如何從「廣博精深的中國文化中挑選切片，製作成標誌性文化景觀，以調和歐美消費群體的大眾口味。在這個意義上，理查斯看到文化選擇導致「新文化公園」的建構，特別是涉及政治議題和民族多元化的問題，成為市場行銷的瓶頸。（Richards, Greg.Marketing China overseas: The Role of Theme Parks and Tourist Attractions, Journal of Vacation Marketing; ABI/INFORM Global. Dec 2001, 8, 1, Pp.28-38.）安娜諾斯特（Ann Anagnost）將中國的主題公園，看作是「古色古香」的娛樂性與市場地（marketplace）的有機結合。（Anagnost, Ann. The Nationscape: Movement in the Field of Vision, Position: East Aisa Cultures Critique 1 (3), 1993, P.591.）這種結合也被認為是一種中國文化在當下的「傳統的發明」。比如，提姆•歐克斯（Tim Oakes）的研究說明，中國村寨的旅遊業（民俗村）興起是對表徵「現代」的旅遊景點的模仿。實際上，他指出，在旅遊業興起的推動下，中國民俗村的不斷被商業化、市場化操作，逐漸形成類似企業性質的、標準化的主題公園。（提姆•歐克斯（Tim Oakes），主題公園式的村莊———中國旅遊業的模仿及真實性，見吳曉萍主編，民族旅遊的社會學研究，貴州：貴州民族出版社，2003年，第1～30頁）他說，「按照中國的做法，跨地域主體出現在旅遊村寨裡，其途徑是對現代性的『真實複製』。旅遊業只是提供了最現代化的媒介，促成這種複製的發生。」這一複製首先發生在村寨自我複製，然後在原始品中尋找創建現代主題公園的景點，但結果只是「複製了主題公園所代表的現代性」。（提姆•歐克斯（Tim Oakes），主題公園式的村莊———中國旅遊業的模仿及真

實性，見吳曉萍主編：民族旅遊的社會學研究，貴州：貴州民族出版社，2003年，第6頁；第21頁）尼克•史丹利（Nick Stanley）在《再現中國文化》一文中，結合自己對深圳中華民俗村的考察，指出中國主題公園背後的政治機制。他認為，這一機制透過娛樂的方式，將「民族意識」潛移默化地融化到到訪者的各種消費活動當中。這些活動在自覺的文化消費的旗號下，遊客也在消費著自己對現代國家的意識和中國人的主體認同。在這個意義上，消費文化的討論似乎與話語、權力脫不開關係，學者的討論也逐漸聚焦到政治表徵的議題當中。（史丹利（Nick Stanley）、蕭競聰，再現中國文化深圳中國民俗文化村述評，見陳清僑（主編），身分認同與公共文化——文化研究論文集，香港：牛津大學出版社，1997年，第270～271頁）

2.族群認同和政治表徵

對深圳的「錦繡中華」微縮景觀的文化表徵研究，安娜諾斯特（Ann Anagnost）的觀點值得關注。她考察了現代中國人的主體性生產和再生產的整個過程。其中，透過人造景觀的生產，中國人是如何確定對自己的認同。在文中，安娜諾斯特指出，「錦繡中華」主要以「中國多元一體」的主導性模式進行景觀敘事。在這其中，漢民族處於各民族的中心位置。（Anagnost, Ann. National Past-times: Narrative, Representation, and Power in Modern China. Duke University Press, Durham & London, 1997. P.162.）她還考察了中國改革變遷之路，在深圳這一地區展現中國「濃縮五千年的優秀文化」，正是從政治為中心向經濟為中心的政策轉向，在景觀方面尤其表現為「對民族輝煌歷史的渴望」，「被置換成了商業和物態的方式」。有意思的是，從政治表徵（再現）的角度思考，安娜諾斯特認為主題公園象徵著深圳的經濟中心地位，「正是標幟在深圳建構再確認的圖像」，而深圳成為「中國總體性呈現」的特殊位置，不僅標幟著民族未來的崛起，而且「對中

心的集權產生抵消」。（Anagnost Ann. National Past-times Narrative Representation and Power in Modern China. Duke University Press, Durham & London, 1997. P.164.）安娜諾斯特將「錦繡中華」的邊界看作是「國家作為總體性概念、永恆性本質的再現空間」。這與10 班乃狄克•安德森（Benedict Anderson）觀點基本一致。他所研究殖民國家的地圖是「作為界定國民認同的邊界」。（[美]班乃狄克•安德森，想像的共同體：民族主義的起源與散布，吳睿人譯，上海：上海人民出版社，2003年，第195～209頁）

尼克•史丹利（Nick Stanley）在「中國主題公園和國家認同」一文中，選取大陸和臺灣主題公園作為案例，討論中國人認同是如何被建構、展示和消費。他認為不同於西方的國際主義（internationalism），從「中華民俗園」、「世界之窗」到「錦繡中華」，中國主題公園以依託於「真實」的文化素材，構建可視的人造景觀集成，表達大陸和臺灣不同取向的「民族認同」：一方面大陸呈現「多元一體」的認同格局；另一方面臺灣呈現原住民的獨特性，強調原生性和主體意識。任海（Ren, Hai）（Ren, H. Economies of Culture: Theme Parks Museums, and Capital Accumulation in China, Hong Kong and Taiwan. Ann Arbor, Mich: UMI, 1999.）的研究可以看作是這方面的延續。他以中國大陸、香港和臺灣三個區域的案例，分別說明主題公園和博物館的文化陳列形構、生產著社會標準和規範，成為地方、國家展演經濟、政治、文化認同的重要社會空間。與大國家的命題不同，還有的學者討論少數民族的旅遊村的問題。路易莎•沙因（Louisa Schein）借用高夫曼的「表演理論」研究一個苗族民族村的日常生活。她提出表演現代性的概念，認為當地人利用各種機會展現自己是「現代的」，並渴望「進步」。透過與外界的接觸增多，文化主體意識不斷上升，苗族人對族群認同也處於不斷修正和變化中。在這個背景

下，許多懷舊的文化被重新復活和再造，成為村民「現代性」認同的一種實踐。（路易莎•沙因，表演現代性，見馬元曦、康宏錦，社會性別•族裔•社區發展譯選，北京：中國書籍出版社，2001年，第211～242頁）

二、臺灣學者的相關研究

（一）博物館的研究

臺灣地區的博物館研究經歷了技術操作的應用性研究，轉向反思和批判的新博物館理論討論的過程。後現代的思潮為主導，夾帶著各種相關的文化理論，深刻地影響著臺灣的博物學界的發展趨向。從學術大背景來看，臺灣研究延續有關文化表徵理論中符號學和政治學的雙重脈絡。但是，近年來的原住民「族群運動」的興起，多少使理論研究帶有點「國家」建構的政治味道。雖然如此，臺灣的學術界還是聯繫西方的新博物館理論和生態博物館的實踐，與地方的旅遊經濟、「國家」意識，以及社群發展等問題緊緊地勾聯在一起，同時又表現出與西方博物館學理論不同的發展道路。

一是符號學的取向。針對博物館展現的權威性進行反思，許多學者順著羅蘭•巴特（Roland Barthes）神話學的理論脈絡。這一類研究傾向於對博物館知識建構的整體性反思，關注展覽物品塑造的闡釋方式和效果是如何建立起來。比如，林崇熙的研究延續了巴特有關「淨化」的論述。他認為展示物一旦進入博物館的場域後，博物館體系透過「再時間化」和「再去時間化」雙重方式，重新賦予文物新的意義角色和功能。（林崇熙，博物館文物演出的時間辯證，一個文化再生產的考察，臺中：博物館學季刊.2005，19，3：7～24）許功明提出「再扮演」、「生活史詮釋」的觀點，提倡以「表演」的方式解釋「再現」博物館知識。（許功明，博物

的展演及其理念,臺中:博物館學季刊,1998,12,4:7~8)不難看出,這些研究力圖解構博物館知識的權威性,也讓一些學者進一步思考如何重新定位博物館的功能。這時候,參觀者的主體性得到關注。廖敦如在「我的教室在博物館」一文中,反對自上而下的博物館教學模式,提倡根據學校課程、教師的主體需要進行館校協作。(廖敦如,我的教室在博物館,臺中:博物館學季刊,2005,19,1)邱坤良則更進一步。他試圖在藝術大學校園內建立劇場式的「生態博物館」,探討以跨越觀眾和演員邊界的方式進行劇場理論的實踐。(邱坤良,博物館、劇場與藝術大學:藝術教學、展演與空間的另類思考,臺中:博物館學季刊,2006,20,4:49~58)還有一類研究針對博物館再現方式的反思。隨著高科技呈現方式的引進,投影、幻象、三維立體圖像等影像呈現方式,逐漸替代了實物本身。而這部分研究就是針對擬象再現的討論。多數人跟從法國學者布希亞的觀點,認為技術呈現的幻真效果,背後是「取代真實的模仿物」——只是符號而不是別的。比如,呂明憲(呂明憲,考古遺址博物館展示之研究——以芝山岩文化展示館設計為例:[碩士學位論文],臺灣:中原大學室內設計研究所,2002年)對「芝山岩文化展示館」的遺地再現研究。從考古學與人類學理論結合方式的討論,胡家瑜依據人類學的理論關懷,劃分三種不同的文化展示類型:文化區展示、文物脈絡整合、多元文化觀和對話空間。(胡家瑜,器物詮釋與文化展示:人類學的觀看角度,博物館學研討會——博物館的呈現與文化論文集,1997年12月:61~76)

二是政治學的取向。學者首先對展示的他者背後的權力關係進行反思,而臺灣的原住民陳列成為主要的討論的對象。任海認為博物館的原住民「他者」的展示,是一種在文化政治支配下的「文化製造」。(任海,博物館及其對臺灣原住民文化的製造,山海文化,1993,1:29~35)盧梅芬指出對原住民展品陳列方式進行

解構和批評，認為目前的呈現缺少「人味」，是「漢人想像」的一種建構。（盧梅芬，人味！哪去了？博物館的原住民異己再現與後殖民的展示批判，臺中：博物館學季刊，2005，19，1：65～77）從歷史維度的反思殖民主義，許多學者受薩伊德的學術影響，積極批評博物館的殖民主義色彩。比如，呂紹理就日本殖民時期的臺灣原住民的所謂「野蠻」形象展開批評（呂紹理，展示殖民地：日本博覽會中臺灣的實像與鏡像（報告書），2003年財團法人交流協會日臺交流中心，2004：8）。李政亮關注在1903年日本舉行的博覽會中，臺灣原住民真人是如何成為展示「他者」的陳列品。（李政亮，帝國、殖民與展示，臺中：博物館學季刊，2006，20，2：31～46）從博物館知識的建構角度，劉婉珍對博物館本體進行思考，提出「博物館人」、「博物館意識」等概念，並將博物館看成是存在於多元社會中的「想像共同體」。（劉婉珍，從博物館意識談博物館人的誕生與形塑，臺中：博物館學季刊，2006，20，3：7～21）從他者的討論進一步引申，臺灣學者開始重新思考博物館呈現中的自我形象。這一研究取向在很大程度上，是傅柯的規訓理論在博物館研究領域的進一步延伸。比如，陳家雯（陳家雯，博物館展示與知識形塑——以「兵馬俑——秦文化特展」為例：[碩士學位論文]，臺北：臺灣師範大學社會教育研究所，2000年）對兵馬俑特展的研究表明，展覽編碼者偏好使用對物質文化論述的肯定，製造出「專業想像」的參觀空間。一旦參觀者進入展覽場域，就自然成為博物館知識的規訓對象。郭瑞坤（郭瑞坤，博物館論述與文化民主：從超級特展現象再思教育，科技博物館，2004，2：29～46）關注文化仲介者，如學校、媒介、官方機構對博物館知識建構的作用。他認為，文化仲介共同製作博物館社會規訓的場所，教育到來者如何成為「進步」的參觀者。王志弘、沈孟穎（王志弘、沈孟穎，誰的「福爾摩沙」，臺北：東吳社會學報，2006，20：1～58）在對「福爾摩沙」

（「福爾摩沙」為臺灣的舊稱之一。論文所研究的是，2003年1月到5月間在臺灣故宮博物院的一次特展）特展的研究中發現，展覽中蘊涵著臺灣當局對「國族工程」的規範和塑造，同樣成為權力規訓的展演空間。這是透過正當化歷史闡釋，而重新定位臺灣的歷史「主體性」。這似乎回應了上述對他者展覽的反思脈絡中，作者重新思考展覽能否展現臺灣多元的主體性，因為原住民的聲音在其中被忽視了，成為「臺灣原主民無史觀」的又一個產物。總之，無論是討論自我還是他者，政治學取向的研究多強調傅柯規訓理論的應用，並在臺灣原住民議題中思考闡釋者、參觀者的多元主體性。

（二）民俗文化村的研究

一般意義上，我們稱展演主題為民俗文化、地方文化的主題公園為民俗文化村。在臺灣，民俗村可以分為異地重建型和生態民俗村兩種。前者是將文化與其承載的社群分離開來，成為企業運營的文化。一般是在異地重建，以供遊客參觀、學習和消費的贏利場所。規模比較大的有九族文化村、臺灣山地文化園區，等等。而後者就是廣義「生態博物館」的一種類型，採用原住民社群和臺灣當局共建的方式，突出原住民生活體驗的文化特色，為了吸引外地遊客到當地消費，隨之帶動社群各方面事業的共同發展。延續1980年代「地方化」走向，臺灣的原住民社群在文建會推動的「社群總體營造」運動中，自下而上塑造著表徵多元族群文化的民俗文化村、觀光社區、生態民俗村等，成為臺灣原住民的「新族群標誌」。比如，花蓮社區、蘭嶼地區、烏來與德化社區。根據臺灣的民俗文化村地域分布不同，謝世忠劃分為：都市情景模式、生活區模式、社群動員模式、集中展現模式。（謝世忠，山胞觀光：當地山地文化呈現的人類學闡釋，臺北：自立晚報，2004年，第11～64頁）其中，都市情景模式屬於上述異地重建型，其他三種類型都屬於生態民俗村的一種。

民俗文化村，或民族村、文化村的建立，與全球性的「民族旅遊」熱潮有關。旅遊人類學的研究表明，從旅遊動機看，「返樸歸真」和追求「原始」生活成為大多數選擇民族旅遊的主要動機。西方學者的研究多集中於那些來自「發達地區」的遊客（觀看者）與「次發展地區」的當地人（文化展示者）之間的跨文化互動中。麥坎諾認為，遊客正是在「非家」、「陌生」的世界裡找尋某種奇異性，並將行為的外部交換看作是一種「真實性」的體驗。（MacCannell, D.1976.The Tourist: A New Theory of the Leisure Class. New York: Shocken.）伯格（Van den Berghe）和基斯（Charles F. Keyes）認為在旅遊過程中，遊客要求與當地人合影的行為，實際是另一種尋找所謂「真實的」記憶留存。（Van den Berghe, Pierre L.and Charles F. Keyes. 1984. Introduction: Tourism and Re-Created Ethnicity. Annals of Tourism Research. 11(3), Pp.343-352.）許多的研究表明，這種遊客的獵奇行動似乎是把當地的各種展示看作是「他文化」的標誌物（marker）。不僅如此，遊客的到來多少是帶有對「淳樸民族」、「未被外界玷污」的他者想像。在這一跨文化的互動中，臺灣學者研究民俗文化村，主要以兩個視角切入：一是話語和權力的議題；二是族群認同和邊界的議題。

　　首先是話語權力的討論。黃正德認為，臺灣的生態旅遊事業是將臺灣原住民看作是消費市場的「新產品」，而生態民俗村的建造成為「漢人的休憩空間」。在臺灣當局主導的資源交換機制下，當地人的文化自主性成為棘手的問題。（黃正德，蘭嶼發展生態旅遊的運作模式：國家與地方社會的研究取向：[碩士論文]，臺北：世新大學，2005年7月，第19頁）陳昭妙所研究藝術中心的模型文化（作者將九族文化村、一類的主題公園，看作是藝術中心展示民俗文化的一個分支機構），被塑造成劇場化的空間。展現的是「固定於時空中的一段文化記憶」，成為「國家認同」的「進步中」的

民俗文化。在這裡，「進步」和「高雅」的所謂傳統藝術，在「後現代」的包裝下重新以詮釋者的身分進行知識的等級化輸出。（陳昭妙，臺灣民俗文化的集中呈現：以國立傳統藝術中心為例［碩士論文］，「國立」成功大學，2004年6月，第100～101頁）其次是消費社會中的族群認同。謝世忠（謝世忠，族群人類學的宏觀探索——臺灣原住民論集，臺北：「國立」臺灣大學出版中心，2004年，第175～191頁）研究的臺灣烏來泰雅族，在國家教育、儒家道德觀、現代技術的侵襲下，已完全失去特有的文化傳承。然而，他們卻在旅遊事業的刺激下，以「山胞公司」為新的族群文化象徵，改造、重塑並操作文化傳統展演，以挽救族群認同之危機。新的族群認同在很大程度上與建立在「山胞公司」的實體利益緊密聯繫在一起，並在符號的象徵意義上，充當族群自我意識的重要標籤。謝世忠在《山胞觀光》一書中，對臺灣眾多的民俗文化村進行細緻的田野調查。他指出，由於市場需求的不斷刺激，臺灣原住民居住地被改造成供展示的「舞台」，不斷進行商業贏利式的文化展演。非原住民遊客的旅遊動機也呈現多樣性。這些動機（謝世忠，山胞觀光：當地山地文化呈現的人類學闡釋，臺北：自立晚報，2004年，第23頁；第34～35頁；第55～59頁）包括，基於對「性」的想像，為了證明自己的「現代性」，還有的是基於休閒、放鬆，等等。這些動機不僅推動了民俗村旅遊業的不斷發展，而且重塑著民俗村原住民演員的族群和自我的認同。比如，九族文化村的歌舞演員將舞台表演與日常生活融合在一起，舞台上的展現「原始」文化已成為許多原住民社區宣傳自我形象的重要依託。（謝世忠，山胞觀光：當地山地文化呈現的人類學闡釋，臺北：自立晚報，2004年，第132～138頁）林恒丞研究的霧臺部落，為迎合原始想像的需要，將原文化改成一種「觀光文化」。其危險性在於被製造的「觀光文化」逐漸替代真實文化，而成為當地人的新認同。（林恒丞，霧臺部落觀光之真實性闡釋：［碩士學位論文］，屏

東:「國立」屏東科技大學,2004年7月)

三、大陸學者的研究偏重

(一)博物館:文化展現研究的二元分立

相對與臺灣學者的研究,大陸學界針對博物館的文化展現研究相對滯後。他們在向西方新博物館學理論學習和借鑑之同時,卻因目前的博物館學現狀而發生一定的脫節,呈現出二元分立的局面。這表現在:一方面是繼續強調操作和技術層面的傳統應用研究;另一方面,許多學者開始意識到主體性的重要性,開展有針對性的新博物館學的實踐。生態博物館的國際合作就是一例。1998年10月31日,中國第一座生態博物館——貴州六枝梭嘎生態博物館正式成立。此外,貴陽、花溪鎮山、黔東南州黎平堂安,和錦屏隆裡的生態博物館,也在積極地建設當中。

新、舊知識之間的矛盾和衝突,直接影響了整體的博物館理論也呈現出二元分立的狀況。一是強調對知識權威的解構,卻仍受制於自上而下的行政指導中。二是從觀眾的在場需要出發,考慮展現戲劇化、舞台化的設計變革。知識權威的展現設計一直是中國博物館學的傳統做法。它強調敘事的邏輯性、情節設計的思路,來安排整體的展陳品和參觀動線。這一研究取向可以追溯到建國以來中國博物館事業的「蘇聯模式」的廣泛盛行。當時,以行政指令下發展的博物館體系更是側重如何全方位、系統地展示國家建設的整體性成就,以更好地服務於上層建築的教育職能。(李慧竹,中國博物館學理論體系形成和發展研究:[博士學位論文],濟南:山東大學,2007年10月:53~56)這一模式雖然在當前學術研究中有所弱化,卻形成許多中國博物館學研究的一個重要傳統:強調展示的系統性、科學性,並積極引入其它學科,特別是自然科學的技術成

果，透過具體的展現技術和操作途徑上，討論知識傳播的技術效率。這方面議題很廣，大體涉及科技含量的提高（比如，討論多媒體技術應用。（馬星，論多媒體藝術在博物館展鑒中的應用：[碩士學位論文]，東華大學，2006年1月），展品的環境美學化（戲劇邏輯的引進到展覽設計中。比如，莊元應用電影劇情的構思方法，探討如何改革以往平鋪直敘的展覽敘述。（莊元，博物館展示的情節設計：[碩士學位論文]，南京：南京藝術學院，2007年4月）劉陽則討論的是，如何在景觀設計中借鑑舞台的美理論。（劉陽，應用舞台美術理論開展自然歷史博物館景觀設計的研究：[碩士學位論文]，東北師範大學，2008年5月），新管理經驗的借鑑（葉俊之，論我國博物館發展的市場化趨勢及其對策，中國博物館，2000，1），等等。後者主要以問卷調查、新概念的闡述為研究方法，結合各種豐富的案例研究，從觀眾主體的角度探討博物館知識的傳播和接受。主要包括以下議題：體驗式設計（徐晶引入體驗經濟的概念，關注展示設計需要考慮觀眾的參觀體驗和精神滿足。（徐晶，我國歷史博物館體驗展示方式研究：[碩士學位論文]，南京：南京藝術學院，2006年5月）、認知心理的探討（比如，遊蓉就以東莞科學技術博物館為例，認為展覽應從受教者的認知感受和心理出發進行科學化的設計。（遊蓉，意識引導的教育：認知心理學在博物館設計中的應用：[碩士學位論文]，武漢：華中科技大學，2005年4月）、市場化和遺產保護（旅遊產業和生態博物館），等等。但是，這一視角仍然側重於知識的教育功能，導致在另一個方面上對觀眾主體性的相對忽視。

（二）主題公園：發展論和批評論的偏向

在主題公園的研究方面，目前中國大陸的學者多結合具體的案例研究，沿襲著西方學者的理論脈絡。大致可分為發展論和批評論兩個取向。

首先是發展論。這部分學者以建築學、規劃學、策劃學為知識背景，分別從技術和操作層面對主題公園的整體性進行論述。保繼剛（保繼剛，大型主題公園布局初步研究，地理研究，1994，（3）：83~89）將中國開發的主題公園劃分為兩個階段：第一階段是80年代中興建的純遊樂場，而到了80年代末期，以仿文化、民族文化為主題的主題公園開始興起，比如深圳錦繡中華、民族文化村、北京中華民族園、無錫的吳文化公園、雲南民族村等等。與前一時期圍繞遊客感官體驗的進行技術引進、規劃管理和市場探索的研究不同，後一時期的主題公園被更多將「人造」文化和景觀看作是企業的文化資本。（王渝飛，創造召喚情感的主題構思，深圳大學學報，1991，（3）：100~103）大陸學者大多「學以治用」，試圖將文化改造和商品化納入市場開發的資本體系當中，由此衍生出旅遊產品設計（陳燕娥，溫泉旅遊產品開發研究：[碩士學位論文]，中南林業科技大學，2006）、生態旅遊規劃（黃燁勍，西雙版納傣族民俗文化生態旅遊：[碩士學位論文]，昆明理工大學，2002）、生態博物館開發（蘇東海，建立和鞏固，國生態博物館發展的思考，中國博物館，2005，（3）：12~13）、舞台化製作（張永安、蘇黎，主題公園文藝表演產品層次探究——以深圳華僑城主題公園為例，江蘇商論，2003，（12）：120~122）等一類應用研究。不難看出，這些研究無非是將西方先進的技術與中國傳統文化進行嫁接。文化策劃者要麼以微縮景觀為「模仿」文化、藝術的表現手法、要麼用高新科技「逼真地」再現所謂「文化傳統」。特別是，當主題公園為遺產地公園的時候，傳統保護與文化商品化如何結合的命題討論，成為重要的議題。學者們希望知道，如何在市場需要，以及更廣泛的政治、社會、大眾文化的要求中處理好傳統文化（文化真跡）保護和文化商品化——這一似乎對立而統一的矛盾體。

其次是批評論。針對上述文化傳統保護和商品化之間形成的張

力，學者將批評的矛頭指對消費社會的思考。吳曉指出，主題公園、民俗村將民間藝術看作一種「展演文本」，透過符號的收集、技工和包裝的舞台化過程，藝術在消費邏輯下被不斷景觀化，成為「去生活化」的旅遊標識物（marker）。她認為，一方面特定族群文化生態不斷遭受強行破壞，另一方面這一族群的主體性也在不對等的交換中被剝離。（吳曉、鄒曉玲，民間藝術展演文本的文化修辭，學術探索，2007，5：142～144）肖青提出「速食式表演」的概念，以指稱旅遊經營企業（包括民族文化旅遊村）的市場化運作。他認為，旅遊的短期性決定企業進行符號化生產當地的文化。透過剪接表徵為「特色」、「奇風異俗」的文化切片，製造富有藝術效果的所謂「真實」的民族形象進行展現。在文章中，肖青使用符號學的編碼理論，批評傳統文化的商業保障。「此時的民族歌舞藝術，其原生性的符號所指已經完全被消解，經過取捨、改裝之後的再生性符號能指則成為民族文化旅遊生產及消費的共同指向。」（肖青，當代文化消費模式下民族歌舞藝術的符號化生產，當代文壇，2008，6：105～108）徐贛麗在廣西省一處壯族的山寨（民俗文化村）（徐萬邦、祁慶福認為，所謂的民族文化村是指展現在中國少數民族文化的實地村落或模型村落。（參見徐萬邦、祁慶福，中國少數民族文化通論，北京：中央民族大學出版社，1996年，第365頁）實地展示型村落類似於展示地方民俗文化的「生態博物館」，也可以叫做「民族村寨」、「風情園」、「民族村落」，等。而模型村落主要是指因經濟目的而將民俗文化集中呈現的旅遊景區。其特點是企業運作、市場經營。我將這兩種主題公園看做是同一概念下的不同表現形態）的考察中，發現旅遊對民俗活動具有再造的功能。當地人自願透過舞台化將日常生活改造成民俗產品，同時不斷生產出未曾出現的「新的」民俗活動。（徐贛麗，生活與舞台：關於民俗旅遊歌舞表演的考察和思考，民俗研究，2004，4：134～148）消費文化不僅是生產出「新的」民俗

文化，而且對傳統的民俗具有恢復和重塑的功能。秦紅增、胡寶華對龍勝大寨紅瑤村的考察中，發現傳統文化並不是被動的受侵害，反而是藉助「開發的商機」得以復興。在這個意義上，遊客、開發商和當地人在互動中形成對文化再建構的合力。（秦紅增、胡寶華，旅遊與民俗文化的再建構——以龍勝大寨紅瑤村為例，長江師範學院學報，2008，5：56~64）榮莉的研究也說明，傳統文化的表演使得文化生態村區分出自我和他者的兩種表述方式，實踐著村民對「現代性」的認同。（榮莉，旅遊場域中的「表演現代性」：雲南省丘北縣仙人洞村旅遊表演的人類學分析，雲南社會科學，2007，6：41~44）同樣，旅遊業同樣生產了展演者特殊的謀生技能。比如，徐建新從一個學者的體驗視角，考察四川阿壩理縣旅遊村桃坪羌寨一家的生活。他的研究發現民俗表演已內化為村民所熟練的謀生技藝，成為遊客到來後的一種必要展現的程式。（徐建新，開發中國：「民族旅遊」與「旅遊民族」的形成與影響——以「穿青人」、「銀水寨」和「藏羌村」為案例的評述，西南民族學院學報（哲學社會科學版），2000，7：1~10）

四、大陸的主題公園、博物館研究現狀的反思

（一）博物館：權威闡述的模式為主導，相對缺少觀者的主體性

目前的博物館展現研究，出現二元分立的狀況。一方面是代表蘇聯模式的知識權威仍長期影響；另一方面是後現代思潮的不斷衝擊，以生態博物館實踐為特徵的新博物館學，不斷被引進到大陸的博物館學界。前者強調知識的權威性，忽視物品展示的情境性和歷史偶然性含義。不難看成，知識權威性所強調的，正是源於一種孤立地將物品意義看作是封存文化，而忽視情景性和偶然性的內在含義。後者更具有反思和批評性，力圖透過對話，對傳統博物館的知

識展示進行意義解構。這部分學者包括陳錦豐的作為「後殖民主義」博物館學（陳錦豐，博物館的再現：後現代／後殖民博物館學的觀點，中國博物館，2008，2：22～25），安來順的反思式博物館的觀點（安來順，現代社會對「主流」（傳統）博物館的反思，中國文物報，2001-11-2），等等。就目前而言，二元化思路的並置恰好說明新、舊兩股理論、模式的相互衝撞。認為知識是權威的博物館學者，強調博物館實物和操作層面。這部分觀點目前仍占據研究的主導。而後者，新博物館學的借鑑和探討不多，有關符號學、話語和權力的分析也不多見。大陸的博物館學研究多停留在操作層面，缺少理論提升和對話，其結果是相對忽視參觀者的主體性，傾向於將參觀者的觀看實踐看作是接受知識的、單方向的灌輸過程。

　　西方新博物館學理論的引入，正是對觀眾和博物館之間關係的一種積極思考。後現代主義的新博物館學認為，博物館的建設不應該將展陳設計看作是自上而下的、等級性的知識詮釋，而是知識的輸出／輸入的雙向流動過程。換句話說，展陳的設計不應局限於知識的權威性塑造，而應將參觀者的認知和接受放在一個重要的考慮內。無論從單純依靠技術和操作，還是關注觀眾的資訊回饋，都應將其一方置於論述的主體位置——那麼強調博物館賦予意義，那麼關注觀眾的回饋。實際上，兩者是一體兩面、不可分割的有機體。因此，在本研究中，筆者嘗試這樣一個研究路徑：將兩者共置於一個對話、互動的博物館空間中，以看待知識是如何傳播。我試探透過案例研究回答，「演員」和「觀眾」在空間的觀看實踐中，知識話語是如何作用於兩者？是否就是以往研究所說的單向流動，或是具有雙向的交流？

　　（二）主題公園：偏重批評和反思消費社會，相對缺少話語和知識權力的分析

與博物館理論出現二元分立的問題不同，主題公園的理論研究偏重對消費社會帶來的消極影響。因此，主題公園、民俗文化村的相關研究多帶有強烈的火藥味道。在批評、反思之餘，則是缺少對話語和知識權力的應有關注。

具體表現在：一方面，主題公園的大陸研究採用後現代主義的觀點，對消費社會進行猛烈地批判或批評。我們不難看出，德波、布希亞的消費社會理論對這部分學者的理論影響。相對於臺灣學者的研究，主題公園的大陸學者討論相對缺少對話語權力的理論關照。而且，在論述民俗村、民族文化村的相關討論中，學者多將政府看作是「自上而下」的力量，相對忽視對主題公園在建構國家認同、歷史記憶方面進行話語分析。另一方面，中國大陸研究偏重應用性。與博物館理論對操作層面的關注問題類似，主題公園的應用研究幾乎是將科學技術、知識建構放置在當然的預設位置，從而使城市規劃的技術安排成為優先考慮之事。換句話說，學者回避知識「權力是建構」的話題討論，熱衷於先驗的、客觀化的科學實踐。對次，列斐伏爾（Henri Lefebvre）的空間批判的觀點值得注意。他認為，空間是一種「政治工具」，是「某種權力」的工具，屬於事先被安排的、規劃好的某種「客觀連續性」。（[法]亨利•勒菲弗（Henri　Lefebvre），空間與政治（第二版），李春譯，上海：上海人民出版社，2008年，第29～31頁）這一連續性在於人們不斷「對空間進行政治性的加工、塑造」。（[法]亨利•勒菲弗（Henri Lefebvre），空間與政治（第二版），李春譯，上海：上海人民出版社，2008年，第46～47頁）因此，知識權力和話語是先在於技術應用的討論之前，卻被目前的研究默認為「當然」的常識，而不得不到應有的關注。

在這個問題上，西方學者有關中國主題公園的政治表徵的研究頗有啟發意義。但問題是，多數觀點多帶有「西方本位」的理論視角，導致對非西方國家的觀點有失中立。他們喜好套用「民族—

國家」的研究典範，看待中國文化的多元一體格局。從批評的角度出發考察中國人的認同問題，多少有點「歐洲中心主義」的觀念遺存。還有，對人造景觀的批評多帶有先入為主的意識存在。比如，安娜諾斯特的「錦繡中華」研究，根據的大部分材料來自於報紙和媒體，缺少詳細的田野資料進行理論建構的支撐。還有一些學者，比如沙因、提姆•歐克斯的觀點，多少是基於將當代中國社會想像為「次發展」，或「未現代化」的預設狀況。其結果將民族旅遊市場化的在地實踐，看成是向西方學習「現代化」的一個過程。

從這個意義上講，我試圖以反觀本文化的方式，採用人類學研究他文化（other cultures）的眼光，看待本文化中的人造景觀的展演。實際上，從遙遠的異邦部落到現當代社會中自己社群的研究轉向，成為後現代人類學的研究趨向。許多回歸西方的本土學者用本土的、家鄉的民族志成果，不斷反省以異域研究為圭臬的人類學科本質。本書試圖透過將家鄉文化進行「陌生化」的策略，尋找本土學者研究人造景觀的另一種敘述方式，以形成與西方學者對中國主題公園研究的一種學術對話。不可避免的是，回避了西方學者的「歐洲中心主義」的價值取向，我的研究也難免帶入「先入為主」（利奇，Leach, E.）認為，「研究與人類學本身沒有距離的本土文化，必然導致人類學描述的不真實性，因為研究者必然是帶著一定的價值觀去談論其所熟悉的文化，而且對自己的文化司空見慣而無法進行客觀分析。」（轉見：李一松，民族志及其實驗趣向，學術探索，2000，1）的問題。因此，本研究並不回避寫作者參與知識建構的現實，並透過「第一人稱」的論述將「我」作為一個主體，帶來田野研究的各種實踐行動（包括寫作實踐）中。

總體來看，文化表演（展演）的理論不斷發展，直到新近的人造景觀的有關討論，都始終圍繞著表演的三個基本關係：演員、觀眾和腳本進行，並不斷擴大理論的解釋範圍。這三組關係同樣是本書所重點討論的三個理論問題：演員和腳本的關係、演員和觀眾的

關係、觀眾和腳本的關係。在以往研究中，三者的討論被多被放置在過程論中進行，強調時間的變化對三者的影響。但是，這些討論沒有看到三元素的整體方面，即作為「三位一體」的互動關係。更多的情況是，三者關係的理論討論被分塊、分割進行。究其根本，在於以往研究多持客觀主義的研究視野，而忽視觀眾的主體性。隨著視覺文化研究的當代興起，研究者逐漸發現可以透過觀看方式的研究，能夠有機地將演員、觀眾和腳本三者聯繫在一起。這樣的視角轉換不僅能關注演員的客體性，而且突出了視覺主體（觀眾）的主體性。特別是多少受史都華•霍爾的編碼/解碼的理論啟發，文化表演的研究先轉向語言敘事，到後來符號層面的表徵研究，三者的關係被進一步抽象化。那麼，原有的演員和觀眾的二元分立是否需要重新劃分？這點在以往研究中缺少直接的關注，而是本書需要回應的一個問題。接下來具體的人造景觀的現狀梳理，我們不難發現，視覺文化思潮帶來的研究影響。詩學（符號學）和政治學成為學者將表演理論應用於景觀展演的兩個研究取向。但是，國外學者的相關研究仍是缺少對三者有機一體的複合討論。詩學取向的研究關注符號編碼和解碼的過程，強調展品（類比演員）和參觀者（類比觀眾）的之間的互動關係。而政治學取向強調的是有機體的另一個面向——知識、話語的權力作用。而這一點，即知識、話語的權力作用，我認為，是可以與表演理論中的文化腳本的概念聯繫起來。中國臺灣學者的研究多少是西方理論在東方的延續，在此就不多作討論。重點是中國大陸的有關研究存在一定的缺失：首先，在博物館研究中將展品、場景，觀眾的關係（類比演員和觀眾的關係）看作是知識的單向流動，忽視兩種之間可能的交流和融通關係。換句話說，有關展示的研究似乎將編碼和解碼看做是兩個分立的過程，結果是間接導致對觀眾主體性的另一種忽視。其次，在主題公園的文化展演研究中，批評論和發展論則幾乎占據這一領域的研究主流。在學者們熱衷於引進西方消費文化理論進行案例討論之

時，有關話語層面的理論分析卻關注不夠。可以說，消費主義盛行下的經濟力量被學者們批評有佳，卻大多漠視政治話語本身具有的建構作用。這樣研究大多視一種話語存在看作是先驗的合法性，而這正是發展論進行技術、規劃一類的應用研究中的理論前設。換句話說，在建造的主題公園這一空間時，政治、規劃、技術被想像為當然的理論前提，而不被看作是知識權力之建構的一個過程。對此，本書的研究反其道而行之，力圖將兩者（經濟層面和政治層面）共同置於知識話語的建構環境中加以討論。

回到開篇「緣起」的三個問題討論中，我們似乎可以將空間看作是一個「容器」，將三者有機地整合在一個框架中重新討論。就這一點而言，在以往表演研究中，學者相對缺少系統性的討論。鮑曼（鮑曼，Richard Bauman）；楊利慧譯，美國民俗學和人類學領域中的「表演」觀，民族文學研究，2005，3）將目前的文化展演討論劃分兩個面向：一是顯著和特殊的事件；二是作為特定的交流的事件和方式。前者關注儀式、慶典的過程研究。例如，密爾頓•辛格研究印度的儀式、節慶的表演現象，是將文化展演看成是一種「封裝文化」的展現（Singer M.1972.When A Great Tradition Modernizes.London: Pall Mall.P71.）。它透過不斷表演在特定時空發生的文化事件，展現那些「封裝的、值得關注的文化資訊」，從而讓人們（包括參與者和觀看者）認識其中蘊涵的觀念。後者所包含的內容更廣泛，涉及社會生活的各種文化表像。就約翰•麥卡隆（MacAIoon, J.J.Introduction: Cultural Performance, Culture Theory.In J.J.MacAIoon (Ed), Rite, Drama, Festival, Spectacle. Philadelphia: Institute for the Study of Human Issues, 1984. P.1.）（MacAIoon, J.J.）而言，文化展演是在邊界限定的時空內，透過象徵性展示與其他社會性事件取得聯繫。所以，文化展演可被視為依託於特定的場所進行的戲劇化呈現。這一呈現方式不僅建構和連絡人們對社會的自我進行反思，而且敘述他們如何理解特

定的文化形態。如果說「有邊界的場所」對文化展演的概念具有限定性，那麼空間的概念可以成為理解文化展演如何發生、發展的一個重要媒介。

第五節　分析框架和章節安排

　　從幾何學之父歐幾里得（古希臘數學家）開始用點、線定位和測量距離時候，空間的研究就納入學者的研究範圍。一個有形物品的大小為人類所感知，首先是作為視覺形象的傳播方式。透過一個三維平面的伸縮或扭曲，人的視覺可以把握著空間變化的整個過程，產生所謂的「空間感」。幾世紀前的學者在達爾文進化論和啟蒙運動思想的影響下，從事所謂探索事實真相的科學研究。他們將人的理性置於理解事物的核心地位，而各種感性的體驗可以描繪出豐富的空間。亞里斯多德（Aristotle）關注空間的實體性，而牛頓（Isaac　Newton）視空間為力學的張力。康得則承認客體是作為感知者的想像產物而存在。（馮雷，理解空間，北京：中央編譯出版社，2008年，第30~33頁）他認為，只有當人們觀察到他們占據不同空間時，它們才逐漸清晰起來。（［英］丹尼•卡瓦拉羅，文化理論關鍵字，張衛東、張生、趙順宏譯，南京：江蘇人民出版社，2006年，第163頁）人們探索空間，利用地圖描繪空間的平面化展現，是為了更好地讓人感知形態。但是，地圖從各種數字以代表真實、可信的理性思想，力圖給空間永恆、不變的意義，其背後卻為代表人類控制和把握空間提供一個幻想。這一幻想具有持續存在的合理性，直到空間概念從純粹的物理事實引入到人與人關係締結的、複合的社會當中。在人們開始思考地圖描繪空間中，那些移不開人的意志作用的諸多因素。地圖不再能「真實」而準確地再現空間，只能被承認是繪製者根據特定需要，選擇、建構的一種真實映射或寫照。

人們開始理解空間的不僅僅是有形之物，而且包括人類的活動，是人類設計和掌控的「舞台」。空間概念從原初的單義性走出來，成為「種種文化現象、政治現象和心理現象的化身」（［英］丹尼•卡瓦拉羅，文化理論關鍵字，張衛東、張生等譯，南京：江蘇人民出版社，2006年，第164頁）。列斐伏爾（Henri Lefebvre）在1974年出版的《空間的生產》（Lefebvre, H.1974.The Production of Space, Oxford: Blackwell.）一書，提出空間的社會性，強調空間具有的多維性。他區分三種有機組合的空間概念：空間實踐（spatial practice）、空間表述（representation of space）和空間再現（representational space）。他認為這三個領域在「共同語言、共識和規範允許的條件下，可以建立一個連貫的整體」（Lefebvre, H.1974.The Production of Space, Oxford: Blackwell, P.40-41.）。而隨後的論述中，他對社會空間的理解，也是在這三個層面的劃分的基礎上。他認為，社會空間由感知空間（perceived）、理解空間（con-

ceived）和實踐空間（lived）組成。（Lefebvre, H.1979.Space: social product and use value, in Critical Sociology: European Perspec-tives (ed.) JW Freiberg (Irvington Publishers, New York) Pp.285-295.）首先，感知空間指物質的、社會生產和經驗的空間，是有邊界，可以被測量和描述的形態；其次是理解空間，與人們設計、賦予意義有關。這與傅柯思考話語形成的歷史過程有類似之處。傅柯提出的話語概念，賦予了權力、知識和主體之間磨不開的關聯。米爾斯（Sara Mills）在《話語》（Mills, S.Discourse, London, Routledge.2004.）一書中解釋道：「話語不是簡單表述和陳述，而是由社會語境內有意義、權力和有效用的表述構成。」在這個意義上，我認為理解空間的劃分，正是建立在知識、權力對主體發揮作用的特定社會情景和

文化語境；並在此基礎上，形成制度的合法性並進行再生產。最後是實踐空間，「透過聯繫圖像和象徵」，以想像和尋找變化和調試的方式，居於其間的人積極地體驗空間。在這個維度上，空間以身體在社會生活中的實踐為根本，強調人的主體性（能動性）在既定的合法化制度中，有意和無意地表現出適應、調整，或抵抗的行為。

　　同樣，文化展演的概念可據此分解為三個層面。一是感知空間的層面，可以是有邊界、可測量和描述的展演方式。人們可以透過視覺和觸覺為主的感知方式，認識文化展演的表述方式，解讀背後的社會、文化和政治的意義。比如說，上述「顯著事件」發生的場所就屬於這一層面。二是理解空間。在列斐伏爾看來，理解空間根基於想像和思考世界的方式。而人的世界觀、價值觀受話語的系統支配。在這一點上，傅柯認為，話語的功能體現在「系統地建構他們所敘述的物件的實踐活動」。（Foucault, M.1972.The Archaeology of Knowledge, trans. A. M. Sheridan Smith, London: Tavis-tock. 1969. P49.）話語是一種陳述系統，透過它，社會現實為人們所知、應用和運作。（廖炳惠，關鍵字200，南京：江蘇教育出版社，2006年，第76頁）因此，話語不斷建構、形塑著人們理解世界的各種方式。這些方式需要透過一些組織和機構得以實現，如學校、企業、社會服務機構。在這個意義上，話語所生產的知識構成一種權力，實施於那些需要認知的物件身上。本研究以主題公園和博物館為主要場域，關注來自外界的各種機構，包括新聞媒體、企業、政府部門如何透過這一場域展演文化敘述內在的聯繫，並透過符號表徵建構社會關係的各種維度。我將嘗試分析這一敘述方式是如何在官方的知識建構、社會經濟的權力和個人表述之間取得聯繫。這一層面的劃分，類似鮑曼所說的「作為一種交流方式」的類別。所不同的是，文化展演的話語空間集中於特定機構、集體如何實踐對特定文化的語言呈現，其概念的外延

要相對於「交流方式」要小許多。三是實踐空間的層面，圍繞著身體在空間中的移動，而帶來對展示的不斷認知和解讀的過程。本研究將這一身體移動看作是主體性與文化意義、既定的合法化制度之間對話和互動的過程。換句話說，人在物質空間中不是單向度的接受和感應資訊和意義，而且透過各種方式表達不同的理解。如果說理解空間層面強調如何為事物編碼的話，那麼身體的實踐空間則關注使用者如何對意義解碼。這其中，主體的能動性被放置在一個互動的位置，是與編碼形成的知識結構、合法性制度之間的相互關係———或接納、或調整、或抵抗。在這點上，實踐空間概念符合布林迪厄的理論意圖。他提出著名的實踐結構理論：關注人的行為不僅僅被規範和支配，同時是有策略對制度做出回應。他將前者的行為歸到「習性」（布林迪厄認為，習性以行為身體為基礎，強調人的創造性，以及習慣性的行為方式。（參見斯沃茨（Swartz, D.），文化與符號權力——布林迪厄社會學，上海：上海譯文出版社，2006年，第117頁）的概念中，而後者就是「能動性」的概念。對於策略性的身體實踐，高夫曼的理論值得借鑑。他描述了文化規範如何作用於個人的「日常生活中的自我表達」，以及個人如何使用「面子」策略性表演，以符合社會規範的要求。

　　全書的研究覆蓋上述概念的三個層面，但將重心移到後兩者：理解空間和實踐空間的討論中。正如列斐伏爾所說的那樣，人在空間實踐受社會規則的支配，不自覺地使社會空間碎片化。但同時，人又是能動的實踐者，透過自己行動嵌入自己的空間實踐中。這表現為：一是透過專業知識有意識地控制空間，以主題化或系統化的方式整合空間；二是透過社會成員的表徵行為，揭示抽象化的日常生活空間，並把各種理想融入到現實的空間實踐當中。在本研究中，我將「同根同源」作為一種展演的話語體系，即表徵體系。文中的博物館和主題公園是這一體系進行意指實踐的社會空間。在這一社會空間中，社會的各種實踐和關係透過人造景觀而得到技術的

物質安排、知識建構的表述，並在以視覺為主導的體驗活動中得到協商。在這裡，協商被看作是一種文化再生產的過程，取決於社會經濟的權力和體系化的知識建構。本書中，我用消費文化指稱社會經濟的權力，而意識形態指稱官方主導的專業知識體系。這兩者（消費文化和意識形態）看作是特定話語體系的兩個面向（經濟維度和政治維度）；它們被統一在獨特的社會歷史的實踐中，透過不斷觀演的方式得以運轉。（如下圖所示）需要說明的是，本書對這兩個面向的文化展演研究，正是將列斐伏爾的「空間三維說」看作是本書的分析框架。（林曉珊認為，列斐伏爾筆下的社會空間，不僅是意識形態的產物，而且是經濟生產的仲介和手段。所以，在一些學者看來，他的理論是一種對社會空間研究的政治經濟學分析框架。林曉珊，空間生產的邏輯，理論與現代化，2008，2：90～95）

全書的章節安排如下：

首先是緒論部分，簡要介紹研究問題、相關理論回顧，主題公園、博物館的研究現狀，以及本書使用的研究方法和主要內容。

第一章是概述部分，概述主題公園和博物館案例的基本情況，包括地理位置，城市規劃的意圖，以及建設人造景觀的政治、經濟的整個宏觀背景。初步勾勒出「同根」話語作用下，不同社會歷史背景、城市技術安排、官方話語導向而共同形塑的社會結構。

第二章、第三和第四章是本書的主體部分。第二章、第三章討論人們是如何透過專業知識有意識地控制空間。第二章討論主題公園和博物館的作為一種建築，是如何被建造成人造景觀，以表徵「同根同源」的社會空間。這一建造過程中，消費文化和意識形態是如何透過規劃、建築的專業化技術，將「同根同源」的話語附合在建築的各種符號上。第三章則討論展覽品的視覺形象是如何在主題公園、博物館的空間中得以系統化表述。筆墨將集中在「同根同

源」的話語如何透過展覽品的敘述，有條不紊地安排文字內容，以至形成一種貫徹前後、有序的交流文本，正如鮑曼定義為「作為交流方式」的展演文本那樣。這一章討論諸如企業故事、傳說、陳列大綱等形式的文本，是如何經過「淨化動機」的展示設計，讓各種有不同符號組合成的物品在新的場域中變成「同根同源」展演的一個組成部分。如果說第二章論述視覺物的建造技術，那麼第三章論述的是，展示物的秩序化安排和系統化言說。第四章討論「同根同源」表徵體系的空間實踐層面，圍繞著觀眾、遊客透過在空間中以身體移動、視覺凝視的活動，帶來對符號解讀這一個持續不斷的認知過程。這其中，主體的能動性被放置在一個互動的位置，是與編碼形成的知識結構、合法性制度之間的互動，最終在某種程度上達成意義的協商。（如下圖所示）

最後是結論部分，歸納上述研究的要點，並對以往的理論研究做一點自己的思考。

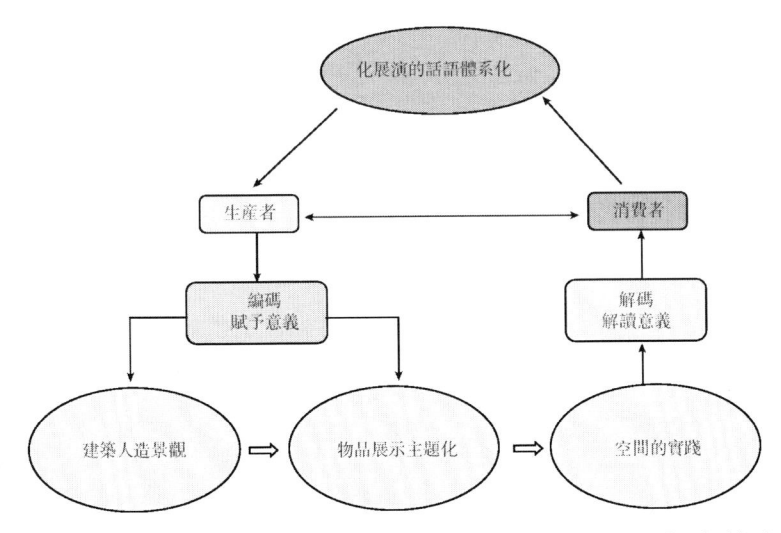

A.技術化的物質建造　B.知識的系統化表述　C.觀者的空間實踐

圖示：論文結構和概念關係圖

第一章 「同根同源」的兩種展演

——博物館和主題公園

  本章簡要介紹主題公園和博物館的地理位置、城市規劃的意圖，以及和建設人造景觀的政治、經濟的整個宏觀背景。其中，主題公園基於消費文化的導向，為經濟維度；而博物館基於意識形態的導向，為政治維度。這兩個維度為接下來「同根」話語體系如何被編碼、解碼的進一步討論做背景鋪墊。一方面，國家對臺政策的總體性邏輯，成為人造景觀建造的宏觀話語依託；另一方面，人造景觀建造被合理地整合到地方的、具體的城市規劃實踐當中。在這裡，國家和地方、宏觀政策和地方定位，透過人造景觀為媒介形成互動。這兩節將集中討論自上而下的對臺政策導向，是如何作用於地方的城市規劃，從而達成某種一致的契合，以至於自下而上的人造景觀建造、展現和表述「同根」的話語體系成為空間塑造（包括技術和觀念的塑造）的某種必然結果。

  無論是經濟維度，還是政治維度，表徵「同根」的景觀都體現了社會權力的相互關係，並在地方性的社會政治實踐中展現各自的利益分配。這表現在：一是臺商運用大陸提供的優惠政策，極力規劃好企業的運營資本；二是地方的博物館展陳機構藉助國家的對臺政策支持，讓特定的，帶有「鄉土」符號的歷史記憶、文物、遺存，得到有效的維護和保存。正是基於不同利益分配的不同實踐過程，造就了「同根」話語作用於景觀展示、空間塑造的不同面向。首先，廈門的城市定位是，以生態旅遊、風景區為重心，以及吸引外資（包括臺商投資）的方式推動城市第三產業的發展。臺商積極

迎合大陸的對臺政策扶持，是透過對「一個中國」的官方話語的主動認同。臺灣人黃景山創立的「旨在促進兩岸文化交流」的臺灣民俗村，正是這一特殊政治背景下衍生出大陸市場導向的臺資企業。其次，泉州悠久的歷史、文化在閩臺關係的展演體系中處於重要的地位。這使得泉州有理由將開發「閩南文化」的物質、非物質文化保護作為城市規劃和定位的重心。這樣，博物館的特定展示不僅成為涉臺古蹟、文物保護的有形場所，而且成為保存泉州人，乃至全體中國人對閩臺關係之「歷史記憶」的一個重要的社會空間。

第一節　經濟的維度：廈門臺灣民俗村

一、臺商投資的熱土：廈門經濟特區

自1949年以後，臺海之間長期處於軍事對峙的狀態。這一局面的僵持，直到1978年十一屆三中全會召開後，才得到根本的改變。全會提出「以經濟建設為中心、逐步改革開放」的政策，對臺問題則提出「一國兩制」的方針政策。從對臺政策的「葉九條」到「鄧六條」，對臺政策轉向承認「一個中國」為主體，兩種制度並存的政治格局，希望透過談判、交流的方式和平解決臺灣問題。次年（1979年）元旦，廈門停止了自1958年以來對金門列島的炮擊活動，將政策重點轉移向「臺灣同胞」到大陸探親、訪問和進行各種生產活動。《告臺灣同胞書》的發表也說明了大陸和臺灣「貿易關係隨之復甦」。（王建民，回眸崎嶇路——兩岸經貿關係20年，兩岸關係，1999，2）自此，政策逐步放寬，中國大陸為後來的臺商投資提供了越來越多的保障投資保障。廈門從「戰地前沿」的陰影下走出來，於1980年率先建立第一個對臺的經濟特區，轉

身成為改革開發的「試驗田」。

在1978年後,臺商以間接方式投資大陸市場。許多臺商就以「僑胞」為名義,回福建祖籍地投資開工廠。在20多年的發展歷程中,臺商多將目光集中於廈門。有學者指出,廈門不僅離臺灣金門最近,僅「一水之隔」,而且廈門和臺灣無論是語言、文字、習俗都相同,這成為臺商偏好廈門投資的重要理由。(林長華,廈門在促進廈臺(金)旅遊也中的地位和作用,見廈門市府臺事辦,廈門涉臺調研課題彙編(2002年)(內部資料),廈門大學印刷廠,2003年,第141~165頁)有資料顯示:廈門逐漸成為大陸臺資最多、最集中的地區之一。比如,1988年,廈門市共批准外商投資金額1.44其中臺資8219萬美元,占全年外商投資總額的52.8%,到了1991年6月,引進臺資項目達445項,引進臺資金額突破10.4億美元,分別約占大陸引進臺資項目總數的1／8和引進臺資總額的1／30。(嚴正、蔡秀玲(主編),閩臺經濟合作研究,北京:中國社會科學出版社,2000年,第169頁)社會經濟的發展,帶動了一系列配套政策的跟進。1985年,國務院在《關於廈門經濟特區實施方案的批覆》中,明確廈門經濟對臺工作的定位。1989年5月,國務院進一步允許廈門經濟特區在杏林、海滄、集美設立國家級臺商投資區。隨著改革深入,國家對臺商給予更多優惠政策。比如,1984年11月的《通知》(「國務院關於經濟特區和沿海十四個港口城市減徵、免徵企業所得稅和工商統一稅的暫行規定的通知」,1984年11月18日頒布)為臺商減徵、免徵企業所得稅和工商統一稅。尤其對經濟特區的臺商進行扶持,除享受特區全部優惠外,對長期經營者(工農業項目)給予更多特惠;(參見「國務院關於臺灣同胞到經濟特區投資的特別優惠辦法」(1983年4月5日)。該辦法實施範圍限於經濟特區)同年,廈門特區向自由港口調整,特區生產的產品出口免徵關稅。特區內使用的生產設備和原材料進口,免徵關稅和進口產品稅或增值稅;

1994年《廈門臺灣同胞投資保障條例》頒布之後的臺胞落地「辦證」、「簽注」、「試點直航」等一系列地方政策、法規的正式公布實行等，（中共廈門市委理論學習中心組，廈門改革開放30年的實踐與啟示，廈門日報，2008-10-7）都成為中國東南地區的經濟發展，「加強對臺工作，完成祖國統一大業做出的重要部署」。（《當代中國的經濟管理》編輯部，中華人民共和國經濟管理大事記，北京：中國經濟出版社，1986年，第621～622頁）這些外資扶持政策的頒布和實施，多以經濟發展和「實現祖國統一大業」國家話語進行表述。（比如，彙編中指出，「利用外資，發展同外國的經濟技術合作關係，加強港澳和臺灣同胞的經濟往來，有利於團結反霸的鬥爭和實現包括臺灣在內的祖國統一大業。（參見中共中央書記處研究室經濟組編：對外開放政策文獻彙編（1979年7月—1985年4月）》，中共中央黨校出版社出版，1985年，第406頁）2007年省第八次黨代會再次明確提出「要繼續發揮廈門經濟特區先行先試的龍頭和示範作用」，要求廈門努力為推進海峽西岸經濟區建設和促進祖國統一大業做出歷史性的貢獻。（參見中共廈門市委理論學習中心組：廈門改革開放30年的實踐與啟示，廈門日報，2008-10-7）特別是共產黨十六大提出，「完成祖國統一大業的決心」，有針對性地提出，「寄希望於臺灣人民」和「以經濟促政治」的對臺工作方針，這為廈門特區點明了城市經濟的發展方向。有學者撰文認為，廈門的「特」就在於作為「對臺工作的先行區」。（林其屏，「對臺工作先行區」：廈門特區之「特」，廈門特區黨校學報2005，2：33～37）

到了1990年代上半葉，廈門逐漸成為大陸臺商投資最為集中的沿海地區。目前，廈門已聚集了1200多家臺資企業。（林其屏，「對臺工作先行區」：廈門特區之「特」，廈門特區黨校學報2005，2：34）80年代到90年代初，廈門的臺商以勞動密集型為主，涉及輕工業、紡織等領域。到了1996年，轉向資本密集型產

業。第三產業也成為重要的領域，比如房地產、娛樂、餐飲、醫療、教育等服務事業有所增加。（張文生、孫雲、李鵬：臺商在廈門投資的進程、變動及評估（1984—2001），轉見廈門市人民政府臺灣事務辦公室，廈門涉臺調研課題彙編（2002年）（內部資料），廈門大學印刷廠2003：212）這與廈門90年代的城市規劃、產業布局的重大調整有關。

二、旅遊經濟成為城市發展的動力

作為臺商在大陸投資的重點地區，廈門在90年代中期一直將第一、二產業作為城市經濟發展的重點。結合地理和人文獨特的風貌，廈門城市規劃中一直以旅遊業為主要的城市定位。1984年6月，廈門市提出「社會主義海港風景城市」的城市性質定位，希望以風景旅遊為主，建設新時期特區經濟。城市規劃強調以廈門本島為核心形成覆蓋式的「六片一環」的環海布局。在隨後的調整中，擴大了城市面積，將臨近的集美、同安、杏林、灌口、海滄、劉五店納入城市的新布局當中。規劃調整為工業為中心，兼營旅遊、商業、房地產業的綜合性外向型的經濟特區設計。到了1991年的規劃修訂中，將新建立的三個臺商投資區建設，納入城市總體規劃的重點項目。2001年新的城市規劃，重新明確城市發展目標，強調城市空間定位為「一心兩環，一主四輔（八片）」（其中「一心」、「一主」都是強調以海島為中心的擴展思路。而本島的重點之一就是發展生態旅遊。新規劃後，旅遊主題定位為：以「溫馨廈門、體閑之都」，設立「山海綠島、人文閩鄉、閩臺通道和商展之城」四個基本主題，打造「生態廈門、體閑廈門、人文廈門和商展廈門」四大城市品牌。（參見廈門市規劃局：2004—2020廈門城市藍圖，廈門日報2005-6-30）的組團式海灣城市（參見廈門城市規劃局網站（http://www.xmgh.gov.cn/news_Info.asp?

MID=62&NID=1026），希望2010年建成「亞太地區著名的國際性、生態型旅遊城市」。

廈門的旅遊業成為一大產業支柱，可以用一組數字說明。2000年，廈門市旅遊總收入達139.1億元，相當於全市GDP的27.7%，占全省當年旅遊總收入的46%。（導報訊，廈門目標：亞太地區著名旅遊城市，海峽導報2001—11—2）廈門是旅遊風景城市，並於1999年1月，廈門跨入首批「中國優秀旅遊城市」行列。國務院在「關於廈門市城市總體規劃的批覆」中強調了廈門島的海洋優勢，「要充分利用山水相間、陸島相望的自然條件，突出以水為中心的熱帶海濱城市的景觀特色。」（參考國函〔2000〕113號：國務院關於廈門市城市總體規劃的批覆2000—11—1）這樣，城市空間的規劃核心成為「以我國東南沿海和臺海關係作為廈門城市的區域發展背景，以海灣型城市為建設發展目標，以港口風景旅遊城市為核心拓展功能和產業」。（林世雄，未來廈門：目標和戰略，福建日報，2004-1-20）隨著城市定位的形成，生態旅遊需要對環境進行保護，許多大型工業、廠房紛紛向島外的集美、同安、杏林等地城區外遷。在這樣的結構性調整下，外來投資商（包括臺商）開始調整投資策略，將投資重點集中在高新技術和第三產業上面。其中，以航運物流、金融商貿、旅遊會展、服務貿易為新一輪的投資熱點。

三、潮流中：一個臺商的民俗村投資案例

在中國大陸《告臺灣同胞書》發表後的一段時間裡，臺灣方面保持猜測態度。到了1987年9月16日，臺灣國民黨中常會透過一項決議，取消實行了三十八年的大陸探親禁令。決議指出有關赴大陸探親問題的告。在原則上，同意除現役軍人及現任公職人員外，凡在大陸有血親、姻親、三等親以內的親屬者，可赴大陸探親。每人

每年一次為限，每次停留不得超過三個月。由此，形成了臺灣同胞赴大陸進行各方面交流的熱潮。這樣兩岸關係由此進入了新時期。在臺灣當局決定開放探親的當天，國務院有關負責人就臺灣當局開放臺灣同胞到大陸探親一事發表談話，指出臺灣當局的舉措「對兩岸人民的交往是有利的」，並且「熱情歡迎臺灣同胞到大陸探親、旅遊」。當年10月，國務院公布關於臺灣同胞來大陸探親、旅遊的具體接待辦法。自此，臺灣探親、旅遊團紛紛而至。這其中，就有後來的民俗村業主黃景山。

說到業主黃景山先生，可以說是一位傳奇式的人物。先前在臺灣「中視」大樂隊作吉他手，與音樂打交道已有23年之久。初中畢業的時候，才17歲的黃景山到屏東看望母親。路經鄉田間時，一陣悠揚的吉他聲把他深深吸引。就在一瞬間，他迷上音樂，並決心追尋音樂的步伐。同樣在17歲那年，他前往臺北學習音樂。他是如此刻苦，從學徒工、到令人羨慕的中視吉他手。他的成功是在一瞬間決定的。而且到了後來，他決定到廈門開辦民俗村企業，同樣也是這樣。他信奉佛教，將經文作為自己的人生路標。和他的多次交談中，你會感覺到中國人「緣」的情結給他的人生帶來的重要影響：

1989年，臺灣開放島內民眾赴大陸旅遊。黃景山利用15天的工作假期，想到大陸4個經濟特區看一看。當時，臺灣旅遊社建議他到廈門當作旅遊的首站。這一年的2月22日，他第一次踏上廈門的土地。次日，他在廈門的南普陀山旅遊之時，一位廈大工作的青年人建議他去看看黃厝。在當地嚮導的帶領下，他爬上面對金門的黃厝金山後，被眼見的山海之景色所吸引，一股「暖流」從心中湧起。他當即決心投資廈門市場，開發自己的旅遊事業。也許這就是他說的「緣分」吧。當時，他初步擬訂公司的主題——山水有情、人間有愛，並於26日打電話從臺北家匯款，3月1日就與廈門市政府簽了租地承包的合同。第一塊投資地原屬駐廈某部隊的營

地，占地面積為1.8萬平方公尺。

　　1989年，黃景山創辦了「景州輕工業實業有限公司」，生產工藝美術品（主要是編籃）遠銷海內外。1991年，他投資600萬美金，開始創辦遊樂主題的景州樂園。第一期2.2萬平方公尺，為融藝術、教育、景觀為一體的大型遊樂園。（葉秀文，四年之困，海峽導報，2004-6-17）1993年，公司計劃開發旅遊項目，並把原來工藝美術廠所在區域劃到景區規劃中，工廠遷移到沒有正式手續、且屬於市規劃區內，結果為當地政府收回。民俗村正式動工開發，將主題明確為彰顯閩臺文化同源同根的中心思想。1993年，「臺灣民俗村」工程動工修建。原計劃投資面積為5萬平方公尺，1995年開業後已經進行了「四次擴張」——於1993年、1997年、1998年和2000年追加投資，公司占地由原來10萬平方公尺，到1997年15萬平方公尺，1998年20萬平方公尺，2000年的30.84萬平方公尺。（吳宗，十秒鐘的決定，海峽導報，2004-6-17）1995年7月「臺灣民俗村」正式對外營業。1997年景州樂園開始第二期的工程建設。1998年，「臺灣民俗村」正式掛拍牌，公司註冊為景州樂園，黃景山任民俗村的「村長」、公司董事長。開始的主要設施有金山松石景區，緊鄰環島路。民俗村內設有臺灣山地歌舞館、臺灣蝴蝶館、臺灣歷史館、閩南藝術館、臺灣民居、仿日月潭景區及20多項遊樂項目。（陳澤輝，「臺灣民俗村」在廈門建成，人民日報·海外版，1998-08-10）

　　就這樣，黃景山將廈門與金門僅一水之隔的地理位置，將臺灣民俗村的開發主題定為彰顯閩臺文化同源同根的理念。他決心把海峽兩岸「曾經軍事對峙、炮火硝煙彌漫最前沿的廈門臺灣民俗村，建設成為兩岸同胞溝通情誼、歡歌共舞的人間樂土」。（鄭名車，可以讓更多人瞭解臺商，海峽導報，2005-4-9）在一份針對民俗村的投資計劃書中，民俗村企業將文化商品定位為「一個以閩南及臺灣民俗文化為藍本，兼休閒、娛樂、藝術、會議、美食等多功能

的綜合旅憩區」，並認為有良好的市場區分，是「廈門地區唯一的民俗主題的綜合旅憩區」。企業的規劃理念清楚劃分為五個發展層次：文化傳承、歡樂國度、度假天堂、豐盛美食、延伸事業。其中，文化傳承是最基本的層次，圍繞著「閩臺文化的主題訴求，並以民族英雄鄭成功為代表，將閩南地區及臺灣地區特有的傳統文化以生動的方式」，透過「展示、演出、街道、解說等方式，讓遊客寓教於樂，瞭解文化資產的珍貴，進而珍惜及永久的延續傳承」。投資書不僅對市場進行了分析，包括立地條件、基地吸引力、目標市場、商品機能、經營目標，等等，而且突出廈門市政府對臺商的各種優惠的扶持政策，以及廈門的旅遊規劃的目標定位。

然而，投資計劃書是由民俗村企業邀請市場評估公司所作的市場調查書。多數內容的企劃設計和預算，面向潛在的企業合作夥伴。但是，由於臺灣當局逐漸向大陸開放旅遊，到臺灣本土看看所謂「臺灣文化」已不像過去那麼困難。那麼展示臺灣文化為主題的民俗村，就面臨吸引力不足的市場問題。特別是在1999年遊客高峰期的過去之後，主題公園面臨市場不斷緊縮、資金周轉不靈，等各種挑戰。這些挑戰，加上企業成本和費用的支出逐漸增加，都導致企業的效益日漸低下，最終導致一些計劃力圖呈現的文化項目和設施的關閉，或中途停止。比如，園內的閩南四合院的建築項目、地方民俗展演項目，都不得不因為經費問題而臨時中止建設。在本書的田野調查期間，面向遊客開放的文化展演專案大致包括臺灣原住民的建築景觀、臺灣商品陳列展，小劇場的舞蹈展演三個主要部分。下文將以此為重點討論。

綜上所述，對臺灣民俗村的投資、建設是在特定的政治和經濟背景下產生。以廈門經濟特區對臺「新行區」功能、旅遊規劃和發展這雙重結構的視野下，臺灣民俗村成為臺商投資廈門市場的一個案例。不難看出，民俗村建立閩臺文化的人造景觀，是以「同根同源」話語為依託，供展演的企業空間。這一空間的運作強烈地依靠

市場機制——從文化產品的選擇、生產到消費的市場鏈中，以獲得企業在市場中延續生存的價值。本書擬此為理解「同根同源」的表徵體系的一個維度——經濟維度。

第二節　政治維度：中國閩臺緣博物館

一、作為「閩南文化的核心區」：泉州古城

閩臺緣博物館坐落的泉州，屬於閩南文化區的三大組成部分之一。泉州地處福建東南沿海的晉江下游，泉州是海外華僑、華裔、臺港澳同胞的主要祖籍之一（臺灣有八百萬人祖籍為泉州，約占臺灣總人口44%。（參見林同華（主編），中華美學大詞典，合肥：安徽教育出版社，2000年，第1373～1374頁）。1982年2月8日國務院公布的第一批國家歷史文化名城。從唐代至元朝，泉州「刺桐港」一直是中國主要對外貿易港口，享有古代「東方第一大港」盛譽。「海上絲綢之路」的起點，自古以來各種宗教相容並存，東西文化交匯薈集。歷史文物豐富、古蹟遍布，包括清淨寺、開元寺、洛陽橋、天后宮、老君岩造像、伊斯蘭教聖墓等6處全國重點文物保護單位，還有泉州府文廟等12處省級文物保護單位及承天寺等119處市級文物保護單位。泉州還保存許多古老的傳統藝術。戲曲藝術方面，有被譽為「晉唐古樂遺響」的地方音樂南音，以及以南音哇腔為基調的梨園戲和高甲戲、打城戲、提線木偶、等劇種；其中梨園戲被譽為「宋元南戲的活化石」。民間工藝方面，泉州的木偶頭雕刻、刻紙、紮花等都帶有濃厚的地方特色，蜚聲海內外。

深厚的文化底蘊和歷史厚重感，使得泉州在閩南文化區中有著

特殊的位置。2007年初,臺盟中央調研組來到泉州考察時認為,「泉州作為臺灣同胞的主要祖籍地之一,是閩南文化的主要發源地和主要保存地。」不僅如此,由於三次重要的赴臺移民活動,大多以泉州為中心發生。加之「閩南文化以村落家族文化為基本載體,往往帶有村落家族特點,並且隨著人口向外遷徙,在海內外形成世代相續的親情文化紐帶」。這都說明了泉州是「閩南文化的核心區和富集區」。(陳智勇,泉州是閩南文化的核心區和富集區,泉州晚報,2007-1-13)

作為對臺工作的「先行區」,泉州與臺灣的紐帶關係被官方系統化表述為「五緣」關係。按照原福建省委書記盧展工的概括,五緣是「地緣相近,血緣相親,文緣相連,商緣相通,法緣相循」。其中,泉州在這方面的優勢特別明顯。張明和李元強認為:首先,泉州位於福建沿海中部,與臺灣地緣的關係最近;其次,自元宋以來,泉州人移居臺灣的人數最多,而且「舉家而遷」,並「聚族而居」,在臺灣有廣泛的認同基礎。在文化上,無論是方言、戲劇藝術、科教禮俗、宗教信仰,等等與「泉州當地如出一轍」。在商業往來上,海上貿易一直以泉州為中心,特別是蚶江與鹿港之間的對渡,臺、泉兩地的商貿往來甚密。可以說,泉州成了「海峽兩岸交通和貿易的橋樑」。最後是行政隸屬關係,「自宋朝在臺灣設立行政機構,到清朝光緒11年即1885年臺灣單獨建省之前,臺灣歸福建管轄。」這些論述強調,臺灣文化從屬閩南文化,而閩南文化的「發祥地」和「核心區」就在泉州。

相對於廈門、漳州地區而言,泉州具有不可比擬的「閩南文化」遺產保護的優勢。因此,陳正統在全國政協十屆五次會議上正式提出「閩南文化保護區」的構想。他認為在當前形勢下,充分挖掘閩南文化資源,對於挫敗陳水扁當局的分裂圖謀,「增進廣大臺灣民眾對祖國大陸的認同感和向心力」,促進兩岸關係展都具有重要的意義。(陳智勇,閩南文化受全國「兩會」關注,泉州晚報•

海外版，2007-3-20）胡錦濤總書記視察福建時，指出絕大部分的臺灣居民祖籍福建，閩南文化深深地扎根在臺灣民眾精神生活中。對此，福建要運用這些豐富資源，在促進兩岸交流合作中更好地發揮作用。（宋闖旺，設立閩南文化生態保護實驗區的意義和作用，泉州晚報，2007-7-19）從「統戰」的角度講，以政府為主導，保護好表徵「閩南文化」的各種遺產，對「爭取臺灣同胞，促進祖國統一」有重要的政治意義。

目前，泉州擁有20處國家級重點文物保護單位、60處省級重點文物保護單位，11個首批國家級非物質文化遺產保護專案、20個省級非物質文化遺產保護項目，數量列省內各設區市之首。為了保護好這些閩南文化的遺產，市政府「下了不少力氣」，特別表現在協調城市發展和文化保護的城市規劃上。泉州市城市總體規劃始於1957年，此後經歷多次修編。城市性質定為「三城」：國家歷史文化名城、著名僑鄉和旅遊城市、閩東南重要的工貿港口城市。在城市規劃中，強調古城是「大力保護古城名勝，讓古城的歷史文脈得以延續」（許一鳴、陳亞山、王惠兵，泉州在保護中更新在建設中傳承，新華每日電訊，2004-3-9）。1994年的規劃中，明確將古城保護規劃納入城市的總體規劃中，形成保護規劃體系。（林棟材，泉州歷史文化名城保護探索之路，城鄉建設，2003，4）在規劃中，做大量的稽考工作，「使文物古蹟浮現出來，成為規劃設計的座標」。對一些逝去的重要遺址及建築物，則考證後恢復舊觀；把淹沒在地下的歷史景觀恢復原貌。（劉桂庭，歷史文化古城保護與更新的探索——以泉州古城為例，福建建築，2005，3：129～133）其次，在保護古城風貌的同時，市政府還大力挖掘、繼承、弘揚優秀的傳統文化，興建了海外交通史、華僑歷史、閩臺關係史、泉州古建築、泉州戲曲、南少林武術等專題博物館群，從不同方面展示泉州的歷史文化。這些工作得到上級領導的好評。文化部副部長周和平認為，泉州的歷史文化的保護工作，「取得了良

好的成效與經驗」,「為其他地方的保護工作提供了有益的借鑑作用」。(陳智勇,周和平來泉考察泉州閩南文化保護受肯定,泉州晚報,2007-3-30)

這樣,有著「五緣」閩臺交往優勢、厚重的歷史底蘊,再加上近年來地方政府在「閩南文化遺產」保護的獨到之處,泉州一直在保護臺灣「同胞」祖地文化,推動民間信仰交流,「吸引更多臺胞來閩尋根謁祖、探親訪友,擴大民間往來,構建兩岸命運共同體的精神文化紐帶」起著重要作用。特別是在2007年中旬,第一個「閩南文化生態保護區」在泉州掛牌,不正說明泉州在表徵閩臺關係上所具有的重要地位。而後來,作為儲存「兩岸記憶」的閩臺緣博物館選址在泉州,也是在情理當中。

二、將「閩南文化」壓縮:閩臺緣博物館的緣起

2008年3月,陳健鷹副館長接受我的採訪。當我問到「為什麼我們要選擇泉州作為閩臺關係博物館建立的地方?」的時候,陳副很肯定地說:「泉州古城在閩南文化保存方面做得很好。尤其是在1980年代,當時經濟建設、現代化建設都沒現在這麼快的時候,不管是整個城市的空間格局、固化和活態的文化形態也好,泉州對歷史的保存很好,確實可稱得上一個典型的歷史文化名城。」其二,「泉州是臺灣同胞主要的祖居地」,而且「本身泉州富有許多對臺、涉臺的文化遺產(包括物質與非物質)。這成為泉州客觀的一個優勢。」(參見陳健鷹副館長的訪談筆記,時間2008-3-4)

接下來的問題,就變得有意義:「閩臺緣博物館是怎麼來的呢?」陳副館長帶我進入那段建設初期的記憶當中:

(一)有關閩臺關係史的展覽

「應該是在88年的時候,泉州市文化廳有一個報告,指出泉

州市要搞一個閩臺關係博物館，然後請示省文化廳。省文化廳同意這一提議，並在泉州市政府成立一個邊委邊辦（音），地點初步選擇在天后宮內。因為天后宮裡面敬奉著媽祖，本身就是聯繫臺灣和大陸的代表性信仰。」「當時，天后宮還是學校的泉州七中的校辦工廠，所以沒有什麼展示空間和辦公地點。所以當時閩臺關係史博物館就跟泉州市博物館，兩套人馬兩個牌子，就在泉州府文廟裡。」天后宮成為現在閩臺緣博物館的前身，由於宮殿內敬奉媽祖為兩岸代表性的信仰，是天后信仰「極為重要的傳播中心」。每年從臺灣到大陸奔赴來的香客團不下萬人。當時開辦的泉州閩臺關係史博物館，創建於1989年10月，舉辦過「閩臺緣」為主題的各種展覽，比如「閩臺民間藝術展」、「泉州古今字畫展」、「閩臺媽祖信仰源流展」和「閩臺民俗風情攝影展」，等等。陳列主體包括一個基本陳列和藝術展現：《閩臺緣》專題展覽和《閩臺民間藝術展》。這兩者成為後來大型博物館藏品和分類的重要依據。現在的閩臺關係史博物館，已更名為「文物保護管理處」，負責對泉州天后宮和德濟門遺址的保護管理工作。（參見 http://www.fjta.com/FJTIS/VisitFJ/Destination/Scenery.aspx?type=1&id=660.）

（二）「要建一個國家級的專題博物館」

雖然展覽接待了許多人次，但是空間小、安全性低的問題逐漸暴露出來。陳副感慨道：「古建築雖然是一個群落，但是裡面的廂房、大殿、後殿這之間沒有一個很自然的通道。」這樣會影響遊客參觀的動線，「不是很連貫。」「另外，古建築的展示會限制現代技術手段的發揮。比如那些聲、光、電的手段在古建築中運用，我們必須考慮安全問題。」最後一點是，「一些硬體上的東西，比如說土坯牆體和木質樑柱。」如此看來，古建築保護工作和展覽規模的發展形成張力，最終敦促市領導準備在其他地方另開一個展覽的空間。

2004年11月24日，中央政治局常委李長春同志視察泉州，在參觀「閩臺關係史博物館」之後，特指示要新建一座「中國閩臺緣博物館」。當時正值臺海關係的緊張時期，這一提議被許多媒體稱為：政府站在「加強對臺工作的政治高度」，「根據當前臺灣海峽兩岸關係新形勢，以及福建與臺灣歷史淵源關係做出的重要決策。」陳副回憶起當時領導視察的情景，「李長春同志來到閩臺緣的展覽。他覺得這很有意義，比較客觀地反映兩岸關係的歷史。……在這個地方（泉州）做這個展覽很意義。」「他提議說，可以不可以擴建一下；或者說在一個新的地方重新建一個現代化的、大型的博物館。」（參見我對陳副的訪談筆記，時間2008-3-4）這段領導的講話，引起地方領導的高度重視。之後，各方的建設力量開始調動起來，一座「現代的」、「國家級」博物館緊鑼密鼓地在進行籌備和規劃中。

（三）選址的討論

在哪裡建博物館更合適呢？博物館的選址問題，激起市委領導班子的熱烈討論。第一次選址被定在天后宮附近，一個鯉城區的實驗小學。市政府覺得「會影響天后宮周圍的風貌」，因為現代建築與傳統建築並置，顯得十分不協調。從旅遊景區的規劃角度，新建設博物館可以與「天后宮、德濟門等形成與海絲、海峽兩岸等悠久歷史有關的新的旅遊景區」。（陳祥木，泉州擬建閩臺緣博物館計劃投資上億元，泉州晚報，2004-12-13）陳副補充說，「那個萬壽路、聚寶街，以及鹿港郊公行、富美宮，以及一些王爺廟、角頭廟都在那邊。」這裡面凝聚著「泉州人去臺灣的街區記憶」。第二次選址與博物館的規模有關。那時泉州進行古城保護的規劃，大型的現代建築容納不下舊城區的體積，甚至可能影響周邊的古蹟保護和景觀環境。「現在這個（西湖邊的）位置，就是這個新館的所在地。它屬於泉州舊城稍微邊緣的地帶，但是與舊城的北門街、南門、天后宮這一片之間的距離短一點。其二，這地方位於清源山腳

下、西湖畔邊。所以比較適合作為一個大型的文化宮。當時這裡是一片田地，所以我們要徵地、基建各方面都方便點。」（陳祥木，泉州擬建閩臺緣博物館計劃投資上億元，泉州晚報，2004-12-13）新館址在舊城區郊外，沒有遇到與古建築保護和規劃之間的問題。最重要的是地域開闊，能「給設計師有一個充分發揮的空間」。而且，周邊的市博物館和在建的閩南建築博物館可以與之聯繫起來，成為「形成集旅遊觀光、文化交流和對臺宣傳等功能為一體的新的文化旅遊區」（郭冰德，省委、省政府聽取彙報後認真研究決定閩臺緣博物館定址西湖，海峽導報，2004-12-17）。會議在幾輪討論後，最終將這座博物館的選址落在清源山下、西湖畔。

（四）爭「第一」：擬建博物館的「政治和文化工程」

博物館建設成為十分重要的政治和文化工程，中央、省、市各級領導都參與其中。李長春同志多次進行重要批示，關心博物館建築工程的進度。中央各級部門，如中宣部、發改委、財政部、文化部、國家文物局等部委，都給予博物館的業務指導和資金支持。福建省的領導親自審定主體建築設計方案，市領導親自下工地參與工程建設的指導，等等。最終，博物館建築在一年半中完成，創造「泉州速度」、「福建速度」。不僅如此，建築的工程還確保高品質的規格，獲得中國建築最高獎——魯班獎。閩臺緣也博物館成為中國最大的博物館建築。……在這裡，從規劃、設計到建設，以及幾乎所有的相關資源，都緊密圍繞著「祖國統一」的大局而有條不紊地進行著。

作為反對臺灣當局的「文化臺獨」的重要文化部門，博物館展覽機構充當兩岸關係的重要「見證」。這一「政治和文化工程」直接受制於國家話語的建構作用，透過文化展演的方式敘述著兩岸「同根同源」的「事實依據」。因而，在本研究中將博物館理解「同根同源」表徵體系的另一個維度：政治維度。

第二章　建造「同根」景觀

——「高山族特色」和「閩南特色」的轉義

在後現代建築設計中，「傳統」的符號在形式上常常被揉捏、移植和整合到「現代」的建築空間中。在這一過程中，表徵「地方特色」的建築形態的設計被特徵化為設計者篩選、萃取的「傳統」要素。建築者透過使用質感強的材料表現「傳統」要素，建構出現代建築的空間裝飾（表皮），以演繹「現代」對「傳統」的一脈相傳。在景觀建築中，閩臺緣博物館和臺灣民俗村的設計、建設經歷了類似符號的移植、再生的過程。兩者都力圖在建築的外型、表皮上呈現閩臺兩地「共同」的建築意象。首先，在民俗村裡，「高山族」的建築形式是在市場需要、大眾文化、意識形態的塑造，以及建築工匠的具體實踐多力量下的建築再造。這一建築「特色」的再造，不僅重構所謂臺灣原住民建築的「傳統」圖像，而且賦予當下的娛樂、休閒一類的「現代」功能。其次，博物館的建築設計將表徵「閩南特色」的紅磚厝建築，作為一種「地方特色」的符號，進行碎片化處理，分散到建築的各個角落。這不僅出現在建築「表皮」，模擬場景設計，而且貫徹於展品系統化的安排當中。

第一節　再造：臺灣少數民族的建築符號

本節從廈門臺灣民俗村的田野資料入手，考察民俗村引進臺灣少數民族建築藝術的整個過程，探討代表臺灣少數民族的建築藝術如何在大陸語境中以「同根」的形象展現。

臺灣民俗村展示文化的內容廣泛，涉及臺灣歷史文化、建築風格、民族風俗、鄉音歌舞、工藝美食等等。其中，臺灣原住民的建築群是民俗村近年來重點開發的三大專案之一。園內多處建築景觀仿自臺灣邵族、阿美族、排灣族等臺灣原住民的建築。按照建築體與原型的接近程度，仿臺灣原住民的建築可分為兩類：一是整體再現，即建築整體的布局、材料、樣式有復原、復古的味道；二是局部再現，即建築局部具有可識別的族屬特徵。園內娜麓灣劇場、茅草亭和望樓屬於前者；而土著樓、辦公樓、娜麓灣劇場以及其他相當一部分建築上的裝飾、建築內擺放的器物屬於後者。公司負責人向我提供了兩本臺灣出版圖志：一是《八十七年原住民木雕藝術創作獎專刊》（蔡東源（總編），八十七年原住民木雕藝術創作獎專刊，臺北：屏東縣文化中心，1996年6月）和《臺灣原味建築》（[日]藤島亥治朗，臺灣原味建築，趙芳如譯，臺北：原民文化，2000年）。其中，《臺灣原味建築》是建築整體再現的基本藍本；而《八十七年原住民木雕藝術創作獎專刊》為局部再現的主要依據。

一、旅遊市場的定位

市場經濟條件下，商品交換的理念滲透到社會的方方面面，仿佛一切都需要透過精確的算計才可以進行下去。文化成為商品的生產和接受也納入市場規律的商品運行軌道中。（姜華，大眾文化理論的後現代轉向，北京：人民出版社，2006年，第23頁）文化轉變了原來的面貌，披上了金錢的外衣，與現代社會產品生產和消費結合成為神聖同盟。同樣，廈門臺灣民俗村對建築的景觀化處理基於市場贏利的生存邏輯。臺灣民俗村的產品定位是「一個以閩南及臺灣民俗文化為藍本，同時兼具休閒、娛樂、藝術等多功能的優質綜合遊憩區」，並將臺灣民俗作為三大開發主題之一。在有關的宣

傳材料中，公司將改造文化的行為定義為「以生動活潑方式，透過展示、演出、街道、解說等形式，讓遊客在遊樂中，體會傳統文化的特質」。這都與公司整體性的市場化運營密切相關。

引進臺灣原住民文化，同樣考慮到廈門城市旅遊區位優勢。作為中國南方的經濟特區，廈門政府一直以旅遊業作為全市的重要產業之一，並希望在2010年建設成「現代化國際性港口風景旅遊城市」。據瞭解，廈門已相繼評為國家園林城市、全國環保模範城市、中國優秀旅遊城市。各大風景區和獨特的文化資源，比如反映殖民文化的鼓浪嶼景區、歸僑文化的集美嘉庚景區，還有民族英雄鄭成功文化等等，都年年吸引者海內外的遊客。那麼作為臺灣民俗為主題的民俗村，在市場中分得屬於自己的一份羹，就需要找到文化呈現的獨特性，樹立具有文化底蘊的旅遊品牌。民俗村的項目評估報告中，將到訪廈門的遊客預計為每年600萬人次以上，全市由休閒旅遊業的營業額估計為全年139億元。報告也表達出民俗村產業的特色所在──「廈門地區唯一以民俗為主題」、「發展潛力巨大」、「商機驚人」等表述在報告中處於顯著的位置，這都說明企業對在廈門開拓旅遊業的前瞻眼光。

臺灣少數民族建築藝術的引進，符合企業打造文化品牌，形成旅遊體驗開發、生產和行銷的全過程。作為民族觀光的主要形式，臺灣民俗建築在大陸重建必然與本土化的市場經營達成一致。這裡所說的民族觀光，是指一種當地居民的文化奇異性和工藝品（服飾、建築、劇場、音樂、舞蹈、雕塑藝術）之特色，作為吸引旅遊之策略性活動。謝世忠對臺灣烏來泰雅人成立「山胞公司」的研究，支持類似的觀點：正是旅遊業的經濟刺激會對原文化的復甦具有積極意義，並賦予文化形態的市場化改造合法性。同樣，廈門民俗村將「具有臺灣特色」的少數民族建築視為發掘文化資源的優勢之一，目的是成就企業吸引遊客大眾的、「獨有」的文化資本。

那麼文化資本如何轉化為經濟資本呢？思羅斯比將這一轉化描述為，以財富形式具體表現的文化價值的累積，並成為物品和服務的流動，形成具有價值屬性的經濟形式。（［澳］大衛•思羅斯比，什麼是文化資本，潘飛編譯，馬克思主義與現實，2004，1）從這一角度講，一方面臺灣少數民族文化在廈門旅遊業中的位置相對獨立，具有市場的稀缺性；另一方面，臺灣商人的特殊身分也賦予擁有和經營臺灣文化資源的「天然」合法性。少數民族建築在異地重建，成為吸引八方遊客欣賞、把玩的文化景觀。而遊客來到民俗村參觀包括「臺灣原住民特色」建築在內的一系列標定文化，必然帶來旅遊服務產業的一系列消費和支出，最終成為文化資本轉化為經濟資本的關鍵性因素。

二、移植：從臺灣到大陸的「同根」文化

　　園內建設景觀的展示最具特色的，當屬娜麓灣劇場，茅草亭兩處建築。兩處（如圖2-1）的原型取自於邵人的會所建築，而望樓仿自於泰雅人的望樓建築。會所和望樓都可以劃分到干欄式建築的支系中。干欄式建築廣泛分布於大陸南方的少數民族和漢人的聚居地，同樣在臺灣少數民族的民居建築中十分常見。就其特點而言，干欄式建築為離地而建的房屋，其上部以竹木為支柱架空，房屋主體置於底架上，居住抬離地面。（李先逵，干欄式苗居建築，北京：中國建築工業出版社，2005年，第17頁）建築具有防潮、防水的功能，與臺灣島高溫高濕的氣候條件十分匹配。

图2-1　茅草亭的干欄結構（拍攝於2007-5-2）

「干欄」一詞最早出現在《魏書》中，「依樹積木，以居起上，名曰干蘭」。（魏書·僚傳，卷101，北京：中華書局，1974年）許多地方也稱其為「閣欄」、「高欄」等，都有樓房的意思。最早的「干欄」為「架立屋舍於棧格上，似樓狀」，干欄建築多系竹木建築，也為椿上住屋——屋面離地若干尺，出入需梯架。《臨海水土志》（《臨海水土志》云，「安家之民，悉依深山，架立屋舍於栈格上，似樓狀。居住、飲食……與夷州民相似。」其中，「安家之民」是指浙江沿海一帶的先民，而「夷州民」指當時的臺灣島土著）中就將浙江沿海一帶的先民與臺灣土著的家居建築看作是相似的。曾思奇進一步說明，「干欄」在清代就出現於臺灣南、北各處。（曾思奇，臺灣南島語民族文化概論，北京：民族出版社，2005年，第364～365頁）清朝赴臺官員所撰書當中，都對臺灣原住民的干欄建築有所記載。比如，《臺海使槎錄》中「狀如覆舟……前廊竹木鋪額如橋，俯欄亦致；鑿木板為階梯……」。而陳淑均的《噶瑪蘭廳志》也記載了臺灣北部、東北部地區噶瑪蘭人（平埔）的民居具有「上下貼茅，撐以竹木」的「覆舟」式的房

屋。透過比較閩、粵移民的建築，以及大陸南方民族的上居人、下為「豕欄雞棲」的建築類型之後，曾思奇進一步認為，臺灣少數民族的干欄建築形式（比如「土墩式」房屋），極可能是吸納、融合漢族及其它民族建築特點的改進型的「干欄」建築。（同上所引）其他學者多支持這一觀點。

　　除干欄式建築之外，臺灣少數民族的建築不乏獨特、奇異的建築風格和再現形式。臺灣雅美人建於地面2公尺以下的半穴式住房，排灣人和魯凱人以灰黑色板岩鋪地、砌牆、蓋頂的石板屋等（辛克靖，臺灣地區少數民族藝術，長江建設，2002，3），都具有藝術整體再現的參考價值。那麼，為什麼選擇臺灣少數民族的會所和望樓建築，作為臺灣少數民族建築的藝術代表呢？民俗村的解釋是，干欄式建築與海峽兩岸「同根同緣」的文化存在密切聯繫。園區的導遊員是這樣介紹茅草亭的：「這樣的高腳樓（干欄式建築的別稱）確實在雲南少數民族中也有存在，可見海峽兩岸的同胞有著同根同源、同文同俗不可切斷的密切關係。」可以說，民俗村建設文化同質性的建築景觀：一方面告訴遊客臺灣與大陸存在諸多地緣文化的共通性；另一方面也是對構建「祖國一家親」主流意識的一種內化結果。企業主黃景山祖籍福建省漳莆縣，創建民俗村的初衷多與深懷的兩岸「中國人情結」有關。（吳建忠、吳宗，臺商黃景山的自責，海峽導報，2004-6-17）在媒體報導中，他反覆強調臺灣民俗村要成為「兩岸文化交流的小舞台」，並希望「增加同胞之間的瞭解和情感交流」。（吳宗，沉寂三年多，海峽導報，2004-6-17）為此，自開業以來，廈門臺灣民俗村就多次配合當地政府舉辦海峽兩岸的聯誼活動，如「福建華夏遊」、「兩岸教育文化交流聯誼活動」、「海峽兩岸文化藝術聯誼活動」等等。

　　那麼，臺灣少數民族與大陸存在著怎樣的聯繫呢？在「同根」話語的知識建構中，「干欄」建築是古越人（也稱閩越族）家居的基本建築形式。學者盧美松、陳龍認為，「干」是古越人的自稱，

而「欄」在越語中是「家」的意思。（盧美松、陳龍，閩臺先民文化探源，福州：福建人民出版社，2005（第2版），第244～245頁）在歷史學的文獻、文物考證中，許多學者相信大約在周秦時期，古越人渡海到了臺灣，成為現代臺灣少數民族的重要組成部分。（姚同發，臺灣歷史文化淵源，北京：九州出版社，2006（第2版），第59～68頁）這是流行於學界有關「高山族」族源的「西來說」——以凌純聲（凌純聲，古代閩越人與臺灣土著族，臺灣文化論集一，臺北：中華文化出版事業委員會，1954年，第27頁）、衛惠林（衛惠林，臺灣土著族的源流與分類，臺灣文化論集一，臺北：中華文化出版事業委員會，1954年，第36頁）為代表的一批中國學者，相信臺灣高山族主要來源於大陸的古越族。在考古學發現中，干欄建築被追溯到7000年前的河姆渡文化。在其遺址發現的長放形大屋的屋基和構件說明，古越人最早發明和使用這一建築類型。（姚同發，臺灣歷史文化淵源，北京：九州出版社，2006（第2版），第66頁）我認為，考古的發現與曾思奇的比較研究結果形成相互關照：都認為中國大陸是干欄建築的「源」，而臺灣的原住民建築為其中的一個「流」。

綜上所述，選擇何種類型的建築整體作為文化景觀，同樣會受「同根同源」主流話語的影響。在臺商紛紛從島內轉向大陸開創事業的大潮流中（石正方，臺灣企業集團大陸投資現況與策略研究，臺灣研究集刊，2006，2），主流意識作為中國絕大多數民意的代言人，在某種程度上影響著企業主在民俗村展現文化的主要方式。換言之，身懷赤子之心的臺灣商人，透過媒介展現、社會宣傳等具象方式接受國家價值觀和行為準則，並將這一觀念潛移默化到對臺灣少數民族文化的主動選擇當中。在「同根」話語的知識建構中，干欄建築表徵著兩岸建築的源流關係，具有中國文化多元一體格局的共通性，成為一種歷史「真實」。而臺商的選擇表達了市場經營與「同根」話語之間的協商——干欄建築的景觀化展示成為臺商

具備從事「兩岸文化交流」的經營合法性。這可以表現為兩個層面：在觀念層面上，以視覺物傳遞臺灣人對「統一」話語的主動認同；在經濟層面上，成為企業在大陸經營「臺灣少數民族」文化的符號資本。

三、大眾文化的形塑：扎根大陸的建築改造

如果說臺灣少數民族的建築文化從原產地臺灣引介到大陸當下的旅遊市場中，使得表徵「傳統」、「原始」的民居建築藉助當下的經濟利益與主流價值觀契合作為媒介的話，那麼適合的文化改造和重塑就成為「臺灣原住民」建築藝術如何在大陸市場更好呈現自我的一個重要問題。這涉及臺胞企業實施本土化戰略，以更好地扎根大陸土壤。為此，臺灣民俗村對目標市場的戰略性適應，需要考慮如何貼近在地市場的需求，即符合審美、實用以及獵奇心理的需要。

八方遊客來到臺灣民俗村認識和體驗臺灣文化，必然帶來「異文化」如何解讀的問題。這意味著臺灣建築藝術不僅需要從複雜、費解的文化高台上走下來，融入到當地社會的文化當中，更見需要調整自己的意義解釋以迎合大眾文化的簡單化需要。這一需要是在企業市場化戰略中首先考慮的問題。而什麼是大眾標準，旅遊的普遍口味就成為民俗村改造建築藝術的動機之一。

首先，民族形象具體化和清晰化。據瞭解，娜麓灣劇場、土著樓以及辦公樓一類建築的簷飾、壁飾上，使用男女間隔頭像的印模雕塑（如圖2-2）——圖像色彩鮮豔、人物表情清晰，族群身分明確。這與臺灣排灣人的木雕、獨石雕、立柱刻的藝術風格大相徑庭。對這一藝術化的改動，工程部經理表現得很自然。他說：「說實在話，遊客和我們一樣多為漢族。所以我們的審美感覺，與少數

民族的粗獷感不太一樣。他們有自己獨特的思維方式，很難為我們漢族人所理解。我們設計的時候，只是根據它的圖像進行改變，希望有點『漢化』的味道在裡面。重要在線條表現上顯得那麼流暢、美觀，就可以了。我們設計的圖案沒有它那麼隨意、粗獷，我們表現得更工整，體現少數民族藝術的漢化色彩。你看這些面目、表情就沒那麼抽象。」

圖2-2　劇場附屬建築的簷雕飾

在民俗村的建造者看來，臺灣少數民族的雕刻藝術是以排灣人為主要代表。但是，「高山族」的藝術表現過於抽象化，還達不到大陸遊客的審美要求，而且看上去太簡單、「原始」。透過藝術化的改造賦予了原始藝術「新生命」，讓遊客立即明白人物所指清的臺灣少數民族的族屬——男子是布農人、而女子是阿美人。

其次，成為旅遊消費的招牌和門面修飾兩類。這類裝飾用的雕刻可分兩種：一是巨型木雕刻，為男女形象；二是簷桁排列的人頭與百步蛇紋飾。在臺灣民俗村內的土著樓牆面上，左右對稱、兩層樓高的男女人像木雕刻（如圖2-3）。這是模仿排灣人的石板、立柱雕刻的人物形象。在排灣人社會，雕刻這一類石柱（或獨石）以立於族長、頭人家屋前，成為尊貴身分的系統符號，是社會等級制度的一種反映。雕刻的人像大多表徵族人的祖先，還包括部落的英雄與勇士。排灣人透過禁忌或舉行祭儀，以尋求祖靈的幫助、施恩或護佑。（劉其偉，臺灣原住民文化藝術，臺北：雄獅圖書公司，

2004年）接下來，簷桁排列的人頭紋與百步蛇紋飾同樣具有宗教祭祀意義。同樣，排灣社會頭人與貴族在簷桁楣、門戶外的石板上雕刻的內容，與祖靈信仰和百步蛇崇拜有關——抽象的人物外形、簡單化的手腳比例具有宗教祭拜的功能。不僅如此，重複排列的人頭雕也折射臺灣排灣人社會已遠久消失的獵頭遺風——頭人為記錄勇士功績的書寫符號。另外，蛇紋飾以臺灣原住民共同崇拜的百步蛇為主題，雕刻用三角形為蛇首，蛇身捲曲盤成雲紋，蛇皮用菱形間隔黑白紋表現。圖案都用浮雕的方式表現，並且漆上紅、黑、白的顏色。色彩鮮豔的建築文飾改造，突出了遊客的獵奇需要。因為裝飾奇特的符號會增加許多遊客的好奇詢問，喚起對所謂臺灣「原始」社會的連續聯想，進而吸引遊客入內尋找、購買帶有「民族風情」的多種旅遊工藝品、飾件。

圖2-3 人像柱子裝飾

最後,建築整體的功能轉移和重組。除了建築裝飾之外,民俗

村內的茅草亭和娜麓灣劇場也是經過特意改造。據工程部經理介紹，建築原型取自臺灣少數民族諸部落的青年會所。（如圖2-3）在臺灣，會所是社的活動場所。社為少數民族部落的基層組織。社首領包括頭目（領袖）、祭司（或巫師）和長老會，是社的最高權力機構，一切公共事務在社的支配下。會所不僅作為社的活動中心，同時為男性年齡組教育和訓練的場所。在臺灣少數民族社會，凡部落男性都要歸入相應的年齡等級，擔負一定的社會分工，從事狩獵、耕戰方面的技能訓練。在會所中，年長者會傳授如何製造漁獵工具、武器，並帶領年齡組參加狩獵活動，學習投石、角力、奔跑、標槍、射箭和搏殺等。而且，他們還傳授部落的起源、傳說及勇士故事。在對阿里山邵人的研究中，學者王嵩山指出會所的性別禁忌功能——女性是嚴禁進入會所。（王嵩山，臺灣原住民的社會與文化，臺北：聯經出版事業公司，2001年，第78～80頁）在1949年國民黨赴臺以前，臺灣少數民族的會所建築多為茅草覆頂、檜木的大柱子、箭竹或竹子的牆壁，內供年齡組訓練和生活之場所。隨著現代臺灣族群運動開展，多元文化觀念開始流行，許多當地的會所建造已經脫離住所功能，只留原集體活動中心一項。換句話說，在現代社會，族人在建造新會所之時，會將原本四面的排竹壁省去而單建茅草頂。在廈門臺灣民俗村裡，會所建築引入大陸的旅遊市場中，進一步改變原有的功能並賦了新的意義：一是茅草亭建築，轉移為遊客休憩、把玩的涼亭；二是與舞台格局銜接，重組為供遊客觀看的戶外小劇場。

圖2-3　書本上的阿里山邵人會所影像

　　這樣，抽象的祖先形象變成具體人物、人頭紋和蛇紋雕刻成為商品店的門楣壁裝飾，封閉、集體訓練的會所轉變為歌舞昇平的小劇場，亦為遊人休憩、把玩的涼亭；這都是在大眾需求下的藝術重塑，真實主體在商業者的改造中，成為具有現實功用的藝術場所。原住民的本體建築在現實世界中，被切換、攪亂、倒置而成為重新編排的組合體。仿民俗建築更多迎合大眾具象化、色彩鮮豔的口味需要，暗中指引公司改造建築的市場導向——最終使得遊客體驗的所謂「異文化」變得如此熟悉而易於理解。總之，民俗村建築者在一定程度上使用大眾審美標準，改造臺灣少數民族的民俗藝術的建構表徵，卻沒能細究、體認作為他文化的組成元素在特定場景中的功能和意義。

四、建造實踐：從照片到實體的文化雜糅

　　黃景山是臺灣人。他不僅將大量含有照片、圖片的書籍從臺灣

攜回廈門，而且公司組建了自己的施工隊——包括木工班、水泥班和美工的一套完整的建築系統。但問題是，公司的建築隊伍沒有去過臺灣，對臺灣少數民族文化和民俗建築瞭解不多，導致在轉譯黃景山的藝術意象和創作思路之同時，經常帶入自己的理解。工程部經理解釋說，臺灣少數民族的建築是這些民間漢族工匠首次遇到的新課題，對它們所體現的文化象徵和意義十分陌生，只好「跟黃先生的背後」、「邊學邊做」。從這個角度看，建造者的具體實踐讓照片成為實物多少失去「原汁原味」（其實，娜麓灣劇場的建造不僅參考《臺灣原味建築》上會所的建築風格，而且借鑑臺灣九族文化村的劇場設計。在這個意義上，建築設計者所追求的「原汁原味」有點臺灣製造（made in Taiwan）的感覺，本身也是多種「現代」和「傳統」符號疊加、拼接的結果）。為了更好說明這一過程，我試舉劇場建造為例：

娜麓灣劇場是經過兩次翻建而成的。在公司開業前一年，黃景山就開始組織人著手建築娜麓灣劇場和其它相關的建築。第一次是1995年，建設地點在現在和平廣場上的卡拉OK舞台。座位安排的不多，只保證300多人同時觀看。由於客流量增加的原因，他們就把在後面重新搭台，建設成現在的娜麓灣劇場。座位量得到進一步擴充。一次可容納成人800人左右、學生可達到1000人。這大概是1997年或是1998年重建新的劇場。

首次建築的娜麓灣劇場——材料、外觀、布局幾乎與臺灣阿里山邵人的會所保持一致。屋頂是山牆式，用碩大的茅草捆紮做大坡，幾乎占建築體積的二分之一，可以使屋內空間加高，利於熱空氣上升，這在濕熱的大陸南方氣候中具有很好的隔熱避陽功效。但是基於對廈門颱風多發、陰雨連連的天氣考慮，加上市場擴大——觀眾人數的不斷增加，那麼改建矮小、精緻的會所向高大、牢固的新劇場就成為企業重新規劃的必然選擇。第二次建娜麓灣劇場（如圖2-4）獨立分出觀景台和舞台兩部分。觀景台採用現代的

觀眾席和傳統的高山族建築格調相雜糅的方式建築而成。觀景台的簷、壁都是由直立男女形象、百步蛇紋、鹿紋、牛紋，百合花和陶壺紋的紋飾複合排列構成。觀景台呈梯型——前寬後窄。台階是建築工匠就地取材，用花崗岩打成的長石條，一級級累加上去。最前排台石條大都是6公尺，而後排只有3公尺。雖然舞台的主體形式延用阿里山邵人的會所格局，但兩側添加了劇場要求的輔助建築。左邊是音響間，右邊是更衣室。舞台布景後面還設計了獨立房間，作為演員專用的化裝間。

圖2-4　第二次建造的娜麓灣劇場外觀

　　第一次建設的小娜麓灣劇場，完全借鑑邵人的會所格局。建築主體用四根木柱做支撐，上披了很厚的茅草做屋頂。屋頂用十字編竹（工程部經理告訴我，十字編竹法來源於書本上的一副平埔人民居插圖。但是，書本上並沒有介紹如何捆紮。就算是用麻繩捆紮，雖然這樣做能保持「原始」的味道，但並不能牢固而維持長久。結果，麻繩捆紮是只作為建築裝飾的形式，木頭之間的銜接還是採用「現代」鉚釘紮牢固）成排，這與茅草亭的屋頂構架基本相同。第

二次建設的劇場（包括觀景台和舞台）則改為鋼架結構，屋頂用細木條排成平面，再用鋼架固定。兩側的四根柱子是劇場的主體支撐。撤去原木的「傳統」使用，在柱子內安上空心鋼管，表面用整片杉木皮釘上，再用油漆粉刷。還有，原建築干欄結構中木樁乘重的部分，用石條和水泥填充成平台；而且銜接上下的木梯則為平整的石階所代替。舞台的布景也是新添的部分——泥水匠先在舞台後側砌面牆，然後由美工彩繪圖景。

　　舞台和觀景台上簷、壁裝飾是由美工張師傅，事先雕刻好木印模，後在簷、壁上澆水泥機械複製而成。舞台內各種器物的製作，比如祖靈圖形的排灣人木板畫、雅美人的拼板木舟，還有少數民族的木鼓、雙連杯、舂米臼等，也是張師傅按照片的原樣，根據上面器物的比例放大後出圖，再由木工班按樣打製出來。但是，這只是保留「形似」而選材、外觀、功用根據當下的考慮。比如，簷、壁裝飾將少數民族各分系的吉祥符號混同使用，這只能是機械複製產品而鮮有人工雕琢的精美；排灣人的木板畫用光彩豔麗的油漆繪製，而非原木的雕刻紋理美感；雅美人的木舟缺少精巧的木板拼接和凹凸雕紋而直接上漆彩繪；木鼓為適合表演需要而製成附鐵架、車輪的活動式樂器。

　　不難看出，娜麓灣劇場的實際功用是首先考慮的問題，其次是門面如何「土著化」，順應企業主的創作意圖，最後是解讀建築所在文化場景中的意義之所在。一方面，建築藝術希望重建遊客對臺灣少數民族建築的「原始」、「簡單」的想像，希望與「在那邊」的實際建築的意向相互銜接；另一方面卻在企業場域中，強調藝術的當下實用性考慮。在這對矛盾的相互抗爭中，工匠的建築實踐的作用不可忽視，囿於自身對臺灣文化的認識有限，民俗村的建築藝術成為有意識的現代工藝與傳統樣式在時空軸上的有機契合，整合的是原始的「粗獷」與現代的「實用」、民間「技藝」與機械「複

製」、以及書本影像與可觸實物的統一體。另外，在地的氣候因素、市場增容、建築材料的變化，同時對劇場建設的二次改造帶來重要的影響。作為民俗村的展演的「核心產品」，娜麓灣劇場從「原味」書籍的照片、「原始」造型建築、再到現在表徵「臺灣少數民族」的建築符號成為二次改造建築的裝飾材料，我們看到建築實踐者旨趣的變遷——從「原始」的藝術設計轉向吸引遊客到來的「奇異」符號轉變。

　　總之，作為迎接旅遊大潮的臺灣民俗村企業，消費文化、大眾文化以及意識形態中的主流價值觀，協同具體的建築者解讀，都會對少數民族建築的當下情景本土化具有直接的影響。如上所述，文化的選擇和改造中各種力量並不是孤立地起作用；它們相互扭結、共生、合力於臺灣少數民族的建築藝術再現。可以說，現代社會已無法按原樣重建和再造那些所謂「原始的」、「簡單的」少數民族藝術，不僅材料、質地、格調無法趨同，而且外觀、構造上也難以吻合。在建築師力圖將「傳統」、「原始」的仿臺灣原住民建築再現於大陸市場當中，卻基於各種考慮選擇和再現了部分元素（如干欄結構、雕刻外行、裝飾花紋），保留了現實取向的建築功能（如劇場、涼亭、辦公樓）。在經濟利益、「同根話語」和歷史的建築實踐的共同協商下，仿臺灣少數民族的建築，僅僅是「同根」建築符號的一種轉義。在消費主義盛行的後現代社會中，建築實體逐漸走向本義的蛻變，轉而順從當下建造中的各種實際考慮。歷史「真實」、大眾審美價值、經濟利益和建築實踐成為隱藏在「同根」符號背後的各種存在，而讓影像的虛構、模仿、複製建構新的整合體，為迎合現實的各種需要而賦予新的建築意義。

第二節　再生產：「閩南紅磚厝」的建築符號

　　與臺灣民俗村建築的「高山族特色」不同，閩臺緣博物館綜合了許多「閩南特色」的建築元素。從整體看，博物館建築經歷了複雜構思過程，從設計方案的確定，到紅磚厝建築成為一種「同根」符號，嫁接到後現代建築中而成為建築「表皮」、博物館展陳的模擬場景、展品安排的各個面向當中。那麼，「同根」的博物館建築是如何確定「閩南特色」為設計方案的呢？日常生活中的紅磚厝建築是如何被解構、碎片化為表徵「閩南特色」的建築符號？

一、尋找「同根」建築的依據

　　閩臺緣博物館的主體建築方案是如何確定閩南特色的呢？早在2004年12月23日，福建省建築設計研究院原院長、首席總建築師黃漢民就在彙報會上提出四個方案，突出主體建築要能體現中國傳統建築的對稱性和閩南建築的特色。（陳智勇，閩臺緣博物館將建成建築典範，泉州晚報，2004-12-28）在「緣」、「圓」和「源」的設計理念中，表徵兩岸同根同源被放在首要考慮的思路中。方案一是以球面構思建築主體，主體展館容在圓弧內；方案二是展館前面有一大段圓弧橫空飛架，設計為從圓弧的圓心位置直接進入展館，給人一種非常大氣的感覺；方案三是將主體展館設計成圓柱體，兩道圓弧對稱分割，彰顯中國傳統建築的風格；方案四是由兩道圓弧建築為展館主建築，將閩南彎翹的屋簷等傳統民居建築風格注入閩臺緣博物館的設計中。來自臺灣的登琨豔設計師，提出兩個方案：一是主張將閩臺緣博物館的建築分散開來，按大陸與臺灣有關的地緣、血緣、法緣、史緣、文緣、俗緣、神緣等方面分成

多個展館，再由過道、直廊將這些展館串聯起來；二是將展館集中起來設計，正面以閩南建築及現代建築為主，並引進福建非常有特色的土樓建築，融合在一個建築物裡。（陳智勇，閩臺緣博物館將建成建築典範，泉州晚報，2004-12-28）他認為，臺灣的建築風格與閩南傳統民居「非常一致」，特別是「1985年以前的民居還保持這一風格」。上述方案的設計思路表明，設計師們希望尋找建築風格中的「同源」依據，逐漸聚焦到閩南傳統民居的特色如何展現的問題當中。

這些方案經過基層領導的認真篩選，於2004年12月底選擇三套報送到中宣部。其中，方案一的球面設計得到「來自中央、省、市領導各方一致的認同」，認為是「已初具閩臺兩岸建築典範的氣勢」，初步被確定為建築方案。除了「整體建築與周邊環境的協調和配製」等優點外，上級領導還強調了方案一「充分體現泉州紅磚白石建築風格」。於是，博物館的建築初步進行，並預計於2005年底全部完工。媒體各方希望這一建築將成為「泉州標誌性的建築」。

建築方案雖然得到認可，但是兩位設計師與其他專家仍在不斷將方案細化。他們慎重地思考和分析，圍繞「源」、「緣」、「圓」的理念在方案上做文章，希望「深入挖掘閩臺傳統建築的地域特色，及深刻文化內涵」。（黃樂穎、黃漢民，源•緣•圓——中國閩臺緣博物館創作，城市建築2006，2：21～24）省建築設計研究院所在撰寫的「方案設計說明」一文提出，方案設計要在建築細部處理上，充分融入了「閩臺兩地傳統民居特有的建築元素」，從而「體現了民族特徵和強烈的時代風貌」。不僅如此，設計師著力將中國傳統的文化意象，如天圓地方、壇祭、橋樑、泉、蓮花等文化象徵，都融入到建築設計當中，從而體現「閩臺兩岸同根同源深厚歷史」的建築風格。（陳智勇，閩臺緣博物館：建築與文化完美結合，泉州晚報，2005-1-4）在這過程中，專家和設計師不斷

探詢打上「地方文化」烙印的建築符號，以更好地融入整體設計方案中。因此，方案不斷修改和討論，直到次年2月份，經過20次修改（參見中國閩臺緣博物館建設情彙報（內部資料），泉州市委，2005-6-13）後的方案最終通過會審，確立了最後的建築方案。特別是，閩南民居的特色成為博物館建築的表像而得到重點關照。例如，頂景台做成傳統建築的大紅屋頂（例如，在2005年5月12日的工作彙報中，主體建築設計方案將「屋面左右兩邊的樓梯「人」字形修改成「弧形」，就屬於將閩南建築風格不斷細化、具體化的一個方面。參見政府檔：貫徹省委常委會議精神工作彙報，（內部資料）泉州市委，2005-5-12），象徵海峽兩岸「同一屋簷下，本是一家人」的血脈根源。還有，主體建築前的大型廣場充分體現了閩南建築的特色，以紅色為基本色調，充分利用天然石板材的白色，分隔出醒目的圖案。（陳智勇，中國閩臺緣博物館主體建築方案敲定，泉州晚報，2005-06-15）等等。（如圖2-5）

圖2-5　主體建築和廣場俯視圖

不僅在主體建築是設計上力圖體現「同根同源」，而且博物館的展陳設計力也有所突出。從建築模型到場景布置，臺灣拍攝的照片到泉州民間徵集的實物，表徵閩南特色的民居被分解為獨立的建築符號，分散到各種展品空間中重新展現。展覽設計希望為參觀者營造「閩南文化」的整體氛圍。在到來者視線可及的絕大部分範圍裡，包括仰視（主體建築）、透視（內部的場景布置），到凝視（特定的建築裝飾符號、展覽物品），都無不一再敘述著兩岸的「同根同源」的一個主題。

那麼，什麼是表徵閩南特色的民居形式呢？這樣的民居形態是如何被碎片化，分解為獨立的符號，成為主體建築、展品設計上的各種空間表徵？

二、紅磚厝作為「閩南特色」建築的代表

為了更好回答上述問題，我們先看看閩南民居獨特的建築——「紅磚厝」。這裡的閩南地區包括當地福建的廈、漳、泉三地。在民國以前，閩南地區則包括漳州、泉州兩府所管轄的地區。在閩南，當地人稱呼村落、住房、大家第宅為「厝」。其中，「厝」與《漢書•地理志》中的「五方雜厝」為同一個意思。《閩南方言語古漢語同源詞典》一書中，「厝」字作「整座的房子」的解釋。「厝」也可以指局部的房子，如「祖厝」即「祖屋」；「護厝」是指位於主厝建築兩側的附屬部分。在南方地名中，「厝」前面往往加上姓氏，如「肖厝」即泉州泉港。因此，「厝」的基本義就是「房屋」，而「村落」、「大型宅邸」等為「房屋」的引申義。（關瑞明、陳力，泉州官式大厝的詞源及讀音釋義辨析，福建建築2006，1：20～22）閩南地區東南沿海，土壤中主要含有紅磚材料所需的紅壤土，經過燒製而成的各種類型的紅磚、紅瓦，在民居建築中廣泛使用。這樣，這類民居以磚紅色為主色調，採用紅磚、紅瓦為主建築材料，就是所謂的「紅磚厝」。

為什麼要選擇福建閩南的建築形式作為閩臺淵源關係的代表，以展現「同根同源」的主題思想呢？林從華認為，福建傳統建築是以方言為特徵的七大建築支系，而臺灣漢族移民在與當地高山族同胞的融合中也呈現出以方言為特徵的四種建築類型。其中，聯繫最為密切的當屬福建閩南建築與臺灣的閩南建築類型。這種歷史淵源關係取決於臺灣漢族移民中大部分屬於閩南泉州、漳州人；早期傳統建築的營建工作也多仰賴閩南匠師和來自福建的建材。（林從

華、林兆武、於蘇建、薛小敏，閩臺傳統建築類型及其文化特徵，重慶建築大學學報2006，5：75~78）移居臺灣的閩南人占絕大多數（對此，副館長曾介紹說：「泉州是臺灣同胞主要的祖居地，這有統計資料說明，占了44.8%」（參見訪談資料，時間2008-3-4），因此，閩南民居建築成為臺灣民居建築的主要風格。這在第二部分「血脈相連」的展廳內的照片中得到印證。這是一組反映移民祖籍地宗祠和祖厝的18張照片。其中，15處房屋的祖籍地屬於閩南地區：泉州（惠安、晉江、平和、廈門——在清代，廈門屬同安縣，為泉州府的管轄範圍。到了民國，廈門和金門從泉州府的行政範圍內獨立出來）、漳州（南靖、漳浦），還有3處是閩中的三明和龍岩。臺灣修建的宗廟與古厝照片有15張，文字敘述強調這些建築的所祭拜的祖先，多來自閩粵兩省。其中，有12張照片明確指出宗廟與古厝的祖先為福建地區：2處泉州、8處漳州、2處三明。8張照片詳細記錄了入臺的年份，大致在清中後期（康熙、乾隆、嘉慶），現在都成為臺灣當地的望族。照片的對比，說明漢人移民祖先源於福建，而後代流於臺灣。可以說，臺灣的宗祠、祖厝的建築基本繼承了閩南紅磚厝的風格。無論是宗祠、祖厝，還是宗廟、古厝，建築多以紅磚、紅瓦、白石作為基主色；以斜坡頂、燕尾脊為屋頂格調；以中軸線對稱，多層次進深為布局特點的紅磚厝樣式。比如，從臺中南屯黃氏的四美堂、臺北陳氏德星堂的祠堂正身照，到臺北淡水忠寮李宅的紅磚厝聚落照，「紅磚、白石、燕尾脊」的特點都十分明顯。對於閩臺兩地的建築淵源，「建築同風」的文版有這樣一段說明：「1950年代以前，臺灣民居完全繼承了福建漳泉民居的建築風格。其建築所用的杉木大多來自閩江上游，稱『福杉』，磚瓦石料來自漳泉，大型住宅的建設特聘福建師傅入臺設計和施工，俗稱『唐山師傅』。」不難看出，除了建築外型上的相似性，連臺灣的紅磚厝不僅建築用材多取自福建的閩南地區，而且移民初期的建築工匠也多來自閩南的漳州和泉州，基本形

成了臺灣民居的祖籍與建築風格互為對應的關係。「文緣部分」的實物和照片的比對，也證明也這樣的材料關係。實物為清福建民居的瓦當，上方的照片攝於臺灣鹿港龍山寺使用的瓦片。瓦片上的印章隱約銘刻：「泉州阮協興磚廠製」。另一張照片拍攝於臺灣寺廟南瑤宮，文字注解為「廈門泉興石廠所督造」。結合照片對比和文字的說明，紅磚厝成為閩臺兩地的建築表徵確實是在情理之中。

那麼，紅磚厝的建築特色是什麼呢？有幾種說法。一種看法著重建築裝飾的細節組成。比如，彎曲的屋面、高翹的燕尾、花枝招展的剪黏、堆砌的水車堵、色彩斑斕的鏡面牆，以及白色花崗石襯托的鮮紅煙灸磚。另一種看法認為，紅磚厝特色可以從傳統工藝和表現形式兩方面上表現。在傳統工藝上，突出「紅磚」、「石雕」、「出磚入石」等技法；在表現形式上，強調「坡屋頂」、「騎樓」、「燕尾脊」等的標誌性符號。黃金良先生的概括比較全面，即「紅磚白石雙波曲、出磚入石燕尾脊、雕樑畫棟皇宮式」。（林祥聰，「漫話泉州古民居」，僑鄉科技報，2005-5-26）

這些說法都有道理，但缺少系統性。相對而言，關瑞明教授對建築要素的分類值得借鑑。他認為，中國傳統建築中，構成建築形式表徵的「三要素」是屋頂、牆身和台基。每一個要素中，均包括若干具體的子項之中，如色彩、材料、規模、形式等，此外，屋頂、牆身與台基的一些細部也是建築形式表徵的重要組成部分。（關瑞明：泉州的紅磚文化，見 http://www.qzwb.com/gb/content/2003-02/23/content_765861.htm）同樣，我們借此將建築特色分為四個有機組成：色彩、造型、布局和技法。從色彩上看，閩南紅磚厝將紅色（紅磚、紅瓦）作為主基調，白石為基座，間砌白石的「出磚入石」牆面獨特形式，構成了一道「紅磚白石」的風景線。從造型上看，紅磚厝的屋頂以兩端上翹「燕尾脊」和曲形的「馬背山牆」為主要的造型形態，呈現房屋錯落有序、層層疊疊、凌空欲飛

的輪廓線。在布局上，紅磚厝按中軸線對稱排列，多層次進深、前後左右有機銜接的形式呈現。紅磚厝以三間張雙落厝、兩落一院，平面為口字形的四合院為基本型，由此向縱橫兩個方向擴展而逐漸形成聚落。（王家和，泉州沿海石厝民居初探：[碩士學位論文]，泉州：華僑大學，2006年6月：40）如果說色彩、造型、布局是整體效果，那麼技法需要從建築構件的細部中加以體現。紅磚厝的裝飾綜合運用圓雕、透雕、平雕等，並使用剪黏、彩繪的技術處理局部裝飾的人物、花草，以及其他吉祥的紋飾符號。在以下的敘述中，我將以色彩、造型、布局和技法為四個切入點，分析代表「閩南建築特色」的紅磚厝如何被設計者碎片化，分解為各自獨立的符號，再拼接和重組為主體建築、展品設計上的各種空間表徵。

三、紅磚厝符號的空間再生產

（一）「紅磚白石」：紅磚厝牆面的藝術表達

紅磚厝的牆面表現以紅色為主色調，配合牆基石的白色，形成獨特的「紅磚、白石文化」。眾所周知，閩南地區多為紅壤土，經窯燒製的磚、瓦等建築材料在當地統稱為「紅料」。而泉州人視紅色象徵吉祥、順利與興旺，象徵幸福、歡快和安全，因此，建築牆體多用紅磚，屋面多用紅瓦，簷牆多用紅色，門、柱等也一律用朱色，即使地面也用紅地磚。這與中國傳統建築歷來運用的灰磚、灰瓦形成色彩鮮明的對比。（林從華，閩南與臺灣傳統建築匠藝探析，福建工程學院學報2003，2：10～18）為此，設計師主動將紅色元素融入到模型的創作中。比如在臺灣詩社建築的手繪草圖上，設計師旁注了這樣一段話：「建築色彩和傢俱以紅木為調子——它有時代和穩重感；牆裙和地面又回到了閩南最有特色的紅磚上來，地面鋪六角磚。」（中國閩臺緣博物館二層展陳設計：場景手繪圖（內部資料），上海創超展示設計有限公司，第13頁）

閩臺緣博物館的主體建築中，整座建築都充分利用紅磚、白石作為裝飾材料。在博物館的中庭、走廊、客廳回廊等建築牆面上，我們都可以看到不同的紅磚砌築和磚石搭配的裝飾技術。步入五緣展廳，一些建築模型和類比場景也從不同側面反映這樣的文化偏好。

　　首先是紅磚砌築的表徵。一是錯縫疊砌法表現，是指上下層磚塊在重疊時沿水準方向上有一定的錯位，形成牆面豎向磚縫的錯位，而形成黑紅相間的燕翅紋。這些在屋面斜階的入口，主體建築的入口，中庭、走廊、客廳、回廊等牆面上都有體現。還有展廳內的部分模型，比如抬轎拐角場景的牆面裝飾。二是凹凸砌築的表現，是利用扁平方磚（地磚）本身的長、短面，在砌築時將單塊磚退入牆體表面，而形成有規律的凹凸變化，產生了豐富的肌理和光影效果。（陳林，閩南紅磚厝傳統建築材料藝術表現力研究：［碩士學位論文］，2006年，華中科技大學，第28～30頁）我們可以在建築正面牆體上看出來。三是順丁砌築的白石牆裙，這在「科舉考棚」場景中的考棚建築中有所體現。

　　其次是磚石搭配的裝飾技術，在閩南地區被稱為「出磚入石」。「出磚入石」又稱「金包銀」——白石比喻為「銀」，而紅磚比喻為「金」。「出磚入石」工藝可以追述到於明萬曆年間。當時泉州發生過特大地震，民眾在廢墟上重建家園。為了節約和省工，民眾將塌落的殘磚碎石重新砌築牆面，結果創造出極具視覺效果的砌築工藝。（陳林，閩南紅磚厝傳統建築材料藝術表現力研究：［碩士學位論文］，2006年，華中科技大學，第55～56頁）「出磚入石」不僅廣泛地分布於主體建築屋面、中庭、走廊、客廳、回廊的牆面上，展示的模擬場景也使用這一技藝，比如抬轎場景的建築模型，元宵節母女圍湯圓場景。為了讓傳統工藝能在現代建築中更好展現，設計師使用磚紅色福半磚與閩南盛產的花崗石搭配使用，照搬「出磚入石」的形式，改成濕掛貼面作為博物館內外

各處的牆面裝飾。（黃樂穎、黃漢民，源•緣•圓——中國閩臺緣博物館創作，城市建築，2006，2：21~24）

圖2-6 大廳牆面的「出磚入石」

在元宵節母女圍坐吃湯圓場景中，設計師為了突出紅磚和白石在「角房」牆面上的視覺「真實感」，特別是採用原石、原磚的本色做模型的貼面修飾。（中國閩臺緣博物館二層展陳設計：場景手

繪圖（內部資料），上海創超展示設計有限公司，第25頁）總之，設計者強調紅白相間的「金包銀」的色彩的「真實感」，透露出一種「殘缺之美」，以象徵閩南地區自強不息的「民族性格」。

（二）曲與翹：屋頂的造型符號

正如黃莊巍所說的的那樣，「燕尾屋脊」和「馬背山牆」所構成的屋頂形象，是閩南系建築的標誌性符號之一。（黃莊巍，閩南與臺灣現代地域建築屋頂造型手法研究，山西建築2007，9）紅磚厝的造型最能出屋脊的修飾中得以體現。民間工匠使用主要使用紅料裝飾屋頂：紅瓦鋪面；而紅磚主用於構造屋脊。紅磚厝的屋脊可分為燕尾脊和馬鞍脊兩種，呈現飛翹和彎曲的兩種截然不同的屋頂造型。紅磚厝的聚落空間中，居於中的主厝（祖厝）通常在主屋脊上修飾飛翹的燕尾脊；而相鄰橫向的大房、二房之主脊上使用低一級的燕尾修飾；兩旁的護厝（護龍），即附屬房屋，使用彎曲的馬鞍脊的屋頂造型。這樣高低錯落、首尾相連的「飛燕」在藍天白雲的襯托下，形成了紅磚厝建築特有的輪廓線。

燕尾屋脊原是廟宇建築的特有裝飾，代表神聖不可侵犯的意義。剛開始，漢人民間用燕尾造屋脊，也是做官或中舉人家顯示社會等級的標誌，到了後來，有錢人家紛紛效法，再沒什麼講究和限制可言。除了採用燕尾屋脊的建築，其餘閩南系建築的山牆而因形如馬背弓起，故通稱為「馬背山牆」。馬背形式多樣，造型依風水五行分為：金（形圓）、木（形直）、水（形曲）、火（形銳）、土（形方）。既然各種馬背細部根據地域差異而略不同，也是可以歸到在這五行的變化之中。（陳林，閩南紅磚厝傳統建築材料藝術表現力研究：[碩士學位論文]，2006年，華中科技大學，第54頁）

主體建築採用斜坡屋頂和燕尾脊的視覺形象，做誇大、複製和拼接的符號化處理。通向觀景天台四道半弧型的屋面斜階（如圖2-

7），為模仿傳統大厝的斜坡屋頂的形制而作。傳統建築的燕尾脊也被簡化，抽象成兩端翹起的彎月形態，分散到主體建築的四斜階入口的大門、中庭的天花板（如圖2-8）各處，展現幾分「汲古」傳承的味道。一方面，大厝的兩坡屋頂被誇張、放大為建築的四道斜面表徵，刪減去磚、瓦片的鋪設和細節裝飾；另一方面，燕尾脊符號省略原有的細節裝飾，只留彎月樣式做造型修飾。這樣，傳統符號的擴展成為建築構件的表皮，極力在形式上保留「閩南特色」的符號意向；在內涵上表現「傳統」建築那種莊重、飄逸和大氣。

圖2-7　屋面斜階入口邊門的「燕尾脊」裝飾

圖2-8　中庭天花頂上的「燕尾脊」裝飾

在展廳內，科舉考棚的模型最能體現燕尾脊和馬背山牆的有機結合。考棚建築位於「文緣部分」孔廟模型的後側，展示的是兩岸在明清時期儒學體制上的一致性。科舉考棚在舉行鄉試的時候，要被分隔成數間獨立的號舍。而模型類比的正是一號舍的截面。這是紅瓦屋頂、紅柱、紅磚青石牆、屋內白粉牆合圍的三維空間。紅磚考棚屋高3.8公尺，格間正面寬1.7公尺；山牆截面寬4公尺、高5公尺。山牆截面為「燕尾脊」和「馬背山牆」符號的組合體。山牆呈曲脊，形似馬背弓起；有三道彎曲——中間大、兩邊小，屬五行中的「水」。（陳林，閩南紅磚厝傳統建築材料藝術表現力研究：[碩士學位論文]，2006年，華中科技大學，第31～33頁）而垂脊的兩端採用往上起翹的樣式，且末端分叉，形如燕尾。

（三）精緻的技法：雕刻和「剪黏」

閩南紅磚厝的雕刻可分為木雕、石雕和磚雕三種。其中，木雕為主要裝飾技術之一，這一點可以在展陳中占有相當大的比例。眾所周知，紅磚厝使用「紅料」（磚、瓦）裝飾房屋外觀，主要作為建築的大構件使用。建築多採用「穿斗抬梁式」的木架構作法，這為木雕技藝提供了良好的物質媒介。據學者調查，大厝的木雕工藝絕大多數集中於簷下和室內，如樑枋、雀替、斗拱、花筒、斜撐、隔扇、窗櫺、花罩、掛落等構件上。（寧小卓，閩南蔡氏古民居建築裝飾意義的研究：[碩士學位論文]，西安建築科技大學，2005年6月，第98頁）雕刻根據技法不同，分為線雕、浮雕、透雕三種基本技法；而圓雕、嵌雕、貼雕是基本技法的綜合和延伸。這些都在展示實物，以及建築模型中有所體現。

首先，在紅磚厝的梁架的高遠處，大多採用圓雕法，外觀表現簡樸粗獷，敦厚沉穆。比如分展覽入口的門廳模型和臺南孔廟大成殿的模型，簷下的有雀替和吊筒，飾有飛鳳紋和倒垂蓮的圓雕。祖屋神龕的場景採用方型木構架，吊筒和雀替都雕刻樣式：上有倒立

蓮花和花鳥松鶴的吉祥圖案，托木則為螭龍和草花的組合圓雕。其次，在門窗、隔扇等處則常用浮雕或鏤雕，盡顯精細、妍麗，以裨近視。除夕場景和祖屋神龕的場景，都有門窗、隔扇的木雕展示——紅底金漆的鏤空雕件。神龕模型是小木作（中國傳統建築以木構造為主，皆屬於木雕，可分為大木作與小木作。前者位於指建築結構體，用於承重處理，如柱梁構架及其構件（瓜筒、斗拱、雀替、垂花，等）；後者作為建築的局部裝飾，分為外簷裝修（露在屋外）與內簷裝修——安置室內的格扇、花罩、屏風、神龕、傢俱、匾聯等——兩種）的精華：以花罩為割離形式，漏空的木雕為門洞樣式而構成的小空間。六面屏風（屏風，或為門扇。廳堂前後的門扇是可以自由拆卸，使各廳堂（上廳、中廳、下廳）連成一體，形成可通可隔、可拆可卸的半封閉、半開敞的空間，以滿足家族舉行大型活動的需要。參見戴志堅，閩臺民居建築的淵源與形態，福建人民出版社，2005年，第86～88頁）的窗欞為金錢紋飾，鏤雕透空，堵頭為花草飛禽的浮雕，皆以金粉漆之。最後，在廳堂三面的圍合隔扇處為木排堵的雕件，成為參觀者視覺集中重點觀賞點，所以雕刻的細節就更加精緻精細。這可以從「文緣部分」展廳的實物展示中可見一斑。實物展示將木排堵（如圖2-9）拆解為獨立切面展示。內容以清代的花板雕為代表，多為人物、花鳥主題，兼有麒麟紋、竹紋、博古紋。

圖2-9　紅底金漆的木排堵

　　「傳統」窗櫺的紋飾是如此精緻、令人驚歎，以至於設計師使用誇張的藝術手法，仿照窗櫺透雕的形象製作幾個二層樓高的龐大白色的裝飾構件，依附於博物館大廳內二、三層的樓面上。這樣的紋飾被抽象、放大上百倍，形成誇張藝術構成的「傳統」符號的鏡像，對參觀者無疑造成了強烈地視覺衝擊。正如華特•班雅明（Walter Benjamin）曾對機械複製作品的評價那樣，以原作為摹本的現代藝術創作，運用高科技的手法無形中導致傳統的審美觀消失，取則代之的是一種「震驚」的視覺效果（班雅明，機械複製時代的藝術作品，王才勇譯，杭州：浙江攝影出版社，1993年，第35頁）。參觀者行走於二、三層的樓道上，四面是誇大的透雕窗櫺的符號形成強烈的視覺震懾和衝擊，不難想像自己正步入三面圍合隔扇的「古厝空間」之中。

圖2-10　展示人物故事的雕塑

　　石雕的展示品則突出福建惠安石雕技藝,分為大木作和小木作兩種。技法也反映浮雕、透雕和圓雕。展示品中,大木作構件有柱(六角形、圓柱)、尾鷗(鯉魚化龍);而小木作包括門簪(「三

英戰呂布」、「神筆馬良」鏤雕，如圖2-10）、窗（石漏窗）、石珠（石獅座）、立像（「福祿壽」三星、「和合」二仙）。惠安石雕技藝也在序廳的升天龍柱浮雕和博物館正門前巨大的浮雕繪像中得以表現。其中，正門前巨大的浮雕繪像分左右兩面：左邊的石雕群上分別刻有東西塔、開元寺、崇武古城、惠安女、南音表演、提線木偶、老君岩、石獅蚶江等，以表徵閩南地區；而右邊的石雕群上則刻有媽祖、臺灣高山族、鹿港、阿里山、日月潭等，以表徵臺灣地區。透過兩地標誌性人和物的雕畫呈現，敘述閩臺兩地「剪不斷」的淵源關係。

　　磚雕技藝充分體現在幾組臺灣照片和大陸實物的對比當中。特別是，牆上張貼兩張攝於臺灣的建築照片：一是八卦獅首辟邪，二是八卦太極辟邪。正下方展示實物對應為，從民間徵集來的福建民居磚雕垂珠，為屋瓦構件。不難看出，磚雕件在類型、色澤、樣式、比例方面都相當一致。（如圖2-11；圖2-12）

圖2-11　金漆花卉板

图2-12 石雕工藝的展示

除了雕刻技法外，閩南紅磚厝的陶瓷的「剪黏」技法也是閩臺緣博物館展示的重點。「剪黏」技法主要有兩種：一是「剪」，利用瓷、碗片或玻璃上的色澤、形式以及弧度剪裁出適當的形狀；二為「黏」，將剪好的瓷片黏接到塑好的坯體上，因此也稱「嵌瓷」。陶瓷的「剪黏」裝飾常出現在紅磚厝中最顯眼的位置，如屋脊，門堵等上面。嵌瓷材料多取自廢棄的瓷碗或瓷杯碎片。作為一種富於表現力的閩南民間的鑲嵌藝術，「剪黏」裝飾廣泛應用於閩臺兩地的廟宇和大厝的建築當中。設計師將這一古老的做法引用到廣場的彩柱和主體建築門廳的裝飾上。比如彩柱的做法，是用彩色的景德鎮碎瓷片拼貼成色版，形成多組「閩臺緣」的字樣，黏貼在數十根成列的燈柱上。展陳設計者希望這些燈柱的展現，「烘托博物館的莊重氣氛和鮮明的閩臺特色，彰顯閩臺的親緣關係」。（黃

樂穎、黃漢民，源・緣・圓——中國閩臺緣博物館創作，城市建築，2006，2：21～24）

(四) 布局「移植」和房間零碎化

如果說技藝是從建築局部中把握細節，那麼布局就需要從房與房的整體配置中體現。紅磚厝建築一般具有按中軸線對稱排列，多層次進深、前後左右有機銜接的特點。三間張兩落是大厝最基本的一個平面形制。（趙鵬，泉州官式大厝與北京四合院：典型模式的比較研究華僑大學，2004年7月）兩落指房屋為兩進，由「上落」、「下落」兩部份組成。三間張指有居中的一個廳堂，配上左右廂房（在閩南地區，廂房又被稱為櫸頭間）。三間張兩落是典型的「中庭型」平面形制，類似中國傳統的九宮格圖示：正中央為庭院（天井），四正為廳堂，四維為正房，形成十字對稱的布局形式。（如圖2-13）

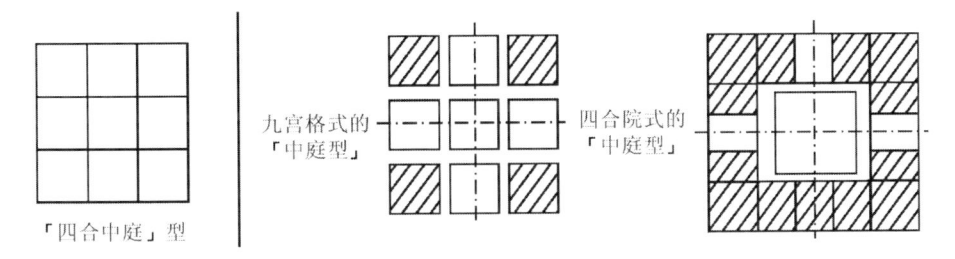

圖2-13　「四合中庭」型（參見戴志堅，閩臺民居建築的淵源與形態，福州：福建人民出版社，2005年，第93頁）

閩臺緣博物館的整體布局同樣借鑑傳統建築的布局，形成以中庭為中心，上下左右四廳相向的十字軸的空間結構。如圖2-14所示，中庭為室內的主要採光處，類似紅厝平面的天井。不同於厝的廳房對空間的分割，設計者將上下左右四廳的空間全部打通，形成參觀動線。而參觀者由正門入口進入中庭，如同從「下落」門廳進入天井一般。不難看出，展示的建築布局是對三間張兩落的平面形制的一種借鑑和「移植」。

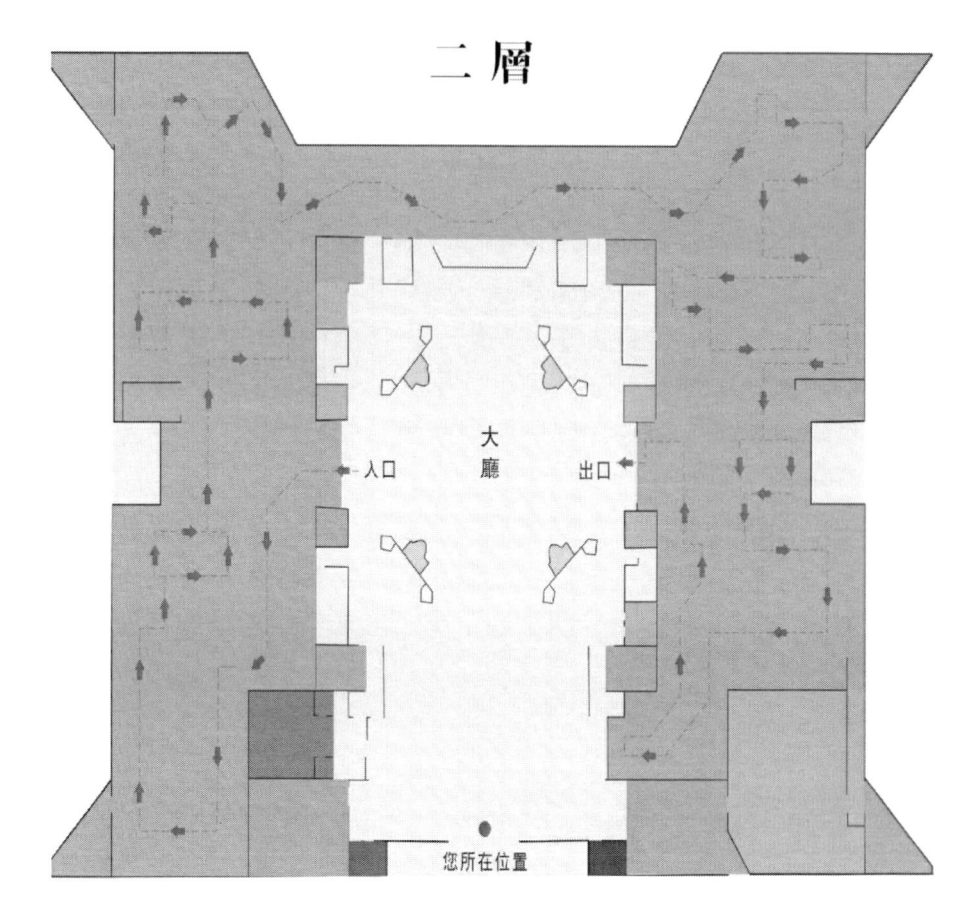

圖2-14 「閩臺緣」參觀導覽圖（二層平面）

說明：藍色部分為五緣展覽廳；紅線為參觀動線；白色部分為中庭，或大廳；正下方紅點位置為主入口。

再來說說房屋空間的傳統功能。如上所示，處於「四正」方位的四個廳堂，分別是北面的「上廳」，一般是家祠，設有祖宗牌位；南面與上大廳相對應的是「下廳」，也是門廳，是臨時待客之處。「上廳」、天井、「下廳」由上而下排列，形成紅磚厝的中軸線。在軸線兩邊的東西廂房，稱「櫸頭間」，是主人和親戚日常活動、休閒的場所。由兩廂和廳堂構成的主厝兩旁，還可以配上兩條

護厝作為房屋空間的橫向延伸。護厝內的房屋被稱為「邊房」（邊間）；屬於生活用房，包括灶腳間（閩南語稱呼，指廚房）、柴房。在閩臺緣的展廳內，設計者將紅磚厝的廳堂、「櫸頭間」和「邊間」展示作兩方面的處理：一是組合成聚落，反映三者的「真實」的空間配置；二是根據主題不同的安排，而零碎化為各自獨立的模型場景。

紅磚厝的組合聚落展示有兩處：一是位於「血脈相親」部分的1949年前閩臺祭祖場景的模型箱；二是位於「風俗相通」部分的人生禮儀場景之模型箱。在祭祖場景中，展示的建築模型從左到右分別是祠堂、門廳、牌坊。幻影成像的劇情表演，展示的是一個家族的祭祀過程。我們可以看到，在祠堂、門廳、牌坊的成員站位依據「內外有別、長幼有序」的倫理道德。首先站在祠堂內，離神龕牌位最近的帶紅花的男子，一般是家族貴人，比如中舉、中進士之人。由他們來主持祭祖的儀式。之後是堂親的男性同胞。祠堂外立著帶男孩的男性親屬和敲打樂器的道士。從門廳外開始都屬於家族的女性親屬以及女性後代——也是按親疏關係從門廳外站列到牌坊外側。在人生禮儀的模型場景中，從右到左依次是廂房、廳堂、門廳。同樣是幻影成像的劇情表演，展示人生禮儀的幾個重要階段，包括誕育禮、成人禮和婚慶禮等。這些禮俗都是在廳堂的空間裡隆重舉行，在廂房內和門戶外結束、收尾。還有，廳堂不僅是家族議事、婚嫁、喪葬、祭祀祖先等儀式舉行的重要場所，而且是家族內在凝聚力和嚴整等級制度的重要象徵。比如孩子出生時，父母親戚在廳堂內等待，外戚和朋友只能在門廳外守候。還有婚嫁的時候，新人先要在祖廳內拜高堂、祀祖先，而後才能進入洞房（櫸頭間）休憩。總之，紅磚厝的整體布局以中軸線的廳堂為主，展示了「居中為尊」的周孔禮教，左右配置的房屋空間（包括「櫸頭間」和邊房），則處於等級相對低的位置。

紅磚厝的零碎場景也是按家庭等級的高低，劃分為廳堂、「櫸

頭間」、邊房空間展示。首先是廳堂的展示，表現為門廳和祖廳的模型。門廳模型位於在「血脈相親」部分的入口處；祖廳模型位於「風俗相通」的除夕夜和中秋團圓這兩處場景。祖廳位於聚落空間的中軸線上，規模最宏大、空間最高敞、等級最高貴的空間。裝飾最為奢侈和集中，這可以從上文中對祖屋神龕場景描述中可見一斑。其次是「櫸頭間」的展示，櫸頭間一般為主人起居的場所。這可以在洞房擺設的場景中看出幾分。洞房擺設的場景位於「風俗部分」，承接於人生禮俗的一系列實物和照片的展示之中。洞房擺設包括有十八堵床、花格扇屏（大房的門前一般設有屏步間，周邊用花格窗扇隔離，用於婦女在房內的活動空間）、面盆架、五斗櫃和梳粧台等木雕華麗的傢俱。最後是「邊房」的展示，體現在抬轎處的柴房和母女圍湯圓的角房這兩處建築模型中。在紅磚厝的生活中，邊房（包括柴房和角房）是婦女工作和活動的主要空間，內設有廚房、飯廳、雜間。母女圍湯圓的場景展示的是：元宵節晚上，兩位女性（母女）在角房外的過水廊吃湯圓的景象。那時候的大家閨秀一般很少上廳堂，其行動路線也有限制——前為廂房邊門、過水廊上下；後經後房、後軒。抬轎處的柴房、邊門場景說明，婦女出入要坐於抬轎內，以避開眾人視線。這都透露出禮教等級中「男尊女卑」的含義。

　　總之，這些建築符號從完整的空間布局中分離出來，零碎化為一個個獨立的場景。獨立場景將閩臺兩地在居住空間的相似性作為論述重點，卻折射出鄉土社會積澱的禮教等級。從功能的角度上講，紅磚厝作為「地方特色」而使用誇張、模擬的修辭手法建構一個地方的場所感，喚起民眾的「生於斯、長於斯」的鄉土記憶。這一記憶表現為兩岸參觀者力圖尋找的舊厝記憶、情感依託和鄉土歸屬感。對於多數福建本地人和祖籍福建的臺灣人而言，年少時居住於紅磚厝的體驗是他們共同的鄉土記憶，使得紅磚厝的符號成為喚醒閩臺共同記憶的文化線索。因此，主體建築和展品彰顯的不僅僅

是紅磚厝體現的「紅磚文化」，而是一種「飲水思源」的共鳴情感之表徵。建築外觀、場景模型、照片等等展示物，選取紅磚厝的「地方特色」的各種符號，指引觀眾對閩臺兩地民眾生活在其同一空間、環境的移情聯想，從而建立起對建築符號的認知媒介。

　　建築物的空間透過兩種方式被人接受：使用它和對它的感知，或者更確切地說，是透過觸覺和視覺的方式被感知。（華特•班雅明，攝影小史、機械時代的藝術作品，王才勇譯，江蘇人民出版社，2006年，第96頁）因此，建築正是一種體驗的藝術。其中，空間、色彩、質感都是為人所體驗的。這種體驗取決於參觀者的感知能力，而視覺無疑是最主要的感知方式。在閩臺緣展廳，設計者拼接、複製、具象、模擬而形成一個個參觀者記憶中的「生活場景」，讓參觀者在遊歷、環顧四周的視覺行動中，體驗建築切片不斷被重組、建構的原鄉情懷。置身於「閩南特色」的建築空間中，「紅白相間」的色彩、「形與曲」的建築造型、精細的雕刻和「剪黏」工藝，以及軸線對稱的房屋布局都被放置於視覺觀賞的中心，最易為參觀者的遊歷體驗所直接感知。這樣，人們在精心設計、布局、展示的建築空間中環視，在建築、實物、照片、模型中仔細品位「建築同風」的文化喻意，不難理解設計者所傳達的「閩南特色」的建築語言。

第三章　展示物的表述

——意識形態和消費文化的形塑

本章討論展覽品的視覺形象是如何在主題公園、博物館的空間中得以系統化表述。筆墨將集中在「同根同源」的話語如何透過展覽品的敘述，有條不紊地表述而成為一種貫徹前後的，有序的交流文本。正如鮑曼所說的「作為交流方式」的文化展演，這一章討論諸如企業故事、傳說、陳列大綱等形式的文本，是如何經要「淨化動機」的展示設計，讓各種有不同符號組合成的物品在新的場域中變成「同根同源」展演的一個組成部分。

第一節　直接表述：「緣」的物品分類

本節以閩臺緣博物館的主題創作實踐為中心，討論「緣」是成為博物館的展陳主題的過程，並分析陳列大綱的編寫和具體到物品的實踐組合中。這從兩方面入手，一是源自佛教術語的「緣」如何經過詞語轉義、再創造的過程而成為閩臺關係的重要表徵；二是大綱編撰專家、陳列設計師和博物館工作人員是如何將「緣」字，加以系統化，貫徹於博物館的物品組合的空間中，以直接、明瞭的方式講述閩臺兩地「同根同源」的各種關係。

一、「緣」成為展示主題

《中國百科大辭典》中對陳列的定義（袁世全、馮濤（主

編），中國百科大辭典，北京：華廈出版社，1990年，第428頁）是，運用不同的文物、標本，按一定的程式排列組合，並從不同角度給予科學的解釋，從而達到揭示主題、教育觀眾的目的。王宏均在《中國博物館學基礎》中認為，「陳列是按一定主題、序列和陳列形式組合而成，進行直觀教育和傳播資訊的展品群體」。這裡，「程式」是依照「一定主題」而進行的有指向性組合。因此，主題思想就成為貫穿陳列設計的核心線索。進一步說，主題思想是陳列內容構思、創作、確定風格和總體要求的重要依據。（中國博物館學會、國家文物局，博物館陳列藝術，北京：文物出版社，1997年，第2頁）

（一）一次爭論：「緣」還是「源」？

一個博物館的名稱幾乎決定了基本陳列的核心主題。因此，如何命名表徵兩岸關係的博物館，成為更好概括展陳主旨的一項重要內容。博物館名為「中國閩臺緣博物館」，是延用了其前身「閩臺關係史博物館」中「閩臺緣」專題展的名稱。但是，有些學者提出不同的看法，基本分歧在使用「源」和「緣」，作為陳列主題和博物館名上更為恰當。在廈門大學的教授組承接陳列大綱編寫的課題之後，於2005年1月22日到23日會議中提出「八緣」的初步陳列分類，即「史前淵源」、「血緣相親」、「隸屬與共」、「外侮共禦」、「農工商緣」、「文脈相承」、「神緣傳承」、「俗緣相通」。本次會議規模盛大，集中了省委宣傳部、省文物局、省博物院、省社科院、上海歷史博物館、廈門市文化局、廈門大學、浙江大學、華僑大學等部門和單位的48位元專家、學者。（郭冰德，閩臺緣博物館要建啥樣？海峽導報，2005-1-27）專家們各抒己見，集中討論陳列設計如何更好分類，以呈現閩臺的紐帶關係。學者莊邵冰提出用「源」替代「緣」的建議，引起與會專家的思考。他認為，「緣」的詞義與閩臺間「同源、同祖、同根」之間存在一定差距。理由大致有三點：一是「緣」為「某種原因」導致的機

遇，有聯繫的「可能性」。那麼，用「緣」來指稱兩岸關係，似乎有「不確定」之嫌。二是在習慣法中，「緣」不用於表述「起源」的意義。三是臺灣的言論中，多使用「源」來表述臺灣社會、文化等「來源於」大陸。因此，館名應變更為「中國閩臺源博物館」。而且「館內的八個緣」中，「個別的是不能用緣字」，建議「作修改」。（參見2005年1月23日會議討論的文字記錄）

最終，這一討論還是回到原點。學者們繼續沿用「緣」字作為陳列主題。原因主要是：一方面，「緣」作為閩臺關係的重要表徵，具備了難以更替的詞彙意義。另一方面，針對「緣」字是否合適的討論，在建築設計中得到進一步的調和。總建築師黃漢民（參見黃樂穎、黃漢民，源•緣•圓——中國閩臺緣博物館創作，城市建築，2006，2：21～24）在建設方案中，將「緣」與「源」和「圓」並置，力圖以諧音的方式融通三者在詞彙意義的獨特性。首先是「源」的體現，使用「水源」的基本義。建築師設計利用淺水池、建築玻璃頂上設置的「天池」。另外，龍柱浮雕、透雕者群龍，象徵「兩岸人民同是炎黃子孫、龍的傳人」。這是取「源」的引申義。其次是「緣」，分親緣和地緣兩個面向：一是使用橋的設計，表徵兩岸的「親緣關係」；二是使用紅磚、白石作為建築裝飾，和「出磚入石」的閩臺建築工藝，表現「兩地建築的相似性」，為地緣關係。最後是「圓」，具有兩種含義：一是「團圓」、「圓滿」，體現中國世俗文化中最美好的追求；二是「天圓地方」中的「圓」，體現中國傳統的宇宙觀。比如，建築中心制高點有一個圓盤設計，中庭開一個圓形天窗。還有，地板方磚由圓形圖案拼組而成。總之，透過諧音的方式，建築師設計師找到了如何解讀「緣」字，並這一主題思想融匯到建築表意當中的合宜途徑。因此，在某種意義上「緣」字融會了「源」和「圓」的兩重意義，間接擺脫了「緣」字的使用可能被誤讀的困境。

（二）「緣」的本意和表徵

如此看來，「緣」字成為陳列主題，在理論上具有難以替代的作用，甚至能指稱閩臺兩地「同根」話語的相關表徵，如「圓」和「源」。那麼，「緣」的本意為何呢？在谷衍奎主編的《漢字源流字典》（穀衍奎，漢字源流字典，北京：華夏出版社，2003年，第736頁）中，「緣」字來自於篆，表示與絲絮布帛有關。其本意就是衣服的飾邊，如「邊緣」。「緣」的引申意有二：一是緣分、因緣；二是原因、原故。在表徵關係、聯結一類的意義時，「緣」字多取引申義，如「緣分」、「緣故」。其中，「緣分」在表述事物聯繫時候，在古往今來中的文本中用得最多、最廣。從物的「邊緣」到關係的「緣分」，這與佛教裡的「緣起」說有著必然的聯繫。在佛教經典中，「緣起」是指世界萬物均處於因果聯繫之中，並依一定的條件產生變化。佛教以此來解釋世界、社會和人生的各種現象，及其產生的根源。而「緣分」被認為是萬物都由因果關係聯繫著，具有「命中註定、不可違背」的宿命論味道。（黃霖（主編），金瓶梅大辭典，成都：巴蜀書社，1991年，第825～826頁）這樣，「緣分」多被用在機遇上，存在某種必然聯繫的機會和可能性。在《辭海》中，緣的翻譯詞，經常與「因」（原因）合在一起用而成為「因緣」，與上面的機遇同義。由此得出，「緣分」是佛學說在中國文化中的一種應用。它代表更多的是人際交往中的關係締結。而這種締結建立在「某種必然存在的相遇的機會和可能」基礎上。在中國傳統文化裡，人們經常相遇，被看作一種「有緣」。而這種「有緣」是「天註定」的。「緣分」不僅局限於人與人的關係，而且被進一步引申為「交換」的意義。比如，學術上的交流、情感的交換。

　　「緣」又是如何成為聯繫閩臺關係的表徵呢？這要從「緣分」的詞源作為追溯的一個重要突破口。首先，「緣分」具有宿命論的色彩，相信關係的締結是「命中註定」的。這不僅來源於佛教的思想，而且與漢人的稻作文化有關。在福建到臺灣的早期移民當中，

他們先是將農業耕作技術和生產方式移植到對臺灣島嶼的開拓中。隨著移民數量的漸增，包括社會組織、宗教信仰、商貿經營、文教體制等等，一併帶到臺灣中。「緣分」的觀念迅速根植到大陸和臺灣、中原文化和島嶼文化之間的互動當中。這就具備「緣分」的第二層意義，即「必然存在相遇的機會」。之後，清朝中後期的幾次移民潮的大規模湧入，代表漢文化的各種要素也不斷衝擊、融合到臺灣社會當中，呈現出兩岸文化的諸多相似性。而這一種相似性，都被認同是來源於大陸，「根在中華」。

　　最近一次大規模的移民活動，可以追溯到中華人民共和國成立前後。當時，國民黨軍隊攜家屬一併「逃逸」到臺灣。在之後很長一段時間裡，兩岸呈現對峙的政局。可以說，當時的臺灣和大陸包括在經濟、文化、商貿等方面的交流，基本上處於停滯狀態。這一不利狀況的持續，直到1978年後才明顯改觀。這一時期被稱為「鄧小平主政」的新時期，開始將「一國兩制，統一中國」作為解決兩岸問題的基本方針。隨後幾年，中國政府開放臺灣「同胞」到「大陸探親」的政策，臺灣民眾逐漸崛起一股到大陸「尋親」、「認祖」的熱潮。與之相對應的是，臺灣文學界出現了「尋根文學」（臺灣的「尋根文學」最早可追溯到日據時代。由於殖民困境，讓臺灣人產生「孤兒」意識，融入到抗日作家的筆下。而到了臺灣光復後，長期累積的漂泊心理，逐漸聚合成對「故土」的思鄉筆墨。1970年代，作家余光中的《鄉愁》，崛起文學界的再一次尋根創作的熱潮）的敘事轉向，以至成為一種瀰漫著悠悠鄉愁的寫作關懷。基於對現實素材的發掘和整理，他們將筆墨集中於兩岸親人「思親」、「尋親」，和「認親」的各種文本創作當中。與此同時，大陸學者也採用類似的筆調，描述大陸和臺灣間的親人聯繫。姚韞在「同根異脈、同名異質」（姚韞，同根異脈、同名異質，瀋陽教育學院學報，2005，4：9～13）一文認為，臺灣的「尋根」文學繼承了「漢文化的遺傳」，表達對「遠在大陸」親人的深深眷

念。這樣，親人聯繫成為「緣分」的又一個引申義，產生了「親緣」的新概念。

基於閩臺兩地文化、經濟等更多方面的相似性，「緣分」的引申義也不斷被學術界生產著。比如，表徵臺灣人共同來自於大陸，具有共同的居住習慣，被稱為「地緣」；表徵臺灣人從福建帶去大量民間宗教和信仰，被稱為「神緣」；而「風俗」對應的是「俗緣」，等等。以此類推。正如上海創超公司撰寫的「內容設計思路」（參見中國閩臺緣博物館（編），第七屆全國博物十大陳列展覽精品參評材料（2005—2006）（上冊），中國閩臺緣博物館，2007年，第53～56頁）一文，是在更廣泛的相似性中看待兩岸的「緣」關係。首先是「福建是臺灣同胞主要祖籍地」，為「血緣」關係。他們到臺灣後，進行的是「複製家鄉熟悉的生活空間」，為「地緣」關係。在「開發建設臺灣」的同時，傳播中華文化，帶去「故里崇拜的神明」——「神緣」、早已習慣的民情風俗——俗緣；同時還延伸了大陸商業貿易活動範圍——「物緣」、「商緣」。還有，就是政治局常委李長春同志在視察原閩臺關係史博物館時提出的「法緣」關係，表徵大陸和臺灣的行政隸屬關係。

（三）「緣」的融通

「緣」作為主題思想得到來自專家、學者的認同，焦點轉移到在如何分類和表述「緣」上面。2005年7月18日舉行的專家會議，集合了30多位元省內外學者的共同磋商。就在11月2日這次大型研討會上，與會者初步確定了中國閩臺緣博物館陳列大綱，並將博物館的大綱編寫思路改為「五緣」，主題凸顯「臺灣自古是中國的領土，閩臺同屬中華一統」。這與福建省針對海西提出的「五緣六求」的政策方針保持前後的一致性。福建省委盧展工提出的「五緣」，即「地緣（這裡的地緣與前面共同居住的概念不同：意指在遠古時代臺灣和大陸曾有過陸橋作為地理學上的連接）相近、血緣

相親、法緣相循、商緣相連、文緣相承」五個部分。實際上，2005年1月23日的會議中，就曾針對原先的「八緣」改為盧書記提出的「五緣」，進行過多次討論。這表現在：一是將「隸屬與共」和「外侮共禦」合併到「法緣」中；二是把「文脈相承」、「神緣傳承」、「俗緣相通」三部分合併為「文緣相承」一個部分。

　　另一方面的問題，是如何將陳列大綱的文字轉化為視覺化的藝術場景。這主要由上海創超公司的設計師與博物館籌建處的工作人員共同組織和負責。他們將一起到現場勘察，並磋商如何將「緣」的主題思想，融化到物品展現的具體實踐當中。這其中，籌建處工作人員主要負責文物、實物的上架和擺放；而公司的設計師集中於場景、模型一類的人造景觀的藝術創作上。在申報「第七屆全國博物十大陳列展覽精品」中，設計師就這樣寫道：「本陳列堅持科學性、學術性、真實性與藝術性相統一，突出『根』與『緣』一脈關係，在『共』與『同』上做出文章。」

　　具體說，這一「根」和「緣」的主題思想可以分為七個部分（參考中國閩臺緣博物館的參評資料——PPT演示資料）：第一部分「遠古家園」，使用沙盤再現遠古時期海峽的陸橋相連。這是從地理學上呈現大陸與臺灣的聯繫。第二部分「血脈相親」，重點展現「唐山過臺海」、宗祠模擬建築、1949年祭祖幻影成像等，展現漢人移民過海到臺灣開放的歷史真實，突顯臺灣的漢人移民與大陸漢人之間的血緣紐帶。第三部分為「隸屬與共」，使用「黃色琉璃頂、紅色宮牆、青石牆基組成」的建築模型，「象徵歷史上中央政權對臺灣的統轄」。在後半部分透過錄影資料、劇場表演的動態形式，展現「可歌可泣的英雄業績」。這兩條線構成歷時軸線上，臺灣和大陸「中央政權」的行政聯繫。第四部分為「開發同功」的場景關注真實建築物的再現，強調「鄉土耕作」和「商貿往來」，展現兩岸在物資流動上，大陸和臺灣的雙向「商緣關係」。「文脈相承」和「諸神同祀」分別塑造儒家文教和宗教朝拜的不同氛圍，

以文教、禮儀、信仰「根」在大陸,「流」在臺灣為主題敘述。最後一部分「風俗相通」,採用觀眾參與性極強的方式,「在娛樂和參與中體味兩地的親近」。這部分雖然敘述的是「俗緣」,卻融合了「神緣」、「血緣」的各種「緣」的因素。特別最後一個模擬建築空間(本文稱為結束廳),「突出『鬧』、『喜』的氛圍」。將「各種團聚喜慶節日,共同組合在圓型穹頂之下」,以期盼兩地「親人早日團圓,共同振興中華」。這寓意閩臺兩地民眾「共同生活」在同一片藍天下,具有脫不開的「緣」的關係。

二、陳列設計的分類實踐

博物館確定陳列主題以後,對陳列目標和效果都有某種設想,比如陳列規模、類型、格調、樣式等。那麼,如何將設想轉變為現實,就需要實踐設計過程的全方位介入,包括設計圖的繪製,以及對人員調度、陳列效果、工藝技術、時間安排,等方面的綜合評估。

(一)任務分派

確定陳列藝術設計方案的依據是陳列大綱。而閩臺緣博物館的陳列大綱是將「緣」的主題思想和閩臺淵源關係的呈現,「具體化」為文字敘述當中。這種「具體化」依照一定的「邏輯關係,時代順序、地域方位」進行排列。大綱的主題和陳述的事件、人物、形象都具有內在的聯繫性,透過直觀表現的方式展現在所有參觀者面前。

博物館學者趙春貴認為,陳列大綱的成熟與否影響到藝術設計的思路。可見大綱對博物館展示的重要性。閩臺緣博物館的大綱編寫(參見林仁川、黃福才,關於承擔泉州市「閩臺緣博物館」展覽內容規劃任務的報告(內部資料),中國閩臺緣博物館,2005-1-

2）十分慎重，特別邀請廈門大學臺灣研究院的臺灣史學專家參與。其中，林仁川教授、黃福才教授負責此項課題。課題組成員包括顏章炮教授、鄧孔昭教授、楊彥傑研究員、林忠幹副研究員等人。課題組於2004年12月22日與原籌建處進行接洽，當月24日編寫報告書。在這篇報告書中，陳列規劃任務被分成五個階段：

  第一階段，擬定2005年1月15日完成，提交供座談會（研討會於2005年1月23日～24日召開）討論的展覽綱目；

  第二階段，擬定2005年3月底完成，作面上調查摸底、徵集文物並擬出赴臺調查的計劃；

  第三階段，擬定2005年4月份完成，編寫具體的展覽內容、陳列細綱；

  第四階段，擬定2005年6月底完成，在籌建處、有關專家意見的基礎上修改細綱，使之更具有操作性。

  第五階段，擬訂從2005年7月到開館前完成，任務是與展覽技術人員（設計師）一起，參與指導展覽內容、效果的實踐任務。

  由於中國閩臺緣博物館定於2006年中國春節正式開館，並要求要達到「一流國家級博物館」的水準，有關部門決定將陳列藝術的設計與博物館大綱編寫過程同步進行。在一份項目委託書裡，上海創超公司承擔了主要的歷史陳列的設計項目。專案負責人為總設計師費欽生研究員，而副總設計師蔡筱明，高級設計師胡小兵兩人負責具體的陳列設計工作。委託書擬訂於2005年5月和7月份，兩次提交陳列設計檔：一是初步設計檔，包括平面圖、觀眾參觀流線圖、展示效果圖、設計理念說明文本、演示光碟；二是深化陳列設計檔（每一展廳、展牆、展板、展櫃的布展平、立面圖）。最後，委託書還擬定於2005年9月25日前，組織有關人員對深化陳列設計進行評審、確認。

上述兩份檔詳細記錄了陳列大綱設計和陳列藝術設計的各種計劃和安排，但限於工程緊、任務重、內容多等各方面的原因，專家、領導、工作人員一起全力參與到大綱編寫和藝術呈現設計中，各股力量都在為塑造好「同根同源」的文化展演都經歷著各種考驗。

　　（二）分類的實踐

　　1.陳列大綱：「修改、再修改」

　　在2005年1月23日，編寫課題提供了「中國閩臺緣博物館」的初步陳列大綱，作為研討會討論的主要議題。會議上，全國政協港澳臺僑委副主任何少川希望，下一步的建設中「要充分依靠集體、群眾的智慧，各方繼續共同努力，把各項工作做得更加完善」，最終目標是建立一個「現代的、高水準的、有特色的博物館」。（專家建議博物館建設應遵循六原則，泉州晚報，2005-1-24）博物館籌備處也組織臺灣史研究專家，到福建省內各地、市調研，並到北京國家第一、第二歷史檔案館、中國抗日戰爭歷史紀念館等地，查閱資料並複製文物，同時到臺灣進行相關的考察和調研。陳列大綱不斷被修改，達到20餘稿。最後的定稿被報送到福建省委宣傳部進行審查，並上報中共中央宣傳部。最後的稿件彙集中共中央臺灣工作辦公室（宣傳局）、國家文物局博物館司、中國社會科學院辦公廳等單位的意見，最後以福建省委宣傳部正式檔的形式（參閱官方檔，閩委宣函〔2005〕46號），轉發回泉州市委宣傳部。課題組根據以上部、司局意見再進行認真修改，最後經審查後交由形式設計單位布展。開館之前再由中宣部宣教局與國臺辦、國家文物局和中國社科院等部門的有關領導和專家組成審定組到泉州，對中國閩臺緣博物館的建設、展覽內容與布展進行審定。（第七屆全國博物十大陳列展覽精品參評材料——閩臺緣博物館（2005—2006），中國閩臺緣博物館，2007年1月）

閩臺緣博物館的設計與修建傾注了包括政府和社會各界的全部心血，20多名專家教授歷經8個多月時間，20次修改完成。這也是臺灣史專家將多年研究成果進行物化的重要體現。陳列稿修改次數很多，變動比較大包括前後兩次，但都緊緊圍繞著如何將「緣」字系統化為陳列綱目。第一次，初步陳列大綱提出「八緣」的劃分，依次為「史前淵源」、「血脈相親」、「隸屬與共」、「外侮共禦」、「農工商緣」、「神緣傳承」、「俗緣相通」、「風俗相通」。整個展覽分為基本陳列和專題陳列。其中，基本陳列包括中華源和閩臺緣：中華源講述兩岸關係的歷史和現狀，還包括對法緣部分的權威性概述；閩臺緣講述上面的「八緣」關係。專題陳列則包括鄭成功與施琅、霧峰林家的故事、臺灣閩人故里與宗譜查詢、當代閩臺的經濟文化交流四部分。這次的修改是在2005年11月2日，陳列大綱已被確定，整個博物館大綱編寫思路根據盧展工書記的提出的「五緣」關係（地緣相近、血緣相親、法緣相循、商緣相連、文緣相承）劃分。分為七個部分二十一單元，主題則「凸顯臺灣自古是中國的領土，閩臺同屬中華一統」。前四緣（既地緣、血緣、法緣、商緣）單獨各作一部分，即「陸橋相連、血脈相親、隸屬與共、開發同功」。文緣內涵較多，分設三個部分：文脈相承、諸神同祀、風俗相通。將前面「中華源」分解為「序廳」和「結束語」兩個篇章，強調「臺灣是中國領土一部分」，以及兩岸人們風雨同舟，「有唇齒相依之感」的主題思想。最重要的是，根據中央領導下達的指示，「祖國大陸人民和臺灣同胞抗日的關係，日本殖民統治臺灣，『臺獨』勢力與日本軍國主義的關係」這三部分被特意強調出來。籌建部門按照這一精神對大綱再修改：在第三部分「法緣」（隸屬與共）中增加一個單元，以「強調堅決反對臺獨，維護祖國統一。」（陳智勇，中國閩臺緣博物館陳列分七部分，泉州晚報，2005-11-3）

　　不難看出，陳列大綱的修改傾注了領導、專家和學者多方面的

智慧。「緣」的主題思想經過多次融通的方式：最初的幾次修改力圖強調故事的情節敘述，分類按照「八緣」的方式安排。具體的物品分類和陳列實踐中，表現文緣部分的物品收集量最多，因此統一到盧展工書記所提出的「文緣相承」部分。法緣部分最初是被分解為「隸屬與共」、「外侮共禦」兩部分。由於意指、立場不明確等原因，也被統一到政治話語中「法緣」的劃分。正如陳副館長所介紹的那樣，二層展廳命名為「閩臺緣」代表了官方的的「大傳統」，餘下的民間故事的情節敘事屬於「百姓」的「小傳統」。這些表徵小傳統的展覽品，需要另外化歸到三層的「鄉土閩臺」特展（在我的調查期間，「鄉土閩臺」特展一直不對公眾開放。所以，本文沒有涉及這部分的專門討論）中。總之，陳列大綱的修改過程，無處不滲透著話語的權力。知識的表述方式、途徑以及邏輯，都集中被一再安排、分割和重組，直到兩者在各個方面上達到一致的契合。

2.展陳設計：思想與創作的統一

在陳列大綱定稿後，接下來的工作包括三部分：一是以實物和模擬場景，表現陳列大綱的內容；二是編寫標題、題版、展品的文字說明；三是徵集文物，尋找對應陳列大綱的相關文物、實物。其中，文物徵集主要有籌建處的領導和廈門大學臺灣史專家共同完成，並透過「泉州晚報」和有關電視台、網路資訊向泉州市民發布徵集物件的資訊。原因是，有關文緣方面的實物很多，特別缺少反映地緣、血緣、法緣方面的原物。對此，原籌建處的孫老師告訴我，「我們工藝品收集的最多，你可以去看一看。我們透過一個部分來敘述兩岸的關係，相對系統些。工藝品部分文物多，而其他部分相對少。許多是複製品和照片，沒有真品。」在徵集工作中，專家和學者普遍感覺到，在民間徵集專項的涉臺文物不多。更重要的是，根據大綱規劃，「我們的文物必須要能說明一個問題。」當一個對臺問題沒有與之配套的實物展示時候，要麼「用複製品代

替」，要麼就設計一個模擬場景。

　　對於複製品替代的問題，籌建處的孫主任表達了這樣的遺憾：「一是大綱裡許多照片中的物件在許多博物館、檔案館裡查不到，二是從臺灣採集的展品數目不多。」就第二點而言，模擬場景的設計主要由上海創超設計公司承擔項目。他們在設計中，基於忠實主題的原則上，綜合展品、文字、模型、場景、音像等多元性展示手法，充分將聲、光、電等各種高科技手段介入，塑造意實結合，動靜相宜的氛圍。在一篇「關於中國閩臺緣博物館展覽大綱布展內容和布展形式的參考意見」中，設計者將「緣」作為核心思想，著重分析了藝術呈現的五種方式：

　　（1）對比方法：將臺灣和大陸閩南的文物（包括生產工具、戲曲樂器、民俗用品、所敬奉神佛等）和兩岸民俗活動、寺廟等照片進行展示對比。從對比中鮮明感受到兩岸同宗同根同源。這個方法，可主要體現血緣、文緣、俗緣、神緣，等內容的表現上。

　　（2）實物展示方法：使用文物、文獻、生產工具、宗廟、神佛、工藝品、舊照片等來展示所表達的主題，作為文字說明的證物。

　　（3）造景展示方法（即本文所說的模擬場景，包括自然環境的類比和人工建築物的類比）：就是可以按一定比例塑造大陸與臺灣的地形圖，或者在展館建一個真實大小的古代臺灣或閩南的舊街或舊村；用模擬人物、真實的傢俱、生產工具、服裝民間工藝品、戲台等再現閩臺相同的民間家庭有關婚、喪、喜、慶等民俗活動風情。或者塑造一個鄭成功收復臺灣、荷蘭投降，施琅統一臺灣海戰的實景等來表現主題。

　　（4）聲、光、電演示展示方法（比如幻影成像）：在各主題、專題展館除了用文字、圖片、實物展示外，可用現代科技手段，結合造景做一些鐳射「3D」的活動人物或重大歷史事件的再

現圖像，用電視、電影、電腦演示，表現各個展館、實物文字難以完全表現的內容，提高展示效果。

（5）與參觀者互動的展示方法：可安排一些能讓觀眾參與活動（這一部分隻留「逛花燈」的互動節目，其他的互動設計放在三樓的「鄉土閩臺」的專題展廳內。由於該展廳一般不對外開放，所以不作為本文的討論主題）的內容。比如，木偶戲台、南音演奏、茶藝表演、製茶工藝、陶瓷工藝、踩水車等等，既能滿足參觀需要，又能讓觀眾參與活動，從中體會到樂趣。

這些藝術化的展陳設計力圖透過高科技的手段，形象、生動地塑造「緣」（公司總經理李俊傑說過，布展的關鍵是怎樣才能將歷史性、藝術性和可觀賞性完美結合，而這主題就是一個「緣」字）的景觀，使用更貼近人性的方式，如類比生活環境、製造真實感強的聲、光、電演示，目的是讓臺灣同胞和大陸民眾形成情感共鳴。正如莊能順在接受記者採訪時所說的那樣，為的是「兩岸參觀者感同身受，從而產生內心的情感互動」（引自記者對宣傳部副部長莊能順的採訪。參見「參與閩臺緣建設為人生幸事」，泉州晚報，2005-9-20）。

3.「泉州速度」、「福建速度」

陳列設計計劃在2005年5月中旬完成博物館內部裝飾方案，而文物徵集預計在6月底基本完成。2005年9月初正式布館，12月底竣工開館。前後建設時間只有一年半的時候，同時布展設計、文物徵集和上架都在同時舉行。許多媒體（比如，香港大公報，2006-5-31（特刊）；福建日報（參見阮錫桂、方承，閩臺情緣、血脈相連，2006-5-26）都驚歎，這是「中國博物館建築史的一個奇蹟」。根據專家學者的經驗，一般的博物館建設至少花費3—8年的時間。但中國閩臺緣博物館從2004年11月24日中央領導提出建館意見，到次年5月27日竣工開館，只用了一年半的時間。不僅如

此，許多專家組、評估團到博物館視察，都認為這是「奇蹟」，勘稱「泉州速度」、「福建速度」。有意思的是，許多媒體甚至認為，建築和陳列奇蹟的發生是由泉州人「愛拼敢贏」的性格決定的。

可以用兩隻手來概括「速度」，即「一手抓場館建設，一手抓文物徵集、整理、展館設計。」不僅建築要奔國家最高獎「魯班獎」，而且布置也按「國家一流」的設計進行。然而，在「高速」建築的宏觀背景下，陳列設計不免有遺憾之處。上海創超公司總經理李俊傑就認為，設計「一直在搶進度」，整個展示設計「才花了4個月」（報訊，「千人湧入閩臺緣博物館」，東南快報，2006-5-28）。陳主任（為尊重訪談者的意見，此為化名）回憶起當時的情景：「……時間很趕，那天開館剪綵的時候，我們有許多東西還在調整。你想，一年半的時候，工程還沒完全結束。（博物館）外面還在裝修，（展廳）裡頭就開始在做陳列櫃。」陳列、裝修和建設並行，導致一些問題的出現。一方面，陳列品許多是文物，上架之前臨時停留在大廳內；另一方面，裝修工作的工人經常出入，那極有可能發生物品丟失的事情。不僅如此，由於工程緊張，許多地方就不能盡善盡美，只好留到開館後再慢慢調整、完善。對此，陳主任舉了一個例子：「有的東西（陳列大綱設計到物品的具體放置，都依照「同根同源」的兩岸關係作為線索，緊緊圍繞著「緣」的主體思想。閩臺緣博物館正是以權威的敘）設計到最後確定擺放位置，只是在最後一個月臨開館前。還有沒有找到實物對比照片，只得臨時湊合。另外，有的遺憾留到了開館以後才發現。」比如，物品「擺放的次序出現問題」，或者「出現爭議」，陳列設計和具體展陳只得再根據上級的意見做靈活的調整。

三、物品擺放的「純潔化」敘事

总之，各种物品以围绕共同主题「缘」的方式呈现自我，是在替代、取消与主旨相冲突的其他解释之基础上达成的一种契合。换句话说，所有物品以相同的意义合力呈现「闽臺文化」的同质性，透过美学的设计思路赋予「科学」的内涵，最终是为了重新整合成一个「同根」的符号系统。这一系统为「一个中国」的国家话语所形塑，并影响和引导著与展品安排有关的各种实践活动。

从陈列大纲设计到物品的具体放置，都依照「同根同源」的两岸关系作为线索，紧紧围绕著「缘」的主体思想。闽臺缘博物馆正是以权威的叙事方式和叙述逻辑赋予物品组合意义。从外观到内部、从序厅到结语部分，所有的物品按一定的线索组成，成为目的性极强的叙事文本。然后，透过文字、声音、光线等一系列手段作为视觉呈现的技术衬托，遵循即定的观念和分类原则，不断生产著物品的特定意义。本博物馆实践中，所有的文本生产者，包括规划师、展陈设计者、文物摆放者、协调工作者，等等，都被捲入到巴特（Roland Barthes）所称的「神话」制造过程。这些生产者的编码形态，渗透著自上而下的知识权力和技术安排。在这一点上，与亨利埃塔・利奇对大英国博物馆的分部「天堂」展的陈列研究有几分相似之处。他认为，「天堂」的陈列不是无序地摆放物品，而是高度建构的事件。其目的是表徵瓦解人的现实，确是在控制和改变中将之「自然化」。（亨利埃塔・利奇，他种文化展览中的诗学和政治学，见史都华编，表徵，徐亮、陆兴华译，北京：商务印书馆，2003年，第179～182页）这类物品的陈列方式，与其说是反映客观世界，倒不如说是设计者有意识地调动过去、当前世界的各种表像。在本研究中，闽臺缘博物馆努力用声、光、电等现代化技术手法再现有关臺湾和福建之间的历史。这就需要不断调整物品摆放，从而再编排展演文本。比如「再时空化」的过程，就是将不同历史时期的物品根据主题思想的需要进行跨时空的对比。据此，设计者才能打破时间的束缚，艺术化地在当下呈现两个区域文化之间

的有機聯繫。這一重新編排的方法，主要體現在閩臺緣博物館的兩種實踐中：一是收集和展示真實存在的歷史文獻和文物，作為演說「事實」的「物證」；二是利用仿製材料模擬當時、當地的環境、人物和物品，以演繹的方式再現「過去的事件」。無論以何種途徑，其背後折射的是意識形態對「祖國大一統」的政治訴求，自然成為博物館敘述敘述兩地存在千絲萬縷聯繫的展演符號。

當物品單獨陳列的時候，它的意義並不能直接構成完備的敘事體系。但是，當許多具有同質性的物品，按照既定的邏輯方式排列時候，零星的符號集合將彙集成一整套合乎理性的論述結構。這正是巴特（Roland Barthes）的神話學理論（參閱巴特（Roland Barthes），今日神話，見巴特、尚•布希亞等著，形象的修辭，吳瓊、杜予編，北京：中國人民大學出版社，2005年，第1~35頁）的精髓所在。編排物品的次序，放在主題感很強的博物館環境中，是為了讓展品賦予「純淨」、「永恆」的語境中，自然化為「物證」符號的表徵體系。（在巴特看來，神話並不是謊言和告解，而是一種符號意義間的轉換，讓歷史變成自然之物，而暫時之物成為一種「永恆」。見巴特（Roland Barthes），今日神話，見巴特、尚•布希亞等著，形象的修辭，吳瓊、杜予編，北京：中國人民大學出版社，2005年，第23頁）在本研究中，新的論述結構不僅密切地依附於主流意識形態，而且使用一種大眾悅納（這體現在「緣」、緣分的觀念為兩地民眾所熟知和接受）的方式向參觀者展演傳播臺灣文化，特別是臺灣與福建「同根」的源流關係。物品的論述結構強調「物證」敘述歷史記憶的確然性，加上展覽場景仿製和再現「過去」的場景，以情景化的手段共同建構國家秩序和社會倫理在閩臺兩地的一體化的圖景。這些還原歷史場景的目的，正是文本敘述展演化的重要途徑，是人為地透過當下空間與過去「事實」進行的跨時間聯結，以啟動一組同類型的共同觀念。這一組同類型的觀念正是透過視覺展演的可見方式，向參觀者傳遞不可見觀

念蘊涵的各種意義。

第二節　含蓄表述：「正宗」商品的「同根」展覽

　　每個到臺灣民俗村的遊客，在購買門票的時候，都會收到一份購物中心的宣傳單。上面的幾個墨字十分顯眼：「花錢就要買真貨」，在右上角有一個棕紅色的章印，上書「正宗」二字。那麼，什麼是正宗呢？

　　劉揚忠在《宋詞大辭典》（王兆鵬，劉尊明（主編），宋詞大辭典，南京：鳳凰出版社，2003年，第833～834頁）中注釋有：「正宗，本是佛教禪宗用語，特指初祖達摩所傳的嫡系宗派。後用來泛指學業技藝的嫡傳正派。」《溫病條辨・王章忠序》寫道：「二千餘年之差謬，至此而得其正宗，未始非蒼生之福也。」宋代的陳師道在《清岩化禪師疏》寫道：「紹雲門之正宗，入慧林之半座。」其中的「正宗」一詞，都為的嫡傳正派，師承一脈。范正宇進一步說明了現代社會如何理解「正宗」。他注釋道，「正宗觀念對中國文化的影響甚深。至今，無論商家的名牌工程，還是消費者購買商品，均極重視工藝、品牌的正宗性。」（馮天瑜（主編），中華文化辭典，武昌：武漢大學出版社，2001年，第30頁）同時，在英漢對譯中，「正宗」也被翻譯成authentic，強調事物的本真性，值得信賴。可以看出，「正宗」一詞有兩層含義：一是「正統」，強調技藝、學術的嫡傳正派；二是與「真實性」一詞類似，強調商品產地、工藝、品質等方面的資訊真實。

　　由於閩臺兩地在工藝傳承方面，基本師承一脈，屬於「嫡系宗派」。那麼，臺灣商家在推廣、展演所謂臺灣「正宗」商品的同時，透過建構商品的傳奇故事，敘述工藝過程，是在直接或間接地

承認產品是「源於大陸」這樣的歷史事實。在這個意義上，臺灣商人正努力賦予商品「正宗」概念和背後的文化意義。同時，從展示的商品的各種文本，包括說明書、企業傳奇，產品來源考正的分析上，都無不以含蓄意指的方式表述著「同根同源」的主題思想。

　　本節的討論將圍繞展覽策劃者如何以「正宗」理念，進行符號編碼的意指實踐。首先敘述策劃者是如何選擇供展覽的商品，以及背後的用意；其次，討論商品的「舞台化」設計思路，包括週邊張貼海報的第一印象，以及內部商品構建空間安排的主題思路；再次，討論商品說明書、企業傳奇，展示設計這些文本在表述「正宗」的同時，敘述「同根同源」的歷史記憶。最後，我將指出含蓄意指的實踐背後，是企業主對在地市場的一種策略性考慮。

一、採購：選擇「熟知」的商品

　　擔任購物中心策劃的黃經理（本節所稱黃經理為企業主黃景山的兒子），也負責臺灣商品入廈的採購專案。可以說黃經理是這裡的項目負責人，包攬了從商品的選擇，聯繫廠家、分銷商，直到商品搬運到民俗村購物中心展出的整個流程。他在談到任何選擇展示的商品時，黃經理很坦誠，「我們是臺灣人，所以曉得金門三寶，就是菜刀、貢糖和高粱酒。相信這在大陸也是家喻戶曉的特產。我們在金門多方瞭解，看看哪些適合做旅遊產品。」（參見對黃經理的訪談筆記，時間2007-7-16）之後，他又做了補充，「......是根據（中心）的主題選擇有關的商家和商品。我們本身不是買這些東西的專家，請他們這些專家來買比較好啦。但是，產品選擇必須以我們村的主題為準。」不難看出，這個商品選擇的主題就是商品要「家喻戶曉」和被在地市場所「熟悉」。因此，「熟悉」是民俗村展示臺灣商品的重要交換符號。在後現代社會，人們消費的不僅僅是物質本身，更是在消費物品背後的符號。正如布希亞（Jean

Baudrillard）對後現代消費所定義的那樣，「有意義的消費是一種符號操作行為」。（尚•布希亞，物的體系，見馬克•波斯特（編），尚•博多里亞文選，加利福尼亞：史丹佛大學出版社，1988年，第21～22頁）

　　作為經常往來與廈門和金門兩地的黃經理，深知商品熟悉度的重要性。從臺中太陽餅、一條根到金門三寶，都是廈門消費者熟悉的商品。臺灣的商家已經藉助電視、海報、電影、名人促銷、上門服務，等等的各種傳媒途徑，向廣大的大陸消費群體推介和塑造了所謂「臺灣商品」的整體形象。傳媒的影響是巨大的。一時間，「金門三寶——菜刀、高粱酒、貢糖」、「機器貓愛吃銅羅燒餅」成為廈門孩童日日聯唱的順口溜。臺灣商品充滿了大街小巷，形成各種「臺灣風味」、「臺灣特色」為招牌的商業一條街、旅遊步行街。在導遊的慫恿下，每個來廈門的遊客都知道要買「正宗」的臺灣商品，而到廈門是目前最可靠的途徑。就這樣，大陸消費群體已經為臺灣民俗村預備好「臺灣商品」堅實的市場感知基礎。

　　面對目前品目繁多的臺灣商品，黃經理感到很有壓力。表現在以下兩點：一是將自己的商品與大陸其他的「臺灣商品」做明確的市場區分；二是和民俗村的文化主題「促進兩岸文化交流」進行合理的聯結。就前者而言，黃經理的定位很明確。他指著宣傳單上的小海報對我說，「這些產品和海報與金門當地賣的一模一樣，給遊客的印象就是真實。」（參見對黃經理的訪談，時間2007-7-16）在他看來，這一商品的「真實性」建立在原產地臺灣生產，並直接運到廈門進行銷售的供銷流程當中。對此，他進一步解釋說，「第一點，我們（到臺灣）實地拍攝一起相關的產品資訊，然後帶到民俗村來。」這些文字、圖像資料可以為遊客提供一種「真實」原產地的想像。第二點，「到金門當地做考察，那裡金門的導遊會先給遊客介紹一些金門的景點和特色商品，然後（把當地的商品）直接帶到這些購物店裡面。」從這一點來看，黃經理的言語中關注身體

實踐的證明方式。即透過「到過現場」和「眼見為實」的「見證」方式，強調商品的在地屬性。他還補充說，購物中心的錄放設備在不斷更新當中，陸陸續續會補充更多的「現場產品的製作展示」。公司希望到訪的每個遊客，透過觀看「在那邊」現場製作商品的流程，直接用視覺和聽覺甄別「這些（展覽品）是否正宗」。就後者而言，他清楚意識到商品也是「文化交流」的一種重要形式。所以，他反對市面上充斥的假貨。在談到金門貢糖時，黃經理很認真地告訴我，「......所以你可以看到（產品）在金門業主中多元化發展，導致原本來自廈門、福建的貢糖在金門會比較暢銷。基本上，許多旅遊業會推出金門貢糖，但是在外邊許多店家都是廈門產的。你可以到（廈門的）和平碼頭上找到許多家。」他還強調，「你知道，這些東西（特產）真正在市場上看到的，難聽點的說法就是『假冒』、『仿冒』的產品。」

總之，黃經理的現身說法，以及帶來的對原產地的各種文本資料，無不在敘述著一個詞「正宗」。而「正宗」的商品選擇，首要建立在地市場對臺灣特產的「熟悉」的市場感知上面。接下來，為商品的「正宗」敘述創造一個戲劇化的語境，營造商品展覽的視覺空間，就成為必要的環節。

二、商品的「舞台」

購物中心原來是閩臺根雕展覽館。黃經理來廈門臺灣民俗村後，覺得可以用這一空間作為臺灣商品的賣場（臺灣的習慣稱謂，用以指那些展覽、銷售商品的空間實體）。展示設計突出主題，是透過展覽品和空間環境的各種表述手法向參觀者進行傳遞。對賣場的設計和裝修可分為室外空間和室內空間。室外的設計強調臺灣的文化圖景（這裡的「臺灣想像」是一個視覺複合體，由大陸遊客所熟知的形象集合而成，涉及臺灣的明星、臺灣島地圖、臺灣特產各

種表徵臺灣的消費符號。這些符號透過各種媒介機構經選擇、改裝後傳播，再透過特定受眾的觀看觀點、消費實踐而得以認知）對觀眾的眼前吸引，以建立消費關係的第一印象。而室內的裝飾，包括場景布置、商品系列的安排，是以「親和力」為主題製作室內空間的主要氛圍。在人類學家瑪麗•道格拉斯（Mary Douglas）看來，現代社會的物品消費好比是不斷確認「公共意義」的儀式活動。這其中，所有的社會範疇和規則被確定下來，並不斷再生產。（瑪麗•道格拉斯、貝倫•伊舍伍德，物品的用途，見羅鋼、王中忱，消費文化讀本，北京：中國社會科學出版社，2003年，第51~66頁）在民俗村中，購物中心的環境的塑造以「親和力」為主題，正是設計者力圖為參觀者營造的「家」感覺。那麼，參觀者挑選物品的消費行動，也就成為對「正宗」符號的「公共意義」之體認，共同參與到隱含其中的「同根」話語的解讀實踐當中。

（一）吸引眼球的周邊：臺灣購物中心的第一印象

先從我在2006年7月份在田野調查時對購物中心的第一印象說起。以下內容取自於田野筆記：

從娜麓灣劇場觀看完表演出來，我信步於田間。突然，我想到「臺灣日月潭」看看，在興奮之餘安享「臺灣」風光片刻。沒走幾步，不遠處一座圓穹型建築深深地吸引我。這是一座帶有塔式屋頂，八面白灰牆圍合的獨立建築。白牆上貼滿了形形色色的宣傳畫，而其中「臺灣特產購物中心」的隸書字額外醒目。我環行於建築周邊，發現宣傳畫使用格調一致的繪圖背景——大範圍的淡藍色鋪面，並繪上臺灣島立面俯視圖，仿佛在敘述著「海那一邊」的故事。各種臺灣商品、商家、名人推薦的影像被均勻地安排在畫面中，展示出豐富、多彩的臺灣商品，包括金門「風獅爺」、高山族手工藝、閩臺油畫、臺灣少數民族的木雕刻，等等。走到圓穹型建築的面前，才感覺到於這與臺灣少數民族的會所建築有幾分相似。

後來，聽建築工程部的人介紹：屋頂由細木條排列而成，有幾份高山族建築的風格。

再一次到來這裡的時候，是在黃經理的陪同下。他指著週邊的名人海報說，「這些海報......裡面都是產家、商家和臺灣影視圈明星的合影」。「像劉德華、莫文蔚、吳宗憲這些大牌明星都給他們的產品做過推介。」（參見對黃經理的訪談筆記，時間2007-7-16）許多像我這樣的年輕人，一開始就注意到上面的明星照片——真的是再熟悉不過了。看著這些電視劇、電影裡反覆露面的「大腕」，我總有股衝動，想探究是什麼樣的商品這麼吸引人。

（二）「親合力」的製作：空間內布局的主題思路

建築有兩處入口。入口出的門楣上懸掛著中心的招牌。這是用紅白間隔的菱形圖案飾邊，上繪滿「高山族」生活起居圖景的木版畫。不難分辨，菱形圖案正是表徵高山族部落所敬拜的百步蛇。居於招牌正中，以繁體字書寫「正宗臺灣特產購物中心」——橘黃色的字體清晰醒目、筆法剛勁有力，仿佛在敘述著所展示物品的「臺灣身分」。（如圖3-1所示）

圖3-1　入口處的展示牆板（攝於2007-7-15）

1.基本布局的安排

步入右側入口的仿古木門，便進入購物中心的內部。這個中心分兩個空間，三處商品陳列區。如圖所示，建築者將室內空間分隔出兩個同心圓：內心為B區（A、B、C區的劃分為作者所加），外心由兩側門區分出A區和C區。A區陳列的主要陳列金門特產，和一個閩臺花轎的展品；B區有轉側入口進去，主要展出閩臺油畫和臺灣小點、藥材和茶葉；C區與B區相互貫通，只是朝向不同，展示主題為「臺灣高山族」手工藝，還包括一些大陸生產的「民族工藝品」。（如圖3-2所示）本節主要討論各種來自原產道的臺灣商品如何被傳達「正宗」的產品理念，並以含蓄意指的方式敘述。其中，高山族的商品多在劇場中以人員推銷的方式進行，在此就不做累述。

B區入口處，一面展示牆板設計新奇，有點博物館的序廳設計的格調。四條漆黑木柱連接天花板和地面的空間。展板有五塊原木拼接而成。居中木版上題有墨綠色的中心招牌；兩側分別左右對

稱，由木偶、抽象畫、舊剪報、解放前照片、油畫等組成。看似大雜燴的物品堆砌，卻預示了總括展廳大部分商品。如同是一般目錄，或是文章的摘要，引起參觀者想「掏一掏」的好奇心。

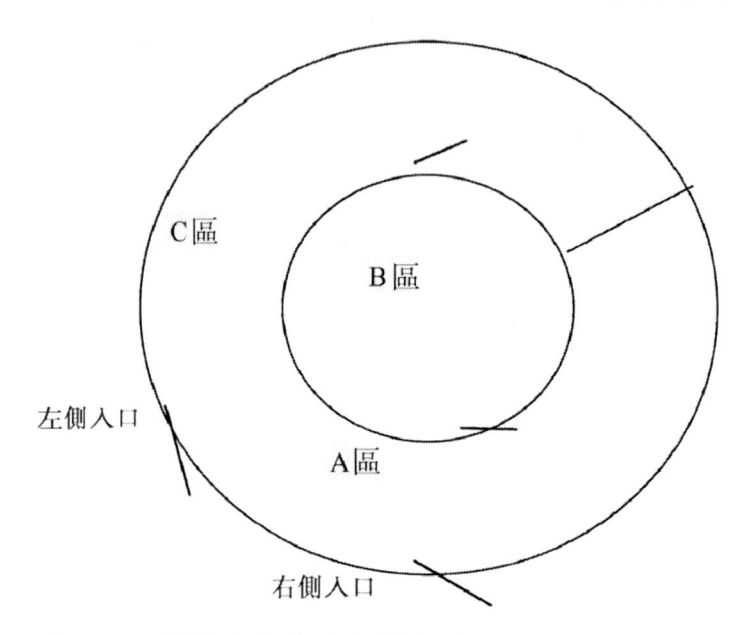

圖3-2　購物中心室內大體布局

2.環形的中心：閩臺婚慶場景

閩臺婚慶場景（如圖3-3）設置於大廳開放式的空間中，為參觀者提供一個自由拍照、留影的場所。整個場景以中國人喜愛的紅色為主基調，陳列品包括花轎、彩禮擔、新人服飾、彩幡頂，等。花轎的樣式來自明清時期流行於閩臺地區的花轎原型。共三副：兩副新人花轎和一副媒婆花轎。前兩副花轎高約1.5公尺、寬約1公尺，轎杆杆長約5公尺。花轎以紅漆木為主色，上裝飾有精細的透雕金粉堵件，包括花鳥人物、民間故事等內容，以及各種紋飾，如金錢紋、回字紋、雲字紋。媒婆花轎相對簡單，以藍漆木為主色，只有幾處的漏雕飾件。彩幡頂以大紅絲綢為料，上刺繡有八仙人物，並飾有五彩穗花。除花轎和彩幡被原地固定之外，其它展品都

可以自由移動。這為消費大眾提供一個參與、互動和角色扮演的機會。有的參觀者滑稽地穿上新人服、戴上鳳冠，或官帽，扮演起「新郎」，或「新娘」。還有的人挑起彩禮擔，當起「挑夫」。對此，民俗村工作人員並不介意。黃經理解釋說，這正是希望主辦方和消費者之間的互動效果。「我不希望這裡（購物中心）給消費者一個純粹交換的地方，而是讓遊客感覺到豐富文化的氣質和內涵。」在他看來，花轎場景給消費者帶來自然、親切的感覺。特別是福建與臺灣兩岸擁有諸多共通的風俗事項，其中婚慶習俗頗具代表性。大紅色渲染出熱情、親切的氣氛，給臺灣商品的布置增添了一道絢麗的風景線。正如黃經理所強調的，讓消費者知道購物中心「不僅有買的東西，而且是讓大家瞭解臺灣文化的地方。」所以，從內在的設計意圖出發，策劃者希望創造歷史、文化的韻味，以沖淡了商業味很重的壓抑感。據瞭解，大部分消費者來自福建本土的遊客。為此，設計者希望透過展現兩岸「共同」的婚慶用具，塑造一種兩岸「一家親」的氣氛，讓消費者在「熟悉」的環境中自由選購所需的臺灣商品。

圖3-3　閩臺婚慶場景中的消費者（攝於2007-5-2）

三、「正宗」中的「同根同源」

　　雙環形的空間布局，使得中心的物品意義顯得特別突出。而作為表徵「同根同源」的婚慶場景被特意安置在圓點位置，所有的商品陳列圍繞這一中心展開布置。如此，主題的寓意不言而明。下面討論中心之外的展覽安排：一是「大雜匯」，集合小吃、油畫、土產等商品，分主題的意義不明顯；二是金門特產的專題展，主要以金門三寶為重點的商品展覽。

　　（一）「大雜匯」中的兩岸聯想

　　A區的內容可謂是大雜燴。這部分區域包括三方面內容：一是臺灣小點，特別是非金門地區的特色小點；二是閩臺油畫，實際上

是廈門當地的油畫作品；三是臺灣土產，如藍香子、金門一條根、臺灣高山茶。首先，映入眼簾的是小吃工藝作坊，由玻璃販賣櫃、海報、待客泡茶的桌椅組成。最引人注目的是海報，著名的日本動漫劇主角——小叮噹出現在海報的主體位置，一般的文字說明店主的名字和小吃「銅鑼燒」。海報記錄了銅鑼燒來源地日本，以及如何進入臺灣千家萬戶，而成為「臺灣美食」的代表之一。工藝作坊布置簡潔，蠻有幾分臺灣街巷攤買的隨意味道。老闆看到我手攜DV攝影機，趕忙遞上名片。在問及是廈門人的時候，他主動與用臺灣話和我攀談。他是一個經常往返於兩地的金門商人，主要銷售的臺灣小吃集中在旅遊黃金時段。平日裡客源少的時候，他就到村外的店鋪幫忙；一到黃金周，他又會出現在民俗村的作坊裡面。

聊完後，往裡走。緊挨著作坊的是一處玻璃展櫃。裡面陳列的是臺灣「金門一條根」。一旁的說明書簡要地介紹了「一條根」的來源、形態和藥用價值。「一條根」屬於闊葉大豆科，種植三年後才可採摘，根部可深入地下達50公分。由於這種植物只有一條主根直伸入土，並少有支根，或鬚根而得名。在張貼的一份材料中，一條根的珍貴之處，使得採用展櫃方式陳列變得合乎情理。「金門流傳一句話：『金門一條根，勝過韓國高麗參』，因為同樣一市斤，一條根的價格比高麗參還貴，足見金門一條根的珍貴。」有意思的是，材料介紹還突出一條根與大陸的關係。「根據金門文獻記載，明末鄭成功駐金時，就已發現金門一條根的特殊療效，具有祛風除濕、去窒化淤的功效......」由於金門對大陸開放旅遊後，真品數量日漸稀少，所以材料也提醒消費者如何甄別「金門一條根」的真假與好壞。

在往裡走，建築者設計了幾處凹凸起伏的展示牆，上面懸掛的正是閩臺油畫。黃經理介紹說，這些油畫來自廈門烏石埔畫家村的畫商。那裡的大陸藝術家以臺灣阿里山、日月潭、高山族等，臺灣風情為主題而特定創作的油畫作品。這些「閩臺油畫」的篇幅大多

在半公分之內，構圖相對簡單，且價格不貴——百元左右。但大多到訪的遊客以參觀、欣賞居多，鮮有購買之意。展示藝術品的空間相對安靜許多，燈光也別特意調暗，整體塑造出一種「高雅」藝術的欣賞氛圍。

　　原路折回，你便可以站在進入B區的入口處。左側有一張長形桌子，用紅錦布做墊，上擺著「蘭香子」系列產品，包括顆粒裝包裝、易開罐和盒裝三種。系列產品的品牌為「黑金沙」，以「品」字形疊放。產品下方陳列著兩份黃白「官方」文件：一是由「經濟部智慧財產局」蔡練生簽發的商標註冊證明；一是代理縣長簽發的「臺北縣政府營利事業登記證」。我不由得想起黃經理的一句話，「我們這裡兜售的全是正宗的臺灣貨，許多甚至有資格認證。」依據產品說明，「蘭香子為一年生草本植物，直立生長、莖部呈四角型，在臺灣是家喻戶曉的保健食品」。說到蘭香子，從臺灣師傅吆喝口中，便可以知道兩岸的紐帶關係：「一二三四五，青菜煮豆腐；二二三四五，福州到澎湖，要吃到爽口」。不難看出，閩臺兩地中許多飲食店裡的「隨手杯」，基本帶有蘭香子的配料，甚至包括浸泡在米酒、果汁、飲料、珍珠奶茶中。這是兩岸民眾廣泛飲用的「綠色」保健品。產品還強調蘭香子的安全性，「責任險高達1000萬臺幣」。

　　右側的長桌陳列的「臺中太陽餅」系列。黃經理曾介紹說，「這是可能是臺灣獨創的一種餅」。實際上，太陽餅的工藝同樣來源於大陸。這可以追述到製餅流派中的昆派，屬於豐原製餅老字型大小的代表。（參考見「太陽餅故事系列」，引自 http://easy.sina.com.tw/scenic/article.php?content_id=262）當時林振芳為地方上的知名人物，林家也為地方望族。林家人的日常三餐不僅就廚師料理，而且講究飲食的製作過程。時常出任林家總鋪師叫張林犁，與林家共同研發各種製餅的技術。到了後來，林氏族人中「昆」字輩者分出來，自行創業、專門製餅，並將店名改

稱為「昆派」。再後來,「昆派」傳人林能水先生,從店鋪式經營發展到臺灣的臺中市。從此,在臺灣自立門戶。他製作了許多餅品,以太陽餅口碑最好,後發展為現在的「臺中太陽餅」。在商品展示桌的正面牆壁,張貼著巨型產品宣傳單。許多臺灣政界名人、影視明星,都有與太陽餅的經紀人合過影、留過相。其中,現任臺灣總統的馬英九格外引人注目。他早年擔任臺北市長,就曾做過「臺中太陽餅」的品牌推廣人。實際上,太陽餅的主要原料是麥芽糖。這與閩南地區流行的「老婆餅」、「馬蹄酥」有異曲同工之處。那麼,為什麼改名叫「太陽餅」呢?宣傳冊中詳盡介紹了「昆派」傳人的三種傳說:「第一傳說是:相傳在中國古老的南方地區,民心純樸,民智未開,有一天突然天昏地暗,民眾以為觸怒了天神,派天狗吞噬太陽,正當民心惶惶之際,有人提議集合所有婦女,以麵粉、麥芽製造糕餅,祭拜天地,讓天狗飽食,不再吞噬太陽,在全民贊同之下,於是製造許多糕餅祭拜,果然太陽復明,因此相沿成俗,而所製造的糕餅,遂被命名為太陽餅。第二種傳說是:清朝末年,製造糕餅非常著名的賀日升,有女初長成,賀日升的弟子陳維民看見小姐花容月貌,依其容顏製成太陽餅,以純正麥芽糖做心,表達甜蜜思慕之情,在招親會上大獲賀師傅的青睞,遂將愛女許配給他。此後,賀師傅還以陳維明所做的太陽餅當作喜餅,分贈給親友,深獲好評,所以太陽餅又有千金餅的美名。第三種傳說,太陽餅的形狀渾圓,中間蓋有紅色的店記,形似太陽,數十年前不知誰取名為太陽餅,就此流傳下來。」無論是神話傳說,還是歷史真實,這三種文本至今沒有定論。倒是讓「來自臺灣」的太陽餅多了幾分厚重的歷史感。透過商家對傳奇故事的「文化」渲染,消費者對商品有了一個「百年老字型大小」的品牌定位。由此帶來的是,消費者購買的不再限於簡單的口味和包裝美觀的物品效用,而是對背後的「正宗」、真實性的價值認同。

(二)金門特產的「同根」故事

從外環A區步入內環B區中，氛圍頓時柔和了許多。從色彩上看，周邊空間多用白熾燈做照明，而內環採用暖色調製造溫馨的氣氛。如果說前面的商品並不十分鮮明地表達閩臺關係，那麼這裡的展品和模擬場景的製作，都在不斷強調著臺灣和福建的紐帶關係。陳列商品以「金門三寶」、「風獅爺」為主，配合兩處場景的模擬：閩臺婚慶和「金合利」製刀作坊。

　　從右手邊起，這一處空間集中呈現了金門地區的特產。比如，金門三寶（炮彈鋼刀、貢糖、高粱酒）、浯州陶藝、明信片、郵票等。其中，金門的炮彈鋼刀、金門貢糖和浯州陶藝為商品展示的重點。

　　1.炮彈鋼刀

　　炮彈鋼刀以「金和利」、「金永利」品牌為主，展演內容分為兩部分：宣傳畫和實物。一是張貼的宣傳畫，展示商品的來源、工藝流程、名人推薦照和媒介報導。二是實物，包括工藝作坊的模擬場景（熔爐展示），以及待兜售的鋼刀和作為「道具」展示的炮彈原材料、半成品和成品。

　　首先是，張貼的宣傳畫（如圖3-4所示）。其中，一位中年工匠正在用電鋸切割彈片。這是正是永利製刀老鋪的負責人林世安先生。一旁的文字介紹了他和金永利品牌的來歷：「1958年，在飛彈如雨的夜晚一名阿兵哥，為了克服炮彈轟炸的恐懼記憶，抱著撿來的『炮彈鋼片』要求當時的金門打鐵少年林世安替他鍛製鋼刀。就這麼一個期望，替金門人抹去『恐懼記憶』的單純想法，林世安展開了自己六十年與鼓風廠混和鏗鏘敲打聲為伍的淬火生命，也因為這份純真，金門『手工製刀』的失傳絕技能再江湖重現。」同時，「金合利」的產品記錄了閩臺在工藝上的師承關係：「在清光緒年間，刀業祖吳宗山習藝於廈門」，到了傳人「吳熙君」於西元1937年到現在的金門縣「金城吳厝」。由於金門缺少鐵礦，遂

「採集炮彈碎片」為原料,後在「八二三炮戰」中取得「用之不盡之材」,使得技藝得以流傳,並「推向國際舞台」。另外,在一份從廈門市政府網站上摘錄的宣傳材料中,設計者特意用紅線注釋了刀具製材──這是來自「中共的八二三炮彈」。材料強調「金合利製刀廠」是「炮彈菜刀的研發者」,是「最老字型大小」的「刀廠」。這些都說明鋼刀製造的「正宗性」。還有幾張照片,描繪了其它工匠在車間裡打、敲、鑄、磨的工作場景。另一方面,宣傳說明文字間,敘述了製刀者對「八二三炮戰」的獨特記憶。「對於中共炮彈,金門人猶有餘存,而林世安的財富,卻恰好是天上掉下來的中共炮彈,將『炮彈』變成『鋼鐵菜刀』。這一塊鐵招牌,就是獨門絕活。」綜合這些材料,我們不難發現:商家對炮彈的描述使用的不是「恐怖」、「災難」和「死亡」帶貶義的語彙,而採用「累計47萬多發的炮彈」、「純鋼」、「上乘原料」等的褒義修辭作為原材料的炮彈。其意圖,一方面證明是「正宗」的臺灣鋼刀,有其歷史的「真實根據」;另一方面,所謂的臺灣鋼刀也是「源」於大陸,是早先兩岸對峙時期從大陸打來的「榴彈」和「宣傳彈」。一處展牆有一張堆積滿炮彈原材料的畫面,在上面又張貼的兩張老照片。據說,這是在打過去的「宣傳彈」裡發現的。老照片以物證的方式記錄了炮戰歷史的真實性:一張標題為「美麗可愛的祖國」的剪照,試圖喚起臺灣民眾的思鄉之情;另一張標題為「為蔣介石賣命白送死、為人民投降得幸福」的剪照,上面兩位「投降」者面露喜悅之情。

圖3-4　鋼刀的「傳奇故事」張貼畫（攝於2007-4-13）

　　接下來是工藝作坊的模擬場景，並配以科普圖示。商家不僅著力介紹鋼刀的歷史背景，還在展示牆上張貼製刀技術的分解圖示。另一方面，黃經理還設計了DV錄影播發。原因是大陸遊客「許多不相信炮彈可以製造成鋼刀」。整個過程先是將炮彈熔鑄，然後再經過淬煉、鍛造、塑胚、拋光，最後成形。圖像中還展示了從1920年代到現代整個製作技術和機器的更新情況，說明現在的鋼刀是「臺灣正宗」，從工廠的歷史記錄中可見一斑。在科普宣傳畫的正下方，是一個仿煅燒爐的實景模擬設計。爐內的「熊熊炭火」是燈光照明的效果。而爐外的紅磚砌築採用水泥塑型，再貼紅磚飾面的辦法。爐台（如圖3-5）由左到右陳列著以下真品：切割後的炮彈片、刀胚、半成品刀、成品刀，和包裝好的商品。消費者可以將這些真品放在眼前，自由鑒賞和辨認。左邊陳列桌上擺滿了各式

各樣的鋼刀商品,包括切菜刀、水果刀、剁骨刀、鐮刀,及各式工藝刀。黃經理對這些鋼刀產品很有信心。他說,「本身『金和利鋼刀』的產品售後服務就不錯。如果刀片損壞,你可以郵寄回(金門的)公司。他們會有專人補修。」現場做行銷的「阿姨」告訴我,「這些商品的品質可以放心——正宗的臺灣貨。你看照片上,和林世安合過影的有許多臺灣明星。還有,這位是非洲甘比亞的總統。」(參見對阿姨(化名)的訪談筆記,時間2006-7-15)聽她那麼介紹,我心存疑惑:「如果炮彈用完呢?」「阿姨」不緊不慢地指著商品告訴我:一是「當時炮戰的時候,留下來的炮彈很多。」二是一枚炮彈可以被分解為數片,這「至少可以做40～50把刀」。

圖3-5　鋼刀模擬場景(攝於2007-4-13)

總之，炮彈鋼刀引用廈金兩地曾發生「八二三炮戰」的歷史事實，作為商品來源的背景敘述。這實際上是在傳遞商品「正宗」符號之同時，間接地敘述著兩岸在工藝技術、師承關係等方面的「同根」話語。從這個意義上講，「八二三炮戰」也不那麼「痛苦」，而是鋼刀「享譽中外」的歷史條件。換句話說，「炮戰」從戰爭敘事的文本中擺脫出來，成為製刀商家認同產品根源，賦予商品新意義的重要依據。這裡，新賦予的意義包括兩方面內容：一是炮彈的材質成為「上等鋼材」和原料；二是炮戰的「慘烈程度」被重新定義，改造成為製刀材料「取之不盡」的重要原因。

　　2.「子彈」貢糖——陳福記

　　除了炮彈鋼刀，「金門三寶」還包括貢糖和高粱酒。向右走幾步，眼前的一張展桌上，就是金門貢糖，以「陳福記」為民俗村的首推品牌。這裡展示品種分兩大類：酥糖和子彈餅。而口味達到十多種，包括滄海酥、烏龍酥、抹茶酥、茉莉酥、竹葉貢糖、豬腳貢糖等；子彈餅包括高粱子彈餅、巧克力子彈餅、奶香子彈餅，等。

　　隨手拿起一包精緻包裝的酥糖，背面就有產品介紹。最為引人注目的是，就「阿福」（陳福記）工藝的由來：「阿福」——本名陳金福，乃金門貢糖創始者「命師」（在臺灣當地，行業對師傅的尊稱一般是在名字後面加上「師」字，以示尊敬）陳世命先生之四子，為貢糖世家「名記貢糖」的第二代。1970年，陳世命是福建漳州的糕餅名師。「首開風氣之先，將閩南貢糖製作手藝，從廈門引進金門」。其子陳金福將傳統糕餅廠轉型為股份有限公司，並將市場向「海外」，特別是大陸市場推廣。

　　另一大類陳福記貢糖為「子彈餅」，是由高粱粉和花生粉配置而成。烘焙而塑成一顆顆栩栩如生的子彈、炮彈形狀，就連包裝也設計成「裝彈藥」的鐵盒子。（如圖3-6所示）產品介紹中強調子彈餅是「運用戰地形象的獨家發明」。許多媒體的商品介紹中，曾

有記者打出這樣的驚歎：「子彈可以吃？」（參見 http://www.ylib.com/travel/notes/oneroad147.htm）不難看出，產品的獨特「發明」是對金門「軍管戒嚴」歷史的一種自我調侃。換句話說，將原本進貢到清朝宮廷中的酥糖，揉入進商家對門地方史中的「戰地」記憶，成為對「臺灣特色文化」的一種自我認有趣的是，這一認同在很大程度上來源於對商品傳奇的發明（在接受大陸記者採訪時，陳金福承認：「我是故意製造話題，把金門長期作為戰地的歷史和閩南文化特色結合到食品上，以突出老店的特點。」參見李氣虹，金門馬祖盼大陸開放更多省市來遊，聯合早報 2007-9-30）：曾經金門兩岸對峙時期處於戰地要害，臺灣軍方儲存了許多子彈。但，隨著兩岸關的深入發展，金門地區的民眾開始考慮著如何處置那些應該退出歷史舞台子彈。經過商討，臺灣民眾一致認為，子彈應該用來『吃』，不能用來射。董事長陳金福得知這個「決議」，靈機一動，就想到了製作名為「彈」的特色糕點，發動群眾用嘴巴吃掉「子彈」，用胃消化掉有礙兩岸和的武器。閱讀這一則詼諧的故事，我們不難發現：一方面，企業傳奇描述製作「子彈」的靈感如何產生的大致過程；另一方面，文本也希望傳遞樣一個友好的商品符號，即臺灣同胞對和平的期盼。金門對大陸的戰事嚴，已經推出歷史的舞台。那麼作為「武器」、「死亡」代名詞的子彈從來的所指中擺脫出來，在兩地物資流動、商品交換不斷深入的「和平時中，經過市場的贏利推動下，被重新編碼為「和平」、「甜蜜」的新意從商人的角度出發，似乎吃掉「子彈」，就可以忘卻「不快」的歷史記而「吃掉子彈」的消費行為，成為大陸和臺灣民眾之間締結「和平的象徵性實踐活動。

圖3-6 「子彈餅」——「陳金福號」的商業網站宣傳畫

3.「風獅爺」裡的鄭成功（梧州陶藝）

除了「金門三寶」之外，「重裝推出」的金門特產系列還包括金門的「風獅爺」。展廳在挨著炮彈鋼刀展區邊上，特意擺上一張長約5公尺的展桌，上鋪紅布並擺上從金門各村落收集來的石雕「風獅爺」。一個個「獅爺」雖然形態各異，但保持著威風凜凜的姿態。

在背後牆壁上，張貼有金門「風獅爺」的來歷故事。上面寫道：「明末清初時期，鄭成功率領大軍來到金門，為了移防臺灣將所有的樹木砍伐作為造舟材料，加上康熙年間清兵厲行堅壁清野政策，使金門成為沙地讓百姓深受其害。當地居民為了鎮風止煞，就在村前打造一座獅頭人身的風獅爺。……」查閱《金門志》，上書「舊多辛木，因鄭成功造船，砍伐殆盡。」不難看出，由於閩臺兩地戰事不斷，林木多被砍伐、徵用或做船艦、或為武器。金門原本

古木參天，經過多次砍伐而導致沙化，當地居民「深受」季風的苦害，所以故將原來的石敢當改為獅子的模樣來鎮風。實際上，石敢當為漢人移民從中原帶來的一種驅邪靈物，為辟邪招福的神獸獅子的形象。黃經理告訴我，當地人為了增加神獅的威力，特別製造成站立的形象，「就好像具備了人神的威力」。石敢當中許多為石獅子的形象，一般放置於屋頂作為風水吉物。但「風獅爺」不同，一般立於金門村落的四個方位，扮演著村落保護神的重要角色。

「風獅爺」來源於大陸的中原文化中的石敢當，但經過金門獨特的環境薰陶，轉變成站立的神獅形象。黃經理十分讚賞「風獅爺」被商業化改造的作法。他說，「......商家比較有創造力，把這個東西變成一個商品來做：將這辟邪物從那麼大、土氣的形象轉變為精細、可把玩的藝術品。」確實，在當前金門推動商品化的潮流衝擊下，浯州陶藝的王明宗、黃金郎等「技師」（臺灣當地對民間工匠的一種尊稱），將「散布在山野田間的風獅爺」作為製作陶藝的主要素材，推出反映「金門民俗特色」的系列商品以推向「海外」。一旁的剪報欄上，貼滿各種有關商品宣傳報導。其中，在「名人推薦」的欄目中，許多明星，如劉德華、任賢齊，還有臺灣的奧運冠軍陳詩欣，政界名流連戰的夫人，等等，都與陶藝主創者有過合影留念。一旁的商品櫃上，擺放著各種「風獅爺」陶塑作品，是採用金門盛產的礁石陶為原材料燒製的各種「風獅爺」形象，如類卡通形象的風獅子，五彩豔麗的微型門獅，等等。

總之，風獅爺經歷著符號意義的時代轉變。首先，早期赴臺移民中，風獅爺原為來自中原文化中的石敢當，意為屋頂、房門的驅邪物和風水吉物。到了明清時期，由於戰事不斷，間接導致金門土地沙化，風獅爺成為村落的鎮風之神，守衛在村落周圍。當下，金門基本實現「小三通」，並對大陸開放旅遊和市場，一系列有「本土特色」的文化符號被商家挖掘出來，製造成為認識金門文化的所謂文化物品。其中，「風獅爺」從兩岸的民間信仰中走出來，經過技師的「藝術提升」，轉而成為兩地市場流通的消費符號。

圖3-7　金門的風獅爺工藝品（攝於2007-4-13）

四、消費背後：本土化行銷的策略

　　不難看出，商家設計、生產和展現臺灣商品，需要考慮兩方面的因素：商家對大陸的市場感知，以及消費者的需求取向。換句話說，一是選擇的所謂臺灣特產和文化事項，在多大程度上為目的市場所接受和共用；二是產品的實用價值，是否滿足在地消費群體的日常家居、旅行等方面的實際需求。在這兩種因素的共同推動下，企業所選取的文化要素成為「標誌性」的文化呈現，並用以表徵整體而複合的「臺灣文化」。對文化的篩選符合利益追求的考慮。他們有意識地對臺灣文化進行要素提取，進行加工，最終融合到運送到大陸的商品符號當中，是希望透過商品的不斷在地消費，建構起臺灣企業實現不斷價值增量的「文化機器」。商家所希望的是，在「親和力」氛圍環繞的消費空間中，消費者透過現代化媒介宣傳、名人見證、現場導購等方式，在報刊、雜誌、影像、陳列品等組合

的空間下，全方位感受、體驗商家建構的文化符號，學習其中的主旨思想。一方面，在企業有計劃、有策略對購物環境的舞台化設計中，消費者被放置在標籤為「臺灣文化」的語境中學習和認識臺灣文化。另一方面，在購物現場之外，企業透過宣傳的產品知識、企業傳奇的媒體呈現，將商品價值逐漸滲透和融入更普通的大眾日常生活中，外推到消費大眾對「臺灣文化」的刻板形象的生產過程當中。

總之，商品建構出「臺灣文化」的刻板形象，是以主動迎合大陸主流意識形態為基礎。在這一雙重包裝下，多元而複合的臺灣商品成為一種策略性製作、生產的文化形象。向外表述的不僅僅是強調商品的「正宗」的符號意義，屬於「臺灣文化」的組成部分，更是以含蓄的意指實踐方式，承認兩岸「同根同源」的話語和「統一」的民族認同。在商品的展覽空間中，商家為臺灣商品賦予各自「傳奇」的意義，卻暗中透露出「同根同源」的敘事結構。一方面，商品的「企業傳奇」經過文化同質性的情感召喚和歷史追憶，以及兩岸文化「同宗同根」、「一家親」的敘述，很自然地嫁接到大陸主流意識的文化脈絡當中。換句說，透過向大陸民眾消費臺灣商品，與中國「正統」的價值觀達成某種契合。另一方面，閩臺兩地共有、共用的民俗事項，透過商業包裝而得以重新塑造，並不斷從臺灣向大陸的市場推廣中塑造商品中的身分符號（在這一點上，有的類似葛凱（Karl Gerth）對民國時期中國國貨展覽的研究觀點。他認為，商品展覽以國貨為主題建構視覺化的民族主義空間，正是在兜售國貨的同時，力圖在中國消費者思想中根植民族國家的概念。可以說，消費國貨的行為成為界定中國人身分的表徵行動。參見葛凱，製造中國——消費文化與民族國家的創建，黃振萍譯，北京：北京大學出版社，2006年，第279～280頁；第368頁）。在這兩股共同的合力作用下，臺灣特產和相關臺灣商品被賦予「統一」的文化身分，不僅融入到大陸的主流意識形態當中，而

且成為兩岸文化交流中「物品」的證明。從這個意義上講，消費者購買臺灣商品，不僅僅是在消費實體的效用，而且是在不斷認知和確認商品內在的「同根」符號。比如，許多金門特產的民間工藝，（廈門人熟知的金門三寶：貢糖、鋼刀、高粱酒），早年來自於廈門或福建的工匠技藝，在臺灣的土壤上經過世代傳承而得到發展和延續。這段表徵淵源關係的歷史，在眾多的臺灣商品的傳奇中不斷加以強調。目的都是為了擁有可挖掘類似的市場需求和消費偏好，為產品開拓、推廣提供先賦的銷售平台。

第四章　空間實踐

第一節　「權威空間」的角色「扮演」：博物館和參觀者的互動

　　美國新博物館學者馬斯汀曾將博物館分為四類：聖地、市場主導產業，殖民化空間和後博物館。其中，博物館最持久、最傳統的方式之一，就是被人們想像成「聖地」。（［美］馬斯汀（Janet Marstine），新博物館理論與實踐導論，南京：江蘇美術出版社，2008年，第11～13頁）博物館的詞源來看，英語中Museum緣起於希臘語Mouseion，是指「繆思神居住的場所」。不難想像，博物館的誕生地正當地成為神聖性的代名詞；而正因為如此，18世紀到20世紀的大多數西方博物館都被設計成宮殿或寺廟類似的建築。如果成為神聖的場所，需要知識的權威性作為博物館體系的重要依託。那麼，我們有理由相信，閩臺同根同源關係的博物館敘述是國家「宏大敘事」的組成部分，也可以為參觀者提供神聖體驗的場所。例如，德國詩人歌德在遊覽德勒斯登美術館之後，在其自傳《詩與真》（J.Gage, ed.Goethe on Art, London: Scholar Press, J.Gage trans.1980. P41.轉引自丁寧，圖像繽紛——視覺藝術的文化維度，北京：中國人民大學出版社，2005年，第287頁）寫道：「我不耐煩地等待著的開館時間到了，而我的讚賞則超出了我的意想之外。那個獨立的大廳富麗堂皇井然有序，深沉的寂靜，給人一種肅穆而又獨特的印象，類似於步入聖地時所感受到的情感，而且這在你注視為展覽而設的裝飾時更是有增無減……」。最重要的是，他認為美術博物館「是一種純粹知識的永恆源泉；是人的感性和美好準則的強化劑」。在這裡，博物館的神聖性已不同與

傳統意義上的宗教膜拜，而是基於對真理的信仰而帶來的非同一般的心靈體驗。

如果說博物館締造者希望將博物館設計成為知識的殿堂，「神聖的空間」，那麼在參觀者看來，博物館對他們意味著什麼？馬斯汀引用學者鄧肯（Carol Duncan）和普萊茨奧斯的兩段話，認為博物館空間具有「舞台空間」的性質——設計者「採用戲劇化效果以增強對收藏品的歷史性信仰」；而觀眾的參觀行為是在「扮演特定的角色」。（［美］馬斯汀（Janet Marstine），新博物館理論與實踐導論，南京：江蘇美術出版社，2008年，第13頁）從這個意義上理解，博物館空間融合了展陳設計者和參觀者之間的對話和互動：一方面是設計者賦予博物館「神聖的空間」的意義，另一方面則是參觀者將之視為「表演的舞台」，他們的參觀行為是在扮演一定的角色。

本節關注文化展演的空間實踐，是基於對三種主要文本的分析：現場訪談，網路部落格和博物館的徵文材料（中國閩臺緣博物館於2007年9月開始，以「情繫閩臺緣」為題向社會徵集素材，涉及遊記、感想、身邊故事和感悟的各種寫作文體。本文引用的材料不是全部徵文內容，而是其中敘述參觀者各自想法的遊記、感受、身邊故事的素材。另外，文中編號為作者所加）。我試圖藉以探討這樣的過程：博物館參觀者如何權威空間中透過身體的移動，積極地體驗展品所傳遞的「同根同源」思想。就理論視角而言，我參考特納的儀式理論的範式，將他的類閾限概念引入到參觀者進入、參觀、出館的三個階段的具體討論當中。因此，以下的問題值得關注：首先，作為「權威空間」的閩臺緣博物館中，參觀者是如何扮演自己的特定角色？換句話說，他們是如何透過參觀的身體實踐，將主體性內嵌到「同根同源」論述的結構當中？在參觀前和後的區隔中，參觀主體是否發展出一種有差別的，甚至「超越」的感受，或是透過身體的知識實踐而重新對既定的社會結構形成反思？再進

一步,這些感受是什麼,參觀後形成的思考又是什麼?

一、進入博物館空間

如果將博物館類比為「神聖之地」,大凡展覽設計者都希望參觀者到博物館參觀,能夠成為一種知識學習的「朝聖行為」。有關宗教上的朝聖行為的研究,特納的透過儀式的研究引人注目。這一觀點可以追溯到他對杜爾干「世俗/神聖」的儀式二元性概念的應用中得到發展。他在「中心之外:朝聖者的目標」(Turner, Victor. The Center out There: the Pilgrim's Goal, History of Religious 12 (3), 1973, Pp191-230.)一文中,將目的地和朝聖者的家鄉區分為「中心」和「邊緣」概念的對應物,討論旅遊者離開家鄉的日常生活,到「遠處中心」自由地體驗生活的價值和存在意義。在《基督教文化中的想像和朝聖:人類學的視角》(Turner, Victor. Image and Pilgrimage in Christian Culture: Anthropological Perspectives. New York: Columbia University Press, 1978.)將朝聖行為看作是「類仲介儀式」(Liminiod Ritual)的一種,透過儀式的辦法將世俗社會和神聖世界區分開。他在文章中描寫道歐洲朝聖者與其世俗社會進行分離的過程:「朝聖的重點是走出,並朝向一個遙遠而神聖的地方,為大眾所認可的地方,......在這一的旅行中,一個人遠離了日常生活中不斷反覆的『原罪事件』。而這些『原罪事件』的社會結構占據了人們體驗的絕大部分。」這裡的「原罪」,或是說「罪感」,不是真正的脫離法制的犯罪活動。而是基督教教義中與人生處世俗生活中各種關係、利益的糾葛,和人的社會性欲望相對應的概念。在特納看來,朝聖儀式中最核心的部分是「仲介狀態」。為此,朝聖者「外出」、離開日常居住之所,最主要的是為了暫時地擺脫自我嵌於世俗社會的既定結構(特納所說的結構,是個人在社會中所處的地位

及不同地位構成的社會層級。本節認為的結構有所不同，是相對於個體理解而言的認知結構，具體是指參觀者對臺灣文化的一切看法、立場和價值觀）中，前往神聖的地方去進行心理上的「洗禮」。

　　從更廣泛的意義上講，博物館基於知識傳播的權威性而被塑造成「神聖空間」。從特納的透過儀式研究中得到的啟發，參觀者進入博物館的行為恰好處於「世俗和神聖」的區分當中。以下行文將集中討論不同參觀者從外界世界進入博物館空間的各種表現。從知識互動的過程中，討論參觀者是如何在這一過程中展現自我的存在，「扮演各自的角色」。

　　（一）「劇場」外的期待和應驗

　　首先步入參觀者眼簾的是博物館主體建築的群落。那麼，閩臺緣博物館的建築外觀和步行廣場就自然成為參觀者的第一印象。分析訪談、徵文材料和部落格日記中，我們發現就在博物館和人的視線第一次對接中，參觀者多帶有兩種心理：一是期待的心理，親身體驗的博物館知識對自己的衝擊；二是應驗的心理，透過自己的認知實踐將書本知識與博物館所表達的主題做一個橫向和縱向的對比。

　　在收集到87篇博物館遊記中，有14篇提到進入廣場後的一系列感想。大多數參觀者表達了「驚歎」、「震撼」的感覺。其中，王麗鈴（徵文編號Zw-A-05）寫到：「（我）在閩臺緣博物館的廣場上，駐足眺望，朝聖似的，在心裡默默地為中華魂鞠躬行禮，向象徵著『天圓地方，中華一統』這一蘊藏深廣博大的巨型建築鞠躬行禮。」而陳河明（徵文編號ZW-A-33）為建築的整體形象所吸引，他寫到「博物館的外型上確實讓人驚呼奇蹟，仿佛一個中國式的金字塔佇立在泉州的山腳。」還有的作者（徵文編號Zw-B-10）寫道，「剛下公車，一座大氣磅礴、雄偉壯觀的建築立即映

入眼簾，心不禁為之一震。……啊，第一感覺竟是這麼的美和宏偉，我都不知道該如何表達心中的激動甚至澎湃的情感，只是想著不讓自己的雙眼有所懈怠。」不難看出，建築以獨特的外形和洪然大氣的布局，為參觀者一個震驚的效果，讓他們滿懷新鮮感和好奇心。

　　行走在通往博物館正門的中心廣場上，各種景觀不斷地將參觀者的好奇心，轉化為一種對文化知識的期待。在尚未瞭解建築的各種表徵意義之前，他們透過閩臺淵源的主題線索，自行探索著景觀象徵和意圖。

　　首先是主體建築。陳濤（徵文編號ZW-A-43）將博物館比喻成天秤，「整體如座天秤」——裝著「祖國大陸和臺灣寶島人民回歸中國的共同心聲」。張磊（徵文編號ZW-A-23）作者比喻為「金色大圓頂」，「好像一朵充滿勃勃生機的盛開蓮花」。陳河明看成是「中國式的金字塔」。很少有參觀者真正悟出主體建築的斜面台階被建築師賦予的意義：一是閩南特色的坡型紅屋頂；二是採用了儒家「萬物歸宗」思想（部落格日記5的作者也提到這一點），以表徵統一的渴望。類似的是，參觀者的比喻都以「大」為修辭格，強調建築宏偉帶來一種「權威式」的震撼效果。有的作者（徵文編號Zw-B-05）將這一震撼描繪成「高山仰至」，「宛若在面對一段漫長而又艱辛的歷史。」同樣，參觀者對龍柱、臥碑、燈柱、倒影池等廣場景觀抒發了情感。當陳河明行走在倒影池邊上不解其意；一旁的同學提醒他「這叫『一水之隔』，代表者祖國大陸和臺灣中間隔著臺灣海峽，閩臺時一家之意。」這時候，作者似乎得到知識的啟迪，連稱讚設計「有創意」。有的作者（徵文編號Zw-B-10）的想像力十分豐富，將九龍柱比喻為守護博物館的「巨人」，要等到「臺灣問題解決」的時候，「衝天」而「帶給上天和平的福音」。類似的是，胡燕妮（徵文編號Zw-C-15）也將龍柱看作是「士兵」，表達出對博物館神聖性的敬畏之情。

當參觀者接近博物館正門的時候，各種對意義的猜測、期待似乎就很自然地轉化為一種等待驗證的迫切願望。例如，有的作者（徵文編號Zw-B-24）表達了認識真相的期待之情：「……此次組織全院黨員來參觀，是件有意義的事。對我來說，歷史的東西總有著極大的誘惑，心馳神往。總想去還原歷史，走進真相。」有的作者（徵文編號Zw-B-05）寫道：「溯至幾百年前。一衣帶水的閩臺親如兄弟，互通有無。講著同一種語言，穿著同一種衣服，掛著同一種笑容，『這是一對孿生兄弟嗎？』那會是許多人的疑問。」在這裡，作者回應了對先前兩岸淵源的猜疑，希望用親身體驗的方式得到「真實」的答案。

　　（二）「根」的啟發：中庭的爆破畫

　　拾階而上，不一會兒就來到博物館正門口。邁入大廳內，參觀者只要稍稍抬頭，一幅懸掛於中庭牆上的巨型爆破畫就會立即充滿視線，成為大眾凝視的焦點。爆破畫高18公尺、寬9公尺，面積達162平方公尺。畫面描繪的是一棵大榕樹及樹根，取材於泉州開元寺的「迎客榕」，是用火藥在特製的大麻紙（講解員介紹說，這是特意從日本進口的麻宣紙）上爆破、炙燒成畫。同時，透過LED燈光藝術和現代化電腦技術控制，在紙張背面顯出180個百家姓。這使得燈光和榕樹的根系融合為一種不同的呈現方式。

　　進入大廳的參觀者，無不為這一「鎮館之寶」所「驚歎」。葉森嵐（徵文編號Zw-A-10）寫道，「視覺的第一個落腳點是閩臺緣的『鎮館之寶』——蔡國強創作的壁畫《同文同種同根生》，我在這個瞬間看見一種時代的句號變成驚嘆號。這是一幅用火藥引爆繪製的壁畫，將泉州豐富的文化遺產和當代藝術巧妙融合：一株碩大的榕樹及龐大根系，鮮明突出地挺立於中廳正面，背景不斷呈現海峽兩岸百家姓圖騰，將人們帶入一個歷史和現實交互輝映的時空。」在接下來謝芩卉（徵文編號Zw-A-15）的描述中，多次使

用「震撼力」和「碩大」作為畫面形象的修辭。蔣思思（徵文編號Zw-B-42）毫不吝惜使用「宏偉」、「精湛」和「讚歎」來表達自己的崇敬之情。而作者（徵文編號Zw-A-42）更是將這一感歎與中國四大發明聯繫在一起，他寫道：「令人稱奇的是，火藥竟然能夠『炸』出這樣藝術精湛的，出神入化的國畫來，令人讚歎古代發明與現代藝術結合的巧奪天工。」對火藥的藝術化呈現表示感歎外，劉鵬麗（徵文編號Zw-A-06）看到「獨特構思」背後敘述的意義，這是用「藝術演繹著閩臺兩地亙古不變的歷史情懷」。

　　隨著對獨特、巨型的繪畫效果帶來的震撼感消退，參觀者開始注意繪畫的細節。Zw-B-24的描述很具有代表性。他將視線移動在榕樹的樹幹、根系、表皮和枝幹之間遊走。他寫道：「畫面由一棵大榕樹及樹根構成，榕樹的樹幹蒼勁有力，樹根牢牢抓緊了土地，墨色的線條顯示了一種柔中帶剛的氣魄，似乎還能看見榕樹粗糙的表皮。樹頂的枝幹向上伸展，火藥爆破形成的樹冠茂盛蔥蘢。」最後，觀眾的遊走的視線不約而同地在「同文同種同根生」的落款上停留。聯繫博物館展現的主題，得到了「根」的聯想和啟發。朱婷（徵文編號Zw-A-08）寫道：「盤繞的根枝，強壯的枝幹，不斷外伸的枝條，好似一棵閩臺文化所滋養的親情樹，而博物館的一切、一切則是和這棵親情樹所滋養的子葉。」謝芩卉（徵文編號Zw-A-15）顯然採訪過藝術家蔡國強。他回憶起當時創作的情形：「記得今年春末的一天下午，我和遠途而來的泉州籍旅美現代藝術家蔡國強會面，傾聽他創作的構思。當我看到他手中那張畫有大榕樹的草圖，不由得一陣欣喜。我以為，從中可以探明一個事實，在海峽兩岸關係問題上，海內外炎黃子孫都有一個『根』的共識。」這個共識就是「同文同種同根生」，即相同文化、相同人種，就好比根系相連相生。

　　不難看出，透過欣賞大榕樹聯繫兩岸的淵源關係，參觀者得到「根」的啟發。那麼，榕樹為何成為閩臺關係的表徵呢？葉森嵐

（徵文編號Zw-A-10）說明了原因：「榕樹是常綠喬木，具有典型的地域特性，在我國南方，尤其是福建、臺灣一帶，四處可見。」更重要的是，他認為，榕樹的最大特點在於盤根錯節，可以「牢固地把方圓成片的土地結集在一起」，而這好比是「把周圍成千上萬的子民凝聚在一起」。這種根的凝聚，讓所有參觀者聯繫到中國對臺灣的主權問題。作者（徵文編號Zw-B-42）的表述呈現了大眾都盼望回歸的情懷。他「靜靜地矗立在壁畫前，輕柔的呢喃著：寶島臺灣，中華，是你偉大的母親，正在等待和你重逢，不要再延續殘缺之痛。」

（三）主題導引：序廳

榕樹爆破畫的欣賞，可以讓觀眾或多或少明白展品的主要意指。隨後，從左側入口進入，參觀者便來到序廳部分。

序廳是預示展覽開始的空間，透過提煉化的形象語言向參觀者表達整個主題的核心內容。如果說爆破畫隱含有點啟發的意味，那麼序廳部分的景觀展現，則標幟著參觀者即將進入一個神聖空間。這一空間的締造與閩臺關係有著「根」的直接聯繫。序廳主要由四根青龍柱、藍色穹頂與巨幅磨漆畫構成。主體色以紅、黑、青為基調，展現莊重嚴肅、富麗堂皇的視覺感受。設計者著力從兩處呈現博物館的主旨：青石龍柱和中國地圖。

首先是青石龍柱。序廳的弧型建築模型是以九龍雕柱為立柱，上頂圓弧形建築構件，以燈光映襯藍天白雲的照片圖版。四根龍柱連接天花頂和地面，意味著九龍上天、直插蒼穹。透過講解員的解讀，我們理解其中的表徵：一是暗喻閩臺兩地的居民都是龍的傳人；二是龍柱共同撐起同片藍天，寓示閩臺兩地生活在同一片藍天之下。（參考講解員范範提供的講解詞，修改版）從廣場的九龍柱的出現，在序廳中再一次強調這一呈現的寓意。

其次是中國地圖。地圖分兩部分：一是現代版的中華人民共和

國行政區劃圖；二是清康熙47年的臺灣全圖。現代版的中國地圖用金線鑲嵌在黑色、反光的大理石展板上。這塊展板位於序廳的中心位置，標明神聖不可侵犯的國家和領土意識。大理石展板高0.8公尺。在這一高度下，幾乎每個參觀者都可以站立著，在展板上審視中國領土的整體邊界，在其中找尋自己所屬的省市或地區。第二張地區，即清康熙47年的臺灣全圖以紅色磨漆工藝臨摹製作，好比畫軸鋪開，而懸掛在序廳的正面牆上展現。當解說員介紹臺灣全圖的工藝特色時，參觀者不約而同地聚集到臺灣全圖下方的大理石展板面前。立於這塊大理石地圖的面前，人們觀看著自己的祖籍地、居住地。與此同時，拋光的大理石平面形同一面明鏡，將每個人反射入中國地圖當中。參觀者觀看中國地圖，同時也是在將自己和周圍人的映射融入到同一張版圖當中。甚至是，當他們閱讀自己屬於中國某個的省份之時，就像自己在述說自己與合圍眾人正處於一個共同體的聯絡網當中。確實，在中國地圖中，包括臺灣島在內的34個省級行政區歸入銘刻在大理石版圖當中。這就讓每個參觀者在觀賞之時，「銘記」自己的公民身分，是這個中國版圖所描繪共同體中的一員。

　　如果說龍的形象表徵中國人的身分具有歷史上傳承性，那麼地圖的呈現則強調中國人的公民身分，更具有族群邊界的限定性。在這一點上，我認為地圖所呈現的參觀者公民身分，實際上正起到分離世俗和神聖性的關鍵性作用。將參觀者的中國人身分和歸屬透過地圖劃規的方式，得到進一步的確認。在這裡，參觀者的中國人身分透過地圖的重申，標幟著即將進入與世俗社會相分類的神聖世界（權威空間）當中，進入特納所說的「仲介的、懸而未決的、模棱兩可」的閾限階段。在他看來，通過儀式的第一階段包含「象徵意義的行為，表現為個人或群體從原處境——社會結構先前的固定位置，或者文化狀態中分離出去。」同樣，博物館的序廳起到了類似的「分離作用」：所有博物館參觀者處於「無地位」的「邊緣」

狀態。（特納，儀式的過程，黃劍波、劉博贇譯，北京：中國人民大學出版社，2006年，第97頁）「沒有地位、財產、標識……世俗的等級在這裡被同化和消除」（特納，儀式的過程，黃劍波、劉博贇譯，北京：中國人民大學出版社，2006年，第95～96頁）。他們開始脫離原社會結構對原身分和地位的困縛，以一個個參觀者、學習者的姿態進入參觀進程中。

二、「劇情」的發展：參觀和體驗

透過前面序廳的「分離」作用，參觀者帶著「期待」、「敬畏」的興趣，進入博物館展示的主體部分。部落格日記6的作者就寫到，「我與許多慕名而來的泉州市民一道，走進這座記載大陸與臺灣兩岸人民血濃於水親情的現代化博物館，一睹其神祕色彩。」Zw-A-21的作者寫道，「閩臺緣內人聲寂寂，曲徑通幽處，歷史的畫面一幕幕坦蕩在眼前。遊移其中，似乎始終被一種歷史的厚重感牽引著神經，腳步不覺放鬆，放慢，仿佛踩在時空裡，恍恍惚惚，忘情其中。」許多參觀者均表示，他們將享受著「神聖空間」帶來的各種知識衝擊，經歷著物品陳列和敘事帶來的教育體驗。這種衝擊和體驗有別於外面的世俗社會，而有點類似於英國批評家黑茲利特（William Hazlitt）「聖殿」般的感慨。他曾這樣描述參觀視國家美術的經歷，「……我們被轉移到了另一種天地：我們呼吸著天堂的空氣……我們生活在過去的時光裡，似乎與事物的永恆形式合而為一。現實世界甚至它的種種樂趣都變得虛幻和不得要領了……這裡才是心靈的真正家園。」（William Hazlitt.Sketches of the Principal Picture-Galleries in England, Taylor&.Hessey, 1824.）

接下來討論參觀者在參觀過程中各種體驗，並圍繞者參觀者主體性進行闡述。在他們看來，參觀博物館是一種體驗活動，包括感

官、記憶和意識的相互融通。這時候的博物館空間儼然成為類似戲劇的「舞台」，他們透過身體的移動、「角色扮演」，內嵌到「神聖空間」的締造當中。首先從人的最直接感官為著眼點，討論博物館的空間布置是如何作用於人的視覺、聽覺和觸覺；接下來，探討博物館建構的記憶空間，是如何使用各種鄉土符號，激發參觀者的原鄉情感；最後，引入互動儀式理論為參照，討論這一鄉土情感如何在與講解員的互動中，引申為消除參觀者之間社會結構的差異，以建構「我們」這作為共同體的表述單位。

（一）感官體驗——空間和人的感覺互動

對於參觀者而言，物品的展示首先經過人的視覺感知，伴隨一系列有關聽覺、觸覺、味覺等感官系統的全面體驗，有形的物品才可能在思維想像中轉化為可理解的抽象符號，隨之觸動各種情感。隨著當代以商品為主旨的消費主義盛行，帶來對物品展示需要迎合大眾口味的形塑，景觀成為所有象徵性物品製作、生產和消費的主要形式。在這其中，作為公共空間的博物館難免不受到這股景觀化浪潮的衝擊。特別是當參觀者將理解力從厚重、費解的歷史喻意中轉移，逐漸與富有鮮麗色彩，符合娛樂口味的景觀化偏好達成共認的時候，展陳的設計師們就不得不考慮如何將物品的敘事與視覺文化有機地結合起來。

場景的布置開始關注細節，運用高科技和藝術表現手法，對物品位置的空間設計、模型對原歷史場景的再現，都直接參與到喚醒參觀者情感為根本出發點。這些空間設計對形象景觀化，目的是讓觀眾想像自己不僅僅進入到教化的敘事空間當中，而且進入歷史真實可以被視覺感知的空間，並由此引發內心中潛在的那份情感。而色彩、燈光、布局的舞台化布置，對物品敘事製造出美妙的體驗氛圍，仿佛讓觀眾回到過去、涉入特定事件當中。所有的設計圍繞著深刻的歷史文本，並以戲劇情節的方式展演，力圖讓觀眾在有限的

時空環境中感受視覺體驗為主的各種情感觸動。以下分析，將圍繞視覺、聽覺和觸覺為主體的感知系統，討論參觀者在博物館空間中的「非凡」體驗。

1.色彩

德國美學大師格羅塞（［德］格羅塞，藝術的起源，蔡慕暉譯，北京：商務印書館，2005年）曾有定論：色彩是視覺的第一要素。換句話說，在人的視覺體驗當中，一些帶有符號性的色彩，是形成首要的語言感知——印象。就博物館空間而言，色彩直接服務於主題，具有獨特的表意功能，最能突出和喚起情感。（國家文物局、中國博物館學會（編），博物館陳列藝術，北京：文物出版社，1997年，第132頁）那麼，色彩在不同的展廳中如何表意？與之對應，參觀者又有什麼樣的視覺體驗呢？

博物館的主體展廳分七部分。每部分依據主題的不同，而採用不同的色彩搭配做襯景，或是布景的主基調。按照參觀動線的先後次序，參觀者首先來到「遠古家園」，展廳第一部分。由於陳列品多為考古學資料，出土或出水的文物、石器占很大比重，色彩的展現以土黃、海藍、草綠色為主要搭配色，以顯示遠古時代自然風景的主基調。沙盤地圖和原始森林的場景都給人以自然、恬靜的感覺，仿佛進入遙遠的「第四紀更新世冰河期」，參觀者用肉眼「看到了」動物和人類從大陸遷延到了臺灣。第二部分「血脈相親」，講述宋元開始的漢人移民和閩越族與高山族的淵源關係。色彩的呈現以淡黃、鮮紅、棕色、金色、白色為主。其中，鮮紅色、金色表徵閩南紅磚厝，包括祠堂、神主牌、木雕傢俱的原色；棕色表徵高山族的居所使用的木質材料，以及各種木器物的本色；淡黃、純白為展櫃內的基本色，以及展現兩岸關係的族譜的時代厚重感。在這裡，紅色、金色以建築符號的方式，專屬於漢人移民的文化；而棕色則以質樸、本真的方式表徵臺灣原住民的文化。參觀者在界於二

元區隔的空間場中：從閩越族的「原始」部落走出，立即就進入「近現代」的福建移民社群當中。第三部分「隸屬與共」，敘述是兩岸的法緣關係。色彩搭配分為三個區域。區域一為「建制延革」，設計者借鑑了北京紫禁城的主色調（黃色、朱紅色和紫色，古人常用天上的紫微垣，比喻帝王的居所。因而，用紫色借指與帝王有關的之物）為模型裝飾。不僅入口處安置威武雄獅，而且將大門設計成殿門的樣式，加上整個展區採用弱光照明，使得參觀者不免懷著敬畏、肅靜的心情，行走於神聖、莊嚴的「宮殿」當中。大量使用皇家的專屬的黃色（在《詩經•綠衣》朱熹集注曰，「黃，中央土之正色。」中國的古文明被認為起源於黃河流域。因此黃色為正、為尊的觀念成為五行之首，正統之本。在許多時候，黃色成為中庸之道的代名詞，自隋唐以來為皇室家族所專用），正是為了強調這部分論述的權威性。區域二是「共抗侵略者」的部分，展廳內則以白色、紅色、黃色、黑色為主要的色彩搭配。白色和黑色搭配呈現在兩處：一是報紙，二是黑白照片。在報紙原件和影本上，為「白紙黑字」般的事實確證。而膠片質感強的黑白照片，也被認為是具有在場敘述的權威性。紅色和黃色搭配出現多戰場模擬的場景中，展現戰爭的血腥、硝煙彌漫的效果；黑色作為單色的襯景出現時，表徵黑暗、死亡般的凝重，一般出現在不平等條約的簽訂，或是日殖民統治時期的臺灣等一類的物件、圖片的展示中。第三區域為「回歸祖國」，主色調以明快、鮮豔的白色、紅色、黃色為主。其中，白色和紅色形成對比色———象徵日本的投降和中國的勝利。以黃色為基色製作的展牆，上繪著全國大解放、人民解放軍勝利推進的戰爭圖景。參觀者從昏暗的色彩映照下擺脫出來，進入明亮、鮮麗的環境，彷彿是從無助中看到了希望。透過休息過道，參觀者進入第四部分「開發同功」，展廳的格調趨向自然色，以棕色、土黃色為主，表現漢人移民早期在蠻荒之地開墾的艱辛。棕色多為手工製件的原木色彩。土黃色則敘述當時的居住、工作的環境

色彩，比如屋牆、耕地、水渠，等等。第五部分「文脈相承」部分突出金色和黑色，特別是牌匾上鑲金的文字和四處懸掛的墨字，象徵臺灣接受來自大陸的儒家思想，文字教化的過程。另外，這部分突出豐富的色彩搭配，以展現閩臺民間藝術的多樣性。從文字教化、藝術薰陶的洗禮中出來，參觀者將進入第六部分「諸神同祀」。這部分講述兩地共同的宗教信仰，從全國性的佛教、道教，到王爺、媽祖、三山國王，等等，採用的是金黃色、紅色、黑色為主色調。光線同樣被特意調低，彰顯莊重、沉靜、凝思的宗教氣氛。最後的第七部分，以「風俗相通」為題。色彩以明快為格調，強調三個層面的色彩搭配：一是建築的紅色和白色，表徵「紅磚白石」的閩南建築符號；二是白灰色和淡黃色，為房屋裝飾的石構件基本色；三是赤紅和棕色搭配，象徵節慶是在門簾上張貼的紅喜字、紅對聯；以及屋內隔扇、屏風的棕色木漆。在光鮮亮麗的色彩構建的民俗世界裡，遊客得以找尋熟悉的「鄉土」符號。

2.言語和聲響

外界的聲音刺激於聽覺器官，於是產生人的第二大感覺：聽覺。聲音的作用在於輔助和強化視覺觀看的效果。按照其傳達意義的連貫性和複雜程度，聲音可分為言語和聲響兩種。

這些聲音分散在博物館的各個展廳內。第二部分「血脈相親」有兩處：唐人過臺海模擬海風、雷鳴的聲響和祭祖場景中樂器演奏和參與人說詞。第三部分「隸屬與共」主要有三處：一是有關鄭成功抗擊侵略的電視劇；二是臺灣民眾鳴鑼罷市的鑼聲和吆喝聲；三是幻影成像「霧社起義」的演劇。第四部分有一處，「日茂行盛況」的演劇；第五部分「文脈相通」有兩處，為詩社場景中閩南話吟唱、南音和高甲戲的奏唱。第六部分「諸神同祀」主要是模擬觀音寺裡的喃喃念經聲。第七部分有三處：一是幻影成像「人生禮俗」的演劇；二是花燈場景的古樂；三是中秋場景的投影錄影。

在博物館展現空間中，聲響表現為模擬自然界的聲音和樂器的發聲，製造身臨其境的效果。而言語以兩種方式呈現：普通話和閩南話。普通話以確實、肯定的音調出現在記錄片播發中；而閩南話以親切、熟悉的鄉土氣息，拉進與臺灣和福建兩地民眾的心理距離。

　　第一點、閩南話的呈現。表現在臺灣民眾鳴鑼罷市的吆喝聲，詩社場景中閩南話吟唱，中秋場景的投影錄影。使用閩南語以喚起不同的情感。首先是愛國主義情感的激發。觀眾先流覽有關馬關條約的一系列歷史圖片後，心懷對清朝廷「腐敗」、「無能」的憤慨和不滿，深感臺灣是中國領土不可分割的一部分。這時候，不遠出傳來臺灣民眾走上街頭，四處鳴鑼叫喊著：「罷市咯！罷市咯！」由此，情感得到昇華。參觀者此刻與臺灣「同胞」達成一個中國的共識，強化了民族身分的認同。其次是熟悉和親切感的喚起，體現在詩社場景中閩南話吟唱，「日茂行盛況」的演劇，中秋場景的投影錄影上面。《情繫臺灣》一文的作者（徵文編號Zw-B-04）得出結論，「血緣和文緣很有道理，臺灣人大部分都是來自閩南，而且文化也很相似，就連方言也是相同的。」正是兩地方言的同質性，讓《家》一文作者（徵文編號ZW-A-40）感覺就像「回到家鄉」，有一種說不出的「親切感」。

　　第二點、普通話的使用。其中，記錄片和電視錄影以確然、肯定的演說形式，強調閩臺關係在各個方面的確鑿性。正如劉雨龍（徵文編號Zw-A-02）發出的感慨，表達了堅定的信念：「由於種種外部的勢力的干涉，1949年以來，臺灣就孤懸海外，造成兩岸分離的現狀，這是包括臺灣人民在內的所有華夏兒女們最為慘痛的心史。但，世界上只有一個中國，臺灣是中國不可分割的一部分，已被全部歷史、現實和法律所證實。」葉森嵐（徵文編號Zw-C-19）更是感慨博物館聲音的具大魅力，他正在「聆聽一曲閩臺同胞血濃於水的交響樂」。

3.觸摸

除了放置在展櫃裡的文物或複品外，場景所展現的模型都裸露在參觀者可以觸摸到的地方。確實，每次當我遊走於展廳四周，就曾多次眼見參觀者越過保護線，上前觸摸，甚至操作起模型或原物。這被博物館的工作人員所明確禁止，但多次在隱蔽之處發生違規行為。經分析，有幾類展品引起觀眾的極大興趣：一是生產或測量工具，位於「開發同功」的臺灣農舍場景、茶葉作坊場景、織布機場景、郊行商置場景，等；二是建築模型，分散於「文脈相承」的貢院考生場景、詩社場景、洞房場景、抬轎處場景、中秋、元宵、除夕場景，等處；三是人物塑像，特別是高分子材料矽膠模擬人像，包括日本投降儀式場景、貢院考生場景、詩社場景、洞房場景。

接下來我們將分別討論。第一類，生產或測量工具的觸摸。對於老人而言，這些對象都是他們那個年代「曾經使用過」生產工具。再一次觸摸、親身操作一次，都回激起對過去生活的無限遐想。我曾經問過一位老人為什麼要觸摸而不拍照。他笑著回答：這些東西都在我們腦子裡，摸一摸它們就足夠了。以碰一碰實物取代留影像，表達老人對記憶理解的獨特感受。第二類，建築模型，多數參觀者的觸摸都帶有懷疑態度：模型仿造得有幾分真實感，就用觸摸的方式說明檢驗吧。還有的參觀者想看看模型使用的材質。比如，講解員小楊和范範（見講解員范範的聊天記錄，時間2008-3-8，和小楊的講解記錄，時間2008-3-5）就曾告訴我：觀眾對鄭成功大型浮雕很感興趣，我們告訴他是玻璃鋼製作的。有不相信的人，就會跑上前去摸淡黃色的壁雕。更多的人是直接串入模擬場景中，擁抱或手扶展品或模型以留下寶貴的影像記錄。第三類，矽膠模擬人像。根據講解員的介紹，矽膠是多用於女性的美容產品。由於與皮膚質感極其相似，使得模擬人像的工藝幾乎可以達到亂真的水準。比如，小楊的解說是這樣描述投降儀式場景中安藤利吉的光

頭：「為了達到真實的效果，我們先用真人的頭髮植入矽膠模特頭上，再用剃刀剔除。」

總之，以視覺為主的看，配以對聲音的聆聽和物品的觸摸，參觀者以全方位的狀態體驗展品構建的神聖空間。他們試圖忘卻了當下的自我，與各種展演的景觀（場景、幻影成像、物件、模型空間）融為一體；他們開始跨越時光，來到過去，追尋舊時難以忘卻的記憶。

（二）時空邊界的跨越——尋找舊時的記憶

先從我寄宿在泉州的老房東——王叔說起。他是土生土長的閩南人。退休前，他在建築公司承包工程和專案。帶著建築方面的問題，我特定請教了他。一聽說我在寫一篇關於閩臺緣博物館的論文時，王叔趕緊拉住我，聊起上次參觀的體驗。在談及第四部分「開發同功」的農具展示時，王叔說話帶著絲絲顫音：「小時候，像我們現在已經五十、六十歲的人，對這些農具都不陌生。許多都使用過。看到後，我們覺得很親切——好像就在昨天發生的事情！（這些）（指農舍場景）（括弧部分為作者所加，為句意的完整性而作的補充）都是我們以前住的地方，用多的農具啊。比如說那個提水工具，用我們當地話叫『戽桶』（戽桶是在桶口與桶底安上一對繩子，由兩人各執一端，相向操作。兩個人分別站於池塘或水潭的兩岸，各自抓住桶繩，把戽桶蕩入水中，再一起用力，將桶裡的水提上岸倒進水渠。水順著管道分流，進而灌溉田地），兩個人操作就可以了。但是水位的高差不能太多。那個戽桶你可能不熟悉，樣子就像垃圾桶，兩邊各有一條繩子。工作時候需要兩個人協作，這要技術的。水一拉起來，（再）用力摔出去。（王叔反覆用手勢告訴我，如何操作戽桶。看得出他十分懷念小時候的生活）還有那個水車（用兩隻腳踩的），在我很小的時候，就幫過家裡使用過。在五幾年（指1950年代）的時候，（農村）還沒有抽水機、

水泵，直到六十年代才逐漸看到。當時，還有些窮農戶連農具都買不起。比如，水車就屬於比較大的農具，效率也高。只要你安裝好，就可以使用它將池塘、水渠的水提上來灌溉田地。有兩個人就好操作。」

看到這些農具，老人思緒不斷：「當時為了抗旱，這大概是1960～1962年的時候，三年自然災害。在經濟條件比較好的南方地區，我們就是用這水車來提水灌溉的。我們看的（水車實物）就是那樣，臺灣也一樣。我們這裡有一個鄰居，在解放的時候整家都搬到臺灣去了。現在還保持與我們聯繫和來往。」一旁的阿姨也補充了一些，對農具舂米（臼）的印象很深：「還有舂米（臼）。就是用一個帶槽的石頭，這方法和上面的石碾用途一樣，就是比較小的規模——一次最多十多斤米。在我們這裡，多數是大家庭（指擴展式家庭）（人口比較多），舂米的速度相對就慢了。這個東西（以上物品），在我小時候貪玩的時候，家裡有什麼農活，都要叫上我去幫忙。以前沒有什麼動力，基本上都是靠人工，所以家裡需要更多人手才能做好。」這些農具在老人還是孩子的時候就經常使用。現在他們住上樓房、別墅，吃上商品糧以後，這些都變成遙遠的記憶。上官朝夕（徵文編號ZW-A-41）也有相似的看法，「細看館中的一些陶器，支票，以及一些風情的農工商用品，自己看來還有些我家鄉的農家味道。」

老人們體會著「久別重逢」的熟悉感（如圖4-1，參考林雪萍，千人湧入閩臺緣博物館，東南快報，2006-5-28，照片為曾志銘拍攝），並相信臺灣人到這裡也有同樣的感覺。王叔告訴我說：許多臺灣人原來「也在福建居住過」，後來因為戰亂「跑過去」。如果他們「再回來看看這些農具，感覺就有共鳴」。因為我們「都是中國人嘛。」在講解員田田（因尊重講解員匿名的請求，此為化名）的工作日誌中，記錄了這一個有趣的事情：2008年9月的一個下午，她在講解中遇到一個臺灣老人。在翻閱臺灣日據時期舊照片

之時，他不禁向旁人敘述了在臺灣親歷日本殖民統治的故事。文中（引自講解員田田的工作日志，時間2008-9-18）寫到，「在日本殖民臺灣時期，他（老人）作為歷史的親歷者，對過去的一切歷歷在目。當一些老照片喚起他的記憶時，他就激動地告訴大家當時他所經歷的情況，講完後還會痛批日本人對他們的傷害。例如，殖民當局在臺灣推行奴化教育中，若臺灣孩童男孩子之間打架，用閩南語開罵。被老師知道後就要進行體罰，手段是（孩子間）互相扇打對方的耳光，直到臉被打紅打腫，能記住下次不說閩南話。」不難看出，尋找「懷念」的記憶同時，老者勾起在中國人在臺灣的傷心往事。透過呵斥日本奴化教育，將閩南話作為民族認同的重要標識，是從孩童起就記憶憂新。《家的方向》（徵文編號Zw-B-37）的作者回憶起兒時與臺灣老人的一次邂逅。當時，臺灣老人聽到我們在講閩南話時，他熱情地詢問那裡人。在得知是泉州人時，「那位老先生流露出親切的神情，深情地說，那也是一家人啊，我是臺灣人。」這裡，閩南話成為區別參觀者身分的一個重要標誌，在歷史回憶中，閩臺兩地沒有了距離感，是「一家人」的親人關係。

圖4-1　兩位老婦人正在追憶往事

　　總之，到閩臺緣博物館參觀，就在物與人的視線對接中，參觀者回到了過去，進入當時當地的生活場景中。在博物館的展示空間裡，各種「消失」的生產、生活的過去畫面重新獲得了當下的生命力。他們在神聖的空間中流曆，置身於歷史的長河中，那些特殊的記憶空間中。正如姚鷥思（徵文編號ZW-A-39）寫道，「在參觀閩臺緣博物館時，我的心像游離在歷史的歲月裡，仿佛那一幕幕歷史正重新在上演著。那裡面記載著多少人民的心酸，或許只有真正經歷過戰爭的痛楚的老一輩人民才深有體會。」這顆「心」在《濃濃海峽鄉土情》作者（徵文編號Zw-B-13）的筆下，彰顯出兩地民眾記憶的聯繫性。他寫道：「正是這種幾近相同的閩北文化，濃濃的鄉土情，將兩岸的每一顆心串聯，讓兩地人民的距離越來越近……」

　　（三）移情（共鳴）：抹去一切差異

杜爾干在《宗教生活的基本形式》一書中，向我們描述了宗教力量如何透過儀式的過程賦予團結集體的能力。他認為儀式中土著在膜拜神靈，其實是在召喚集體的凝聚力。這個過程包括四方面的要素（喬納森•特納、簡•斯戴茲，情感社會學，孫俊才、文軍譯，上海：上海人民出版社，2006年，第59～61頁）：首先，儀式中使用的符號被賦予神聖意義是前提；其次，神聖化的客體能被推及其它的一類相關的客體；再次，儀式喚起情感，使人們可以體驗到團結感；最後，儀式反映人們協調地身體移動和敘述節奏，是集體興奮的結果。科林斯（Col-lines, R.）（《情感社會學》一書中譯為柯林斯）吸收了杜爾干理論的上述觀點，進一步提出互動儀式的理論。他的理論強調在具體時空裡的參與者共同在場，對喚起情感具有必要性。「當人民參與到共同的行為之中，互動儀式就出現了。」（喬納森•特納、簡•斯戴茲，情感社會學，孫俊才、文軍譯，上海：上海人民出版社，2006年，第63頁）

　　同樣，在博物館的參觀活動中，講解員的解說和解答、觀眾的觀看和理解，與表徵兩岸淵源關係的展品之間，形成一種互動儀式的相互關聯。首先，講解員與觀眾在場，是在特定博物館「神聖空間」中發生的關係締結；其次，參觀者聽著文化講解，並將視線關注於特定的展品中；接下來，在參觀過程中，講解員按照五緣展廳的動線、流程，有步驟地講解、說明各展品背後的各種故事。這時候，講解員扮演著知識掌控的「注釋者」（在這點上，講解員身分具有特納所說的儀式長老的權威）角色，而參觀者為攝取知識的「解讀者」。這時候，參觀者在世俗社會的種種地位、身分都在博物館空間中暫時性消失。換句話說，由於講解員的出現，觀眾被換位成為「學生」的角色，在受教育過程中被抹去一切的社會性差異。他們共同分享知識的「洗禮」，與展品之間形成平行、流動的認知關係。這裡，「神聖化的客體」可以被認為是展品背後展現的共同主題：閩臺關係。而這一主題可以外推到其它的各種聯繫，在

博物館空間內表現為中國地圖、閩南紅磚厝、南音、閩南語、媽祖信仰，等等。當人們透過身體移動，藉助視覺、聽覺、觸覺等體驗權威知識的傳播時，互動儀式就產生了。在柯林斯的儀式理論中，儀式參與者將感受來自集體的情感——團結感的整合作用。而這種團結感特別表現在對待對象徵符號的違反，表達出的憤怒之情。

舉例說，劉雨龍（徵文編號Zw-A-02）在參觀中被激發出兩種情感。一是移情和共鳴的情感。如「緣定難分離。臺灣與福建骨肉相連，血濃於水。」二是家人的親情。作者感慨道，「你就如同久離父母懷抱的手足，同胞奶弟——臺灣早日回家，這是咱們全國人民的殷切期盼。而且這種期盼一定不會以時間的延續而淡化，不因為朝代的更替而動搖，因為已經深植在每一個中國人心中。」作者將這種親人間的思念比擬為愛人間的不離不棄，是將臺灣看作大陸離散的親人之情提升到愛人間那種親密關係的「緣分」層次。這是從親情的角度，表明參觀者與臺灣同胞形成「一家人」的共同體，而產生情感上的共鳴。

另一方面，從排他性的角度，親情、團結感的對立面就是對違抗者的排斥和憤怒。比如謝芩卉（Zw-A-15）在文中寫道，「......先是西班牙、荷蘭等相繼入侵臺澎地區；繼而1840年第一次鴉片戰爭爆發，英國軍隊張牙舞爪地多次攻陷廈門，襲擊臺灣，竄犯泉州；1880年代緊接著的中法戰爭期間，法國軍隊封鎖臺灣海峽，法艦在福州、廈門港口遊弋示威，轟擊基隆炮台；近代以來，日本瘋狂地推行軍國主義擴張政策，挑起甲午戰爭，竊據臺灣寶島50年之久。侵略者在包括臺灣在內的中國領土上，為非作歹，犯下的滔天罪行罄竹難書！」這裡的詞句中，使用「張牙舞爪」、「遊弋示威」、「為非作歹」和「滔天罪行」來形容入侵中國領土的列強。包括法國、日本、英國，都被看作是「我們」的「敵人」。進一步說，相對於「敵人」的「我們」，同屬於一個共同體的範疇。參觀者彼此的在社會結構中的差異，在此時的情感激發過程中被抹

去，只留下無差別化的「我們」而作為整體（非個人）的存在。又如小陳的訪談中，他就多次使用「我們」的詞彙來表述臺灣的歷史。

　　小陳（聲音帶著顫音）：對了，中法戰爭。我覺得就是屈辱啊！當時清政府十分無能，就打贏了還賠錢啊！還有，中日甲午戰爭，臺灣被割出去。這事情也是。一句話，我們不能窮啊。

　　我：窮？你是說綜合國力嗎？

　　小陳：對啊。現在我們國家的經濟實力上去了，國際地位也高了，小日本還敢欺負我們嗎？

　　我：鴉片戰爭也是。

　　小陳：誰叫我們當時落後啊。

　　……

　　我：中國對臺灣的行政管轄有段很長的歷史。那麼，你堅持認為臺灣是中國領土的一部分，是嗎？

　　小陳：（臺灣人）從小接受的教育就是這樣啊。就算臺灣為日本政府所殖民的時期，臺灣人民都舉行過大大小小的反抗運動。這是歷史事實啊，誰能改變得了啊。之後，開羅宣言的頒布明確將臺灣歸入中國的行政版圖。這是國際法的東西，沒有辦法更改臺灣是中國一部分這一事實。（源於我與小陳的聊天錄音，時間2008-3-26）

　　在訪談的過程中，小陳有點激動———幾次鏗鏘有力的論說。顯然，他的愛國主義情感被激發了。在他的視線中，「我們」已經包括臺灣在內的所有中國人，相對在情感上排斥「無能」的清政府和「小日本」。他確信「沒有辦法更改臺灣是中國一部分這一事實」，這種肯定不僅依託於國際法的文字證據，而且是依託共同體

的「我們」所具有的同根情結。

三、聯想：在落下「帷幔」之時

　　進入參觀即將結束的部分。我將此類比為劇場演出的落幕時。論述的關注點落在此時、此地參觀者的各種心得和反思。如果說博物館參觀是好比是通過儀式的閾限階段，那麼結束的交融狀態可以看作是參觀者透過反思，對原先的結構「重新注入了活力」（在特納看來，儀式的交融狀態是對原結構的一種反思，甚至是反抗。（參見特納，儀式的過程，黃劍波、劉博贇譯，北京：中國人民大學出版社，2006年，第130頁）。這裡所說的結構，主要是指社會的認知結構（人類學家列維—斯特勞斯認為，結構是一個分類性的體系，社會生活得以維持秩序的模式），是參觀者透過儀式化的學習和體驗後，形成對臺灣和大陸關係的更新性認識，還包括對現階段的兩岸政局的內省。結合前面參觀的體認活動，參觀者將透過訪談、遊記、寫作的象徵方式，將參觀過程中聚集的各種情感，以本能的自然方式釋放出來。

　　（一）家的團聚和祖國統一

　　最後的結束廳實際上是第七部分「風俗相通」一個組成部分，包括元宵節、中秋節和春節三個場景和一個結束影牆。首先，結語廳的圓弧形建築構件與序廳相似，不同的是突出圓弧的完整性，具有回音壁的聲學效果。出口處矗立著具有閩南建築風格的仿造影壁，上面的有機玻璃板，用文字敘述了「祖國」盼望臺灣「回歸」的祈望。觀眾立於結語廳的「藍天」下小聲說話，可以清楚地聽到自己的回音。兩旁的場景模擬閩南庭院的家居環境，分別上演中秋節盼親人和除夕夜盼團圓的兩個影像故事。這兩個場景都以「回」字為主題，在參觀者講話時發出的「回」音形成跨時空的銜接，自

然讓在場觀者發生情感上的共鳴。在「同頂一片藍天」和「同時炎黃子孫」的文化隱喻，將個體對家「盼團圓」的小情感引申為「中國人」共同祈望「臺灣回歸」的大情感，重申博物館對「統一」的主題渲染。

在講解員田田站在結束廳前，面向到訪的金門同胞敘述中秋節和除夕團圓的故事和寓意。她說：「中國人在除夕之夜，都回在桌下放一個火盆，表示紅紅火火。但是，如果有家人在那天趕不回來過年，也會在餐桌上擺上一副碗筷，來祈求團圓之夜。從另一個角度來說，這有點像沒有回歸的臺灣。……」之後，她的敘述透露出「祖國大陸」對臺灣回歸的「真切期盼」。就在講解結束之後，場下響起持續不斷的掌聲。金門參觀團的代表主動上握手，連連稱讚設計的寓意很好，並表示「同樣希望兩岸的和解早日實現」。還有，許多老者在參觀結束時，眼望著缺一位、留一副碗筷的除夕場景時，也不禁飽含熱淚。《見證：心願和祝福》（徵文編號ZW-A-34）的作者發現了一位老者很激動，「大概很多年沒回家，竟然微微激動流淚，想必是觸景生情了。」作者連忙抽出紙巾遞過去，「他有點不好意思地對我說，這裡面很多東西你們年輕人不曉得。」這裡的「不曉得」是指那份臺灣同胞那份真摯的思鄉情感。王會亮（徵文編號ZW-A-45）回憶起身邊的故事：爺爺參軍到了臺灣，而奶奶留在大陸的一端。她的奶奶直到去世都沒能於海峽一邊的爺爺見上一面。這樣的個案還有許多，都說明參觀者在結束參觀後感觸很深，激起對原鄉親人的思念之情。

在這裡，一旁場景設計的「歡聲笑語」，並沒有打消參觀者對兩岸現實狀況的思考，反而又一次強調了臺灣和大陸在意識形態上的分離狀況，具有幾分舞台上的悲劇色彩。中秋節的演劇倒是增添幾分團圓的色彩，這在一定程度上為那些感傷的參觀者抹平傷痛。換句話說，「真實」的未統一的實際局面在故事情節中得到心理補償，在戲劇表演中為參觀者一個「有待善終」的心理慰籍。

（二）「我們都是中國人」

在回顧前面的展品和敘述，參觀者對中國人身分的確認印象最為深刻。總結相關論述，我們可以看到，參觀者透過兩個方面強調自己的「中國人」身分，表達「我們」和臺灣「同胞」是作為一個共同體的敘述單位。

一種觀點是抒發了對立/排他的情感。比如，胡燕妮（徵文編號Zw-A-01）使用多個「共同」的概念，表達兩岸「同是龍的傳人」。這是將臺灣同胞劃分到「我們」的範疇內。《歲月無痕親情永恆》（徵文編號Zw-A-07）、《歷史遺落的花簇》（徵文編號ZW-A-39）、《情繫臺灣》（徵文編號Zw-B-04）、《福建土樓與兩岸地根》（徵文編號Zw-B-09）、《翹首》（徵文編號Zw-C-08）的作者，都將曾經入侵臺灣的各個侵略勢力看作與「我們」對立的「敵人」。他們在文章中回顧了法緣部分的有關臺灣受侵略、被殖民的歷史事件。可以看出，透過建構「中國同胞」受難的共同感為方式，參觀者以「形同身授」的移情方式，再次確認「我們」的「中國人身分」。這一確認的建構強調話語的排他性作為人群的分類標準，是在「統一」的國籍身分建構出對「敵人」和「我們」二元對立。而「我們」的概念是很廣泛，既包括中國領土上的所有具有漢人身體特徵的，也包括非漢人但接受中國政府管轄的少數民族，甚至曾作為殖民地上反抗外來入侵的少數民族，如臺灣高山族。這樣，作品中形塑的「中國人」自我形象，成為「敵人」作為參照群體的分類結果。也就是說，日本、荷蘭、法國等西方列強都被劃分到「我們」群體的對立面。在這種二元對立的分類法作用下，一組充滿情感對立的標籤被大量生產和使用，形成對獨特的分類印象（Stereotype）。針對訪談、徵文資料的文本分析中，可以看到「我們」表徵是「同胞」，具有「團結」、「統一」的品質；而「敵人」的表徵是「侵略」，具有「分裂」、「拆散」的品質。

其二是人種學特徵的強調。這主要透過強調中國人「同宗同種」的生物學依據。胡燕妮（徵文編號Zw-C-15）寫到「閩臺人民同根同宗，血脈相連，骨肉相親。」這可以從兩方面看出來：一是血緣、世系的相同特徵。胡燕妮寫道「臺灣同胞同樣是龍的傳人，流著與同大陸人民一樣的血液」。劉雨龍（徵文編號Zw-A-02）更強烈意識到：「臺灣和福建骨肉相連，血濃於水」。二是體態上的特徵，比如楊瑋（徵文編號Zw-A-20）寫道「我們同是黃皮膚、黑頭髮的中國人」。這些觀點多少是種族科學主義的現代遺存。不是將人種根據體質差異而分等級呈現，而是將人種的親緣性放在優先考慮的位置。這些「自然」、「與生俱來」的體表特徵將「黃皮膚、黑頭髮」的中國人聯繫在一起。總之，參觀者將人種的生物學依據，外推到包括家庭倫理觀、風俗習性在內的諸多文化相似性，並進一步建構出「共同體」作為原生民族的延伸體，以及自我認同的象徵符號。這裡的原生民族（在這點上，與族群理論中的「原生論」觀點具有某種聯繫。兩岸民眾的共同祖先，在許多著作中被描繪為黃帝），是基於可追溯的一個共同祖先而形成的成員間紐帶性聯繫。在參觀者眼中，臺灣人被統稱為中國人，是從可知、可驗的角度把家族世系為我族的邊界的劃分依據。可以說，以先祖、血緣意識為基礎，延伸出自我認同的強烈願望，從而有效地整合到「共同體」的範疇當中。

（三）「根」的詞義聯想和生產——榕樹和根

當參觀者走出博物館大門，回望建築、回顧展覽時，都要經過位於中廳的「同文同種同根生」的榕樹爆破畫。當他們再一次仰望由茂盛的枝葉和盤繞的根系組成的榕樹壁畫時，各種思緒轉瞬間彙集為創作的靈感。孫主任就頗有感慨地說，「同樣是榕樹，不同人有不一樣的解讀，但都緊扣閩臺關係這一主題。」作為閩臺關係的重要表徵，對根的詞義聯想體現在榕樹上面。這可以從三個方面看出來。

首先是諧音的創造。講解詞（負責講解員培訓的孫主任告訴我，講解詞的設計因不同人而有不同版本。他們以前也想過要統一口徑，但這樣會抹殺講解員的知識背景）有一段描寫，就是取材於一位領導在參觀後的靈感。「榕樹」中的「榕」字在閩南語中的發音，與「感情」的「情」十分接近。而閩南語是閩臺兩地的通用方言，暗喻閩臺兩地的情緣相連。」有參觀者追溯「榕」字的字源「容」，意味著包容、寬大的情懷（《閩書》對榕樹的注釋為，「榕蔭極廣，以其能容，故名曰榕」），隱喻來自大陸的中原文化對臺灣地方文化具有包容性。其次是形似相生。從榕樹的根系，聯想到人體血脈。小楊在自己的講解詞中注釋到：「正前方是榕樹壁畫。它像人的血管一樣，脈絡非常清晰，糾結在一起，也就寓意我們兩岸居民的血脈相連、相親的關係。」最後是根的擬人化。比如，何少川這樣描寫榕樹的根，「福建人與臺灣人同宗同祖，像榕樹一樣根根相連。」（何少川，歷史的明證民族的心聲———感受「中國閩臺緣博物館」，中國建設報，2006-10-24）同樣，許多參觀者將榕樹的根，聯繫到閩臺民眾擁有共同祖先。這是將「根」，與「龍」、「黃帝」、「鼎」等詞彙並置，集合成為一組共同指代「中國人」稱謂的象徵物。也就是說，榕樹的根被分解化為中國的「傳人」的各種特徵，即每個成員可以透過族譜、碑文、檔案等文獻資料，找尋到確確實實的聯繫。

　　榕樹與福建的關係，可以在歷史文獻中找到依據。據宋樂史的《太平寰宇記》中記載，「榕……其大十圍，凌冬不凋，郡城中獨盛，故號榕城」。宋時期福州的太守張伯玉，為防旱澇而又編戶種植榕樹，呈現綠蔭滿城的景象。由於榕樹葉茂如蓋、四季常青、不畏寒暑、傲然挺立，而成為「開拓進取、奮發向上」的「福州人的象徵」。在臺灣島，桉樹因為其主要的經濟價值而大量種植，其樹種也引自於福建，成為臺灣島的象徵。在中廳過道的休息空間裡，種植著一邊種植著榕樹，一邊是桉樹，講解員自然就將中間的過道

比喻為「臺灣海峽」。

透過對榕樹的詞義創造和發明，象徵兩岸關係的意義被不斷複合化和精緻化，成為一種類似圖騰的象徵物。參觀者透過遊歷博物館，共同分享講解詞和其他文字資訊，從榕樹為客體生產出各種與「根」有關的，更廣泛的延伸意義。一是將根看成是中國的代名詞。林行梅（徵文編號ZW-A-25）使用「落葉歸根」的隱喻，是將「落葉」比喻為臺灣同胞，根比喻為中國。「歸根」是指臺灣終究是要回到祖國。與此類似的意義，還有《情結》（徵文編號ZW-A-28）的「根對葉的眷戀」。二是將榕樹比喻為「中國傳統文化」，而「根」成為動詞。比如，楊瑋（徵文編號ZW-A-29）的「中華傳統文化便深深扎根在臺灣」。

總之，榕樹和根的詞義的創造和發明，是透過與博物館主題思想的修辭連結。與「根」有聯繫的一系列詞語，被合理地放置於臺灣文化的展演中，成為建構、延續人們對兩岸關係文本創作的知識依據。各種觀後遊客的各種反思或心得，雖然在一定程度上對詞彙進行創新、發明，但始終糾結於原先對「閩臺」的前設判斷中，擺脫不了話語權力的各種影響。他們的文本創作充滿了創意，呈現出散文、打油詩、小說等文體，卻不斷複製著同樣的敘述基調，只是在強化、生產著在博物館參觀前的已經認同的知識話語而已。

第二節　協商的舞台體驗：編導、舞者和觀眾的互動

一、「觀眾想看什麼？」

2007年「五一」期間，我原本計劃和編導見上一面。但是，

負責聯絡的林助理很抱歉的告訴我,「他回臺灣考察去了。」再後來的幾次約見都沒有實現。在7月份訪談了行銷部的黃經理之後,閒談中才知道編導是他的親兄弟。他倆的父親就是業主黃景山先生。現在,為了支援父親的事業,兩個年輕人都從臺灣調來廈門經營民俗村的商業活動。一個是負責商品和旅遊企劃;一個負責劇場編排和互動策劃。很慶倖的是,在8月份的一個下午,我終於在民俗村辦公樓二層的大廳,見著了這位「忙人」。他給人的第一感就是隨和。一身隨意的打扮,有點「玩世不恭」的味道。一見到我,編導主動握手,就像遇到大熟人似的。他一身青春活力,沒有經理的架子:「我也姓黃,叫我的英文名麥克（Michael）（以下內容延用採訪者的自稱）好了。」這位麥克先生早年留學美國,言談中不時會蹦出幾個英文鑲嵌於間。正是他在臺灣土地上生長,以及在國外學習旅遊管理的雙重生活背景,使思維中始終貫穿著中國和美國的拼接元素。在交談中,他敘述了自己改編舞蹈的許多方面,充滿了各種思維跳躍的新奇感。加上海外的經歷,也許是他喜歡文化創意的原因之一吧。在這次訪談之後,我們又約了兩次。一次是2007年8月下旬面對面訪談,話題是當時民俗村承辦的兩岸交流活動的活動策劃。還有一次是2008年1月底的電話交談,對新演員選擇和培訓的簡單訪問。以下的文本分析以前兩次收集到的材料為主。

（一）「壓力很大」

第一次見面的時候,麥克很坦誠:「大陸的市場很大,但生意不好做。」他搖了搖頭,繼續感慨經營的不如意,「（經營的）壓力很大。」自1992年民俗村廈門開業以來,曾經吸引了不少遊客到此遊玩。當時的景象,甚至可以用人山人海來形容。我的好朋友小王曾經告訴我,「沒有哪個廈門人不知道民俗村的」。（來源於我與編導的訪談筆記,時間2007-5-5）劉經理也認為,最好的景象出現在1999年,當時的遊客量「達到公司記錄的最頂峰」。之

後的幾年，民俗村的客流量開始走下坡路，直到現在人數還在波動中。由於市場效益好，1995年公司開始雇傭臺灣的原住民歌舞團。他們從臺灣到廈門，為大陸觀眾展示了「臺灣」那裡「熱情、奔放的舞蹈」。之後，資本市場的環境劇變，不得不促成公司的企劃做出重要的調整。麥克告訴我，「到了1999年的時候，（公司）開始招聘內地的少數民族演員。現在這批演員，原來就在民族歌舞團表演過一段。」這些來自內地民族的專業演員，是雲南山寨的阿佤族人。到了2008年1月低，公司開始調整人事，新雇傭了漢族演員。麥克在電話裡抱怨，「這些演員表演不好，沒有預期的感覺」。而原來的那批基於各種原因，「回家鄉過年去了」。（對於第二次重大的變動，我也沒有預想。有時候挺感歎的，企業變化這麼快，趕不上收集材料、寫東西。所以，第二次變動的採訪和資料收集，一時停頓下來。另一個原因是，編導實在太忙，幾次聯繫都沒聯繫上。2008年2月開始著手博物館的調查，預想中的採訪最終沒能達成）「壓力很大」的另一個原因是來自於麥克本身。他說：「我不是專業出身，對高山族舞蹈瞭解不多。」但是，他是一個音樂人，喜歡在閒暇之餘，擺弄些吉他一類的樂器。「……（我）慢慢接觸音樂，搞了一些自己的創作。裡面很多舞蹈的配樂，一些是從九族文化村錄下的，還有一些是我後期加上去的。」除了《高山青》、《娜麓灣，歡迎您》一類在兩岸兩地廣泛傳唱的音樂外，許多舞蹈的配樂都經過他的改編。甚至，有許多「中國的」、「現代的」味道在裡面，比如洞簫、電子琴，近期加的迪斯可，等等。對此，他毫不避諱：「最重要的是觀眾喜歡聽。」

　　音樂方面的專長也被應用到舞蹈編導的工作上面。他多次去臺灣的九族文化村，將看、聽、聞的舞蹈、活動素材，用可攜式DV拍攝下來，回到廈門後編排成表演文本。這是透過兩種方式得以轉化：一是將直接播發母帶，讓演員直接學習；二是剪接部分舞蹈、遊戲環節，成為其他民俗其他活動的「高山族特色」的素材。但

是，創作還是碰到許多問題。「許多節目經常一換再換。我把臺灣那邊的舞蹈材料帶過來，分解成幾個節目後，會陸陸續續教給他們（指雇傭的舞台演員）。你知道，現在觀眾的口味很挑剔。如果沒有及時更新，就很難吸引客人再來。」節目要又新又奇，還有要能迎合「遊客的口味」。市場的要求對他造成巨大的壓力：一方面他力圖詮釋好臺灣高山族「特色」，希望能滿足那些觀眾的獵奇需求；另一方面，受於公司財政經費不足，專業知識不對口等，現實問題所在。那麼，如何以低成本運作以調整市場不斷變化的需求，就需要一個很好的契合。

（二）「文化相似性」：選擇阿佤人的理由

當公司不再聘用臺灣少數民族演員的時候，選擇合適的少數民族成為產品替代，就被擺上日常議題。一次招聘給公司帶來新機，「當時，我們看了這個佤族的歌舞團，特別高興。皮膚黝黑、肌肉強健，很像我們在臺灣的山胞。」在技能展示方面，演員的表演技能也得到公司高層的認可。他補充說，「許多團員會表演一些自己的絕活，比如吐火和噴火。」為了確定演員的選擇不會出現大的偏差，麥克還找了些大陸的書籍，還到「網路（臺灣話，指電腦網路）上查了一些資料」。「......透過找一些文獻，我們發現這個族群的祖先和臺灣那邊的雅美人（現在在臺灣稱作達悟人）是同一個祖先。所以，不管從膚色和體態特徵方面都和接近。」

不難看出，演員的選擇借用「同根同源」的話語體系，作為企業選擇佤族演員的合法性。在某種程度上，大陸的佤族確有許多風俗習慣、文化禁忌，確實與臺灣高山族存在文化上的相似性。大陸許多學者從文獻、考古學的溯源研究，發現兩地民族存在「同根同源」的歷史聯繫。在古閩越人和臺灣高山族各系的文化對比中，許多族源的研究公認高山族多源於閩越族。比如，中國學者許良國、曾思奇的研究（許良國、曾思奇，高山族風俗志，北京：中央民族

學院出版社，1998年，第5頁）。流行與臺灣史學界的「西來說」、「大陸遷移說」（以凌純聲、衛惠林為代表的一批早期中國學者相信，臺灣高山族主要來源於大陸的古越族。這一觀點影響，一直延續到現當代中國學者對臺灣高山族的研究。（凌純聲，古代閩越人與臺灣土族，見臺灣文化論集一，臺北：中華文化出版事業委員會，1954年，第27頁。衛惠林，臺灣土著族源流與分類，見臺灣文化論集一，臺北：中華文化出版事業委員會，1954年，第36頁），都說明高山族與大陸，特別是閩地之間的聯繫。對佤族的考證，尤中（尤中，雲南民族史，昆明：雲南大學出版社，1994年，第121～122頁）認為其祖先源於閩。學者普遍認為，歷史上兩族（高山族和佤族）雖不同支系，卻同屬一源。臺灣有學者認為臺灣少數民族中，雅美、卑南、排灣等來自苗瑤，而泰雅、塞夏等來自古越。（江炳成，古往今來話臺灣，臺北：臺灣幼獅文化公司，1978年，第18～20頁）

　　從民俗村的展演舞蹈上看，佤族和高山族的相似表現在兩個方面：一是樂器的使用，比如木鼓和木葉；二是祭祀舞蹈。楊家娣歸納了滄源縣翁丁佤族的舞蹈種類，包括木鼓舞、剽牛舞、甩髮舞、鋩鑼舞、舂米舞、掃帚舞、圓圈舞、三弦舞、打歌、蘆笙舞，等等。（楊家娣，滄源縣翁丁佤族文化生態村旅遊開發研究：[碩士學位論文]，雲南師範大學，2004年6月）其中，木鼓舞、甩髮舞的功能和基本動作類似。而舂米舞與高山族的杵舞，都源於用木棒舂米的生產實踐。圓圈舞與高山族的拉手舞在表現形式上類似。麥克對此很有同感，肯定自己的選擇符合需要。「中國（大陸）很多少數民族都有這些舞蹈，團結舞（拉手舞）、竹竿舞、甩髮舞一些。根據我查到的資料，象（像）黎族、侗族、苗族、畲族、佤族等南方少數民族都有類似的舞蹈。其實，很多學者、專家也做過考證，臺灣高山族的舞蹈與大陸有親緣關係。所以，我們選擇這些演員來跳類似的舞蹈，也能說明兩地少數民族的紐帶聯繫。」

（三）教材成為展演的文本

接下來的問題，就是如何讓佤族人跳出「高山族特色」的舞蹈。這其中，迎合觀眾口味的舞蹈實踐成為表演的一個核心環節。我們可以舉幾個例子進行說明：

首先是「阿美人迎賓舞」。作為首支「歡迎來賓」的舞蹈，麥克關注它的市場價值。「在臺灣，這個舞蹈每個族在表演的時候都會跳，作為歡迎來賓的一個前奏。」而演員的打扮也有賣點，「阿美（女演員）的裝扮：紅繡衣和白羽冠，成為臺灣各處的觀光點的招牌舞蹈之一。」這裡，紅衣、白冠成為觀眾對臺灣「高山族」女性的想像，自然在開場中為大家亮相，展現「高山族特色」的符號資訊。舞蹈中有個環節「灑聖水」的互動節目，是在2007年初加入的。麥克感到很滿意，「（這）是我去年回臺灣到九族文化村看到的新節目。當時就感覺水代表聖潔的意思，把它灑一點在遊客身上，表示驅除邪、祈福的象徵。這個環節觸動我，好像在漢人社會裡沒有這樣的方式，可以成為一個互動的賣點。」「許多遊客喜歡這個節目。」他回憶說，「有一次，我現場看了：觀眾反映很熱烈，都一個個跑到演員面前，用雙手接聖水。」

還有一個組合節目「竹棒舞春風」，是「我們這裡的招牌節目」。竹竿、竹棒是杵棒的抽象形。他很有興趣地介紹了這個創意過程：「這個舞蹈叫竹棒舞春風，就是將自己族的舞蹈加在一切。這是他們的創意所在：本來以女生甩髮的舞動為主，沒有配樂。跳了一段後，台上靜靜的，沒有什麼生氣。單調的東西，觀眾肯定不會喜歡。團長就建議讓幾個男生在後面手持竹棒搭配著跳。還有就是，後面布景也比較單調，就一幅「阿里山」的水彩壁畫。所以，就請人加上高山族生活場景的東西。讓人感覺他們是在臺灣中央山脈的腳下，部落前的空地上跳舞。大概是2007年初的事情，這些表演上的改動經常發生，重要是為了好看，觀眾喜歡。這個加進去

的舞蹈，取名是『勇士舞』，然後加上甩髮，就顯得更精彩。」不難看出，佤族將自己自帶的舞蹈與和臺灣雅美人的甩髮舞蹈，有機地聯繫結合在一起。這裡，編導考慮的不僅僅是「高山族特色」的呈現，更多的要讓觀眾感覺「好看」。從這個意義上講，簡單的原始呈現只是滿足觀眾「獵奇」的需要，但從美的角度重新解釋高山族舞蹈，成為編導的「創意」所在。

還有一些舞蹈被刪掉或轉換了。首先，雅美的「飛魚祭」刪掉了。這是個男演員的舞蹈，在表演時要穿丁字褲。麥克告訴我，「這樣才正宗。」因為這舞蹈很有「臺灣少數民族」的味道。但是，「男演員穿『丁字褲』很不習慣，（都）不大願意在公眾面前露像；還有，大陸的女生（臺灣習慣語，指女性觀眾）比較保守，看不慣這樣的打扮；加上，現在男演員數目只有六個，人數不夠。」考慮到觀眾不太能接受，演員也不願意表演，這麼「有特色」的舞蹈只好作罷。其次，「勇士狩獵舞」的節目轉換成「巫術火神舞」。麥克解釋說，「本來狩獵舞是一個單獨的節目，描述的是幾個男子合作打獵的過程。從開始看到獵物、圍捕、射擊，到慶祝收穫，這幾個環節。我是覺得單調了點，於是加了一些噴火的環節，表現很驚險的場面，讓大家知道高山族男子的勇敢、無畏的氣質。」再近來的幾次表演中，狩獵的環節也被省略去，只是留下「刺激」的噴火雜技。

說了許多舞蹈、互動遊戲的創意之後，到了最後一個節目——團結舞的介紹。麥克顯得很有自信，「團結舞是我們這裡最受歡迎的節目，一般壓在演出結束前跳。基本上，大家一想到臺灣高山族的歌，就是《高山青》；提起臺灣高山族的舞蹈，就是拉手舞。」這裡的團結舞，也叫拉手舞，源自於臺灣少數民族的祭祀舞，比如小米豐收祭、阿美人的豐年祭。這支舞蹈的創作主題，正映襯出民俗村力圖打造「兩岸交流」的辦園宗旨。因為團結舞的意思是「我們都是一家人」。也就是說，不管有什麼隔閡、誤解啊，

都不要緊。大家放下包袱，一起拉手圍成一圈跳舞。談到這裡，麥克希望我也幫助做做宣傳：「（我們）特意在民俗村（劇場）安排這支舞蹈，也是為了讓大家知道臺海都是一家人。」拉手舞還包括互動的環節，是演員與觀眾一起跳舞。但是，在拉手的問題上，編導還是做了些修改。「我（本來）建議演員教觀眾『大拉手舞』，是間隔一個人的拉手。給人感覺是距離很近，相親相愛地擁在一起。然後，所有人用同一個動作跳，顯得很和諧。」「但是，考慮到現場男女客人經常是交叉的跳，所以一般情況下都是採用『小拉手』。大陸這裡的文化還沒那麼放開，所以小拉比較適合。」這樣的改動是「為了盡量讓客人參與到其中，感受臺灣高山族的文化。」還有，他再次強調說，「每次兩岸交流活動中，我都把這舞蹈安排在最後。這是不可缺少的舞蹈。」

二、「看」和「被看」：舞台展現和觀眾想像

正如編導所說，高山族舞蹈節目經歷多次變動。而且這樣的節目調整、改編和更替在一個不長的時間裡處於流動的過程中。2007年5月我到了臺灣民俗村作試調查，之後7月、8月連續對田野點進行追逐。2008年1月開始，歌舞節目發生較大的調整，之後延續到現在的模式。如果追述園區最早的高山族歌舞表演，是在1992年開園之時。然，所獲材料多為遊客回憶、報紙文字等散見文字。相對而言，在2007年開始到次年1月初結束田野調查，我來回多次進入田野。收集的材料包括錄音錄影、個人訪談、觀察，新聞報導等，材料相對豐富。因此，以下舞蹈節目的展現和觀眾觀看的討論，擬以此為主展開討論。

圍繞著尤里的旅遊凝視（Tourist Gaze）的概念，我將討論演員和觀眾兩種不同的「高山族」想像建構。首先，作為高山族文化載體的演員，是如何透過身體實踐展現習得「高山族」文化，向呈

現所理解的「高山族」想像。其次,演員是如何透過觀看實踐,並呈現什麼樣對高山族想像的解讀。

(一)演員:「表演好他們的文化」

這批演員來自佤族地區的一個歌舞團。(資料來源於我和編導的訪談筆記,時間2007-8-2)那麼一個棘手的問題就是,如何更好學習高山族的歌舞,向遊客展示「高山族」文化。對於這些佤族演員而言,民俗村呈現的是編導安排的「高山族」舞蹈。而他們自己所帶來的佤族特色舞蹈,卻由於與市場需要和園區主題的相抵觸、不受重視。為了將自己的身體呈現改造成旅遊者凝視中的「高山族」形象,他們積極利用原文化的知識,理解編導所教授的高山族舞蹈。透過身體呈現的舞台時間,融合原來的佤族的風俗傳統。而這些風俗傳統在一定意義上,被認為是與遠在臺灣的少數民族具有某種歷史上的親緣關係。就這樣,她們將高山族舞蹈和自己風俗特徵的進一步融合,形成更加複合的「高山族」形象。

1.學習中的能動性

編導的教學是面對消費大眾的需求,因而需要考慮兩方面的因素:一是力圖呈現「居住山區」、「自然、原始」的他者想像;二是來自於市場環境、演員來源、專業知識的各種壓力。對於演員而言,前一種努力成為他們舞台表演的規範,需要透過實踐的學習與編導的構想處於不斷的磨合當中;後一種成為他們呈現主體性的合法途徑。換句話說,基於各種現實條件的局限性,編導更多讓演員發揮主動性,將那些與高山族文化特質類似的本族風俗、習性,與舞蹈學習有機的融合在一起。這樣,文化再學習和允許自主性並存於演員的舞台呈現當中,成為集合佤族和高山族的一種第三種的文化表演方式。這種呈現是雙方協商的結果:不僅允許編導對演員編碼的權力,而且在一定範圍內認可自己的身體自主性。最後,在舞台上表演標籤為「高山族」舞蹈,實質是在向遊客敘述兩種文化融

合一體的協商結果。

　　為此，佤族人學習和展演高山族舞蹈的時候，基本上採用「變」和「不變」兩種策略。阿秀（化名）告訴我，「變和不變是十分靈活的，主要看動作與我們原有的基礎如何做調整。」這裡的「動作」是編導教習的高山族舞蹈，而「基礎」是佤族特有的技藝。這些技藝是在原生活環境中，被社會化的價值觀、生活技能，以及舞蹈演員所具有的基本功底。首先，「不變」的是高山族的基本手和腳的基本動作；「變」的是融合其中的佤族文化，形成各種「花樣」。在「竹棒舞春風」的節目中，跳甩髮舞的女演員伸手、躍步，並以有節奏的「嘿、嘿、嘿」作為口令。演員還刻意跟著節拍，扭腰搖臀，一改雅美人上下、左右擺頭的程式化動作。而男演員表演使用的木棒，不僅包括杵棒的上下敲打，而且加入前後搖晃的敲木鼓的動作。等等。這些動作都屬於她（他）們加花的部分，被演員戲稱為「創新」的部分，不僅具有一定的自由度，而且是在符合「高山族特色」的許可範圍內所作的舞蹈再現。

2.「高山族」的舞台呈現

　　在劇場印發給觀眾的節目單裡面，「臺灣高山族歌舞表演」分四個時間段進行。上午9點半和11點各一場，下午3點左右和4點半各一場。節目單上的表演涉及臺灣少數民族的九族分支。每個族支以一個代表性的節目出現，呈現出一個完整的「民族舞蹈」的想像。在我2007年5月，以及後面7、8月份的實地調查，經常表演的專案只有六個。其中舞蹈展現部分包括：「阿美人迎賓舞」、「竹棒舞春風」、「樹葉吹歌」、「團結舞」（拉手舞）四個；互動節目涉及以上六種之外還有歡迎大首領遊戲。2008年1月增加了「同心鞋舞」、「愛拼才會贏」兩個新節目。另外，「巫術火神舞」只有在晚上演出，或是集體預約、大型活動上才得見的特設節目。

　　最程式化的舞蹈節目為「阿美族迎賓舞」、「竹棒舞春風」、

「樹葉吹歌」、「團結舞」。雖然會穿插各種互動節目，但這四種基本是每場必跳。節目主持人多為團長擔任，在2007年7月後，「外表好」的女演員逐漸成為展演的主流。

首先是「阿美人迎賓舞」。女主持人用甜蜜的普通話介紹，言語中強調阿美的女性「美麗」。每次「有佳賓蒞臨時」都會「熱情」地迎賓舞以歡迎他們的到來。伴隨著激情、富有節奏的具有「原始味道」的木鼓擊打聲，「高山族」演員從兩側列隊進入舞台。男演員身著布農族獸皮衣，女演員身穿頭頂羽冠，身著紅色繡袍。兩隊繞場向觀眾示意。隨後，歌曲也由鼓聲轉為流行曲調，歌詞被改裝成劇場的主題曲，有節奏地重複「娜麓灣」這一詞語。演員也合著節拍舞起來。動作基本為小踢腳、上舉手、轉身。舞蹈節拍為弱、弱、強。之後，六名女演員，分三路步入觀眾席中，逢人就用樹葉沾水，灑到面前的觀眾手中，以祈福平安。

接來是竹棒舞春風的節目（如圖4-2）。據編導介紹，這支舞蹈是由雅美的「甩髮舞」和賽夏的「竹竿舞」組成。民俗村內甩髮舞中，原來只有雅美的女子群舞表演甩髮舞。後來，編導和舞蹈團團長認為只有女孩子在舞台上面單獨跳，略顯單調、不帶彩。團長就建議編導將男子群舞加入其中，表演阿佤族木鼓舞，這就成為現在的木棒甩髮舞。兩位男子在舞台後側敲鼓，發出雄厚的鼓聲作為舞蹈配樂。在兩木鼓間隔處和邊上，分立一名男子（共4位），雙手持木棒模擬敲鼓的上下動作；而在舞台前側充當主角的女子，搖曳、飄蕩秀髮、激情甩髮。她們反覆上下、左右、轉圈地甩髮，直至鼓聲的最高點。而男子雙手各持木槌中段，一邊模擬擊鼓動作，一邊以鼓為中心旋轉身體、來回跳躍，不時發出粗野、豪放的歡呼聲。這樣，竹棒舞春風既有「豪放」的秀髮飛舞，又有「強壯」的男子參與其中。舞蹈結束後，是讓觀眾上台跳竹竿的互動環節。

圖4-2　《竹棒舞春風》節目

　　樹葉吹歌相對單調點，只有兩個男演員拿著幾片榕樹葉（用榕樹葉作為木葉吹奏，也是與「兩岸交流」的主題相關。主持人曾介紹說，榕樹葉是兩岸同根同源的一個象徵。在臺灣種植有大量榕樹，最早是由大陸漢人從福建這邊帶過去的樹種。（參見錄影資料，時間2008-1-19），穿梭於觀眾席中吹《高山青》。穿著圍裙的小伙子先在台上又跳又唱，然後走下台融進觀眾中進行「零距離」的表演。（劉經理解釋說，演員下到觀眾中表演，讓觀眾觸摸到「高山族」藝術。這是臺灣民俗村的一大特色）最重頭的節目是團結舞。舞蹈形式取材於臺灣原住民的拉手舞，實際上都源於原住民的祭祀舞蹈，比如小米祭、豐祭、五年祭一類。在臺灣民俗村，舞蹈隊形的呈現有許多種。一種呈現是，兩邊四女一組，以大拉手的方式進入舞台後合圍成半圓形。還有一種是，十一個人為一列，

男女交替著以大拉手方式，從左自右側步行走，進入舞台的中央。腳步的動作十分簡單，沒有拉手舞常見的「左右悠抬」、「上步後撤」、「單腳左跳」「雙腳跳躍」的組合動作。所見的步伐多似踏步行軍，最多退步、左行踢腳的重複動作。有意思的是，隊形在舞台亮相後分開，男女動作有回到「迎賓舞」中的類似抬頭、挑水的動作，並採用男女換位元的方式展現花樣。歌曲還是前面的《高山青》，演員沒有使用詞句複合或伴唱。舞了一分多鐘後，隊行合圍成一個大圈。她（他們）採用跑步、單腳跳躍一類單一步伐，轉了幾圈。然後就開始邀請觀眾上台互動。

（二）觀眾：「他們是高山族嗎？」

在演員如此專注地闡釋高山族文化之時，遊客正圍繞在劇場周圍。他們積極地使用眼睛解讀「高山族」所傳遞的文化符號。在旅遊的體驗研究中，凝視被放置在一個關鍵的位置。人類學家尤里就認為，凝視是旅遊經驗的中心，不僅僅是一種視野，而是遊客對特殊事物所進行的觀察和主動投視，是個人意願的表達性的關注而帶有明顯的主觀色彩。（劉暉，旅遊民族學，北京：民族出版社，2006年，第125～126頁）這一主觀的評價，特別容易發生在麥克坎諾（MacCannell）所說的「非家」、「陌生」的旅遊世界裡。因為許多旅遊者試圖尋找一種「奇異性」，並把旅遊體驗看成是「真實」的體驗。（MacCannell, D.The Tourist: A New Theory of the Leisure Class.New York: Shocken Books. 1976.）來民俗村旅遊的遊客都有這樣的旨趣，但由於遊程限制，使得遊客的交往都停留於表面，由此帶來種種理解的偏差，造成「最膚淺的文化相遇」。這一相遇的結果，基於形成所謂的刻板印象，或刻板認識（stereotypical perception）。（Joan, L.How "WE" See "THEM": Tourism and Native Americans. Annals of Tourism Re-search. 1991. 18 (3): 365-391.）

在臺灣民俗村，遊客在觀看舞蹈表演時，會將觀看的親身體驗與自己進園前的「想像」進行對比。對比的結果會形成一種評價式認識。來自武漢的汪老師就是一例。他是一位元音樂專業的女教師。她告訴我，「我們一起看到了高山族的舞蹈表演，就是我們經常聽到的臺灣少數民族的表演。我們一直猜想臺灣少數民族會長什麼樣子。現在我們得到印證。」這與謝世忠對臺灣「山胞」觀光的研究類似，他認為，遊客是事先卻認他們是「異文化（others culture），才來此求證他的異」。（謝世忠，山胞觀光：當地山地文化呈現的人類學闡釋，臺北：自立晚報，2004年，第116頁）其實，尋找印證的旅遊者，只是眾多遊客中的一類。根據前後收集的近20份訪談資料，我大致將遊客對「高山族」的想像分為三類：猜想型、獵奇型和審美型。

1.猜想型

這一類型的遊客多帶有原來的想像，試圖透過檢驗的方式，看看自己「高山族」是否與之吻合。夏同學是明珠小學二年級的學生。他的高山族印象是一個「熱情奔放的民族」，旅遊的目的是學習課本之外的知識，「透過這次旅遊，我知道了臺灣建築的風格，也瞭解了一些臺灣的民族風情，讓我長了見識。」小江是一位企業員工，這裡的看到的表演似乎達到他的預期「我有去雲南、貴州一帶旅遊，也看過苗族的舞蹈表演。感覺這裡的高山族很他們還是不一樣。比如，上面說的甩髮舞。都是在展現自己民族的整體文化，沒有什麼特別之處。來這裡，還是讓我眼前一亮。」（針對企業團的訪談筆記，時間2007-8-11）小聶來民俗村的時候，有點擔心臺灣人排外。她說「本來覺得臺灣人還很排外，來這裡以後。透過和大家互動，逐漸消除誤解。其實，臺灣和我們大陸的文化都一樣——人也和氣。我在江西那裡，沒有體會到。」小周是學校的英文老師，她很興奮的說：「看歌舞表演以後，我覺得這個族是一個豪放的民族，能歌善舞、多才多藝。他們很熱情，我們上台和他們

互動的時候，一點都不覺得溝通困難。他們漢語講得很好，雖然相互間還是用族語進行溝通。」（針對學生團的訪談筆記，時間2008-1-19）

  2.獵奇型

  這部分遊客將「高山族」看作是「原始」而「封閉」的民族，生活在自然環境當中，與外界世界隔離。特別是在2007年「五一」期間觀看「殺雞祭祀」表演的觀眾，特別使用「恐怖」、「血腥」和「野蠻」的詞彙形容「高山族」的形象。一位部落格作者（參考部落格網站http://www.blogcn.com/user42/xiariqingge/index.html）寫道，「......最另我們難忘帶恐怖色彩的是，那個打扮的像原始族人的表演。先是殺雞生喝雞血，說是高山族人歡迎來賓的一種方式，不過令所有的觀眾都感到恐怖......」某同學來自武漢，他感慨現代文明對高山族人的侵害。「我就是覺得高山族啊。就是說，我希望高山族舞蹈，應該能表現自己民族特色的東西。而不希望攙雜一些現代東西的表演。如果太多現代的東西融在裡面，就會把他們的民族情感給掩蓋起來。我所希望看到是，他們的純天然、純自然的東西。那些可以表達自己情感的東西。」（學生團訪談筆記，時間2007-7-23）這樣的觀點不在少數。學校工作的肖主任經歷了兩次演員更換。她不無感慨，「十年前的記憶。當時那些演員又黑又矮，上去跳竹竿舞的時候溝通也不好。但是讓人感覺到的是，一種原生態的味道。舞蹈配樂也少，演員多是清唱。現在呢！加了背景音樂，還有迪斯可旋律。太現代了，有點受不了。」當談到「甩髮舞」的時候，有的人認為很有「高山族味道」。比如，來自武漢的朱老師感慨道，「這樣的舞蹈類型很難在我們那（地方）尋找到。」小甄甚至認為高山族給人的印象，可以用「狂野」來指稱。

  3.審美型

這一類型的遊客以女性居多。小江說，「看不慣。女孩子把這麼美的長髮甩來甩去，不能接受。而且，整個舞蹈看上去很亂。不知道高山族平時是不是也這麼甩頭髮。從尊重他們民族文化來看，我說說看法而已。但是聯想到日本鬼片，挺嚇人的。沒有一點美感。」（企業團的訪談筆記，時間2007-8-11）小聶判斷說「女孩子甩頭髮，太放縱的感覺，而且不美觀。」（同上）針對選擇「高山族」演員是皮膚是黑好，還是白好，也有不同看法。我的一個朋友小陳告訴我，「皮膚太黑像非洲人，感覺不美。」（隨行聊天筆記，時間2007-5-2）園區的劉經理也抱怨說，「有些觀眾向我反應，說演員太黑，不漂亮。我覺得他們過分，是來選美的！」（對劉經理的訪談材料，時間2007—8—2）

　　總之，透過舞蹈的觀看，他們感受到舞台表演的現場氣氛；希望接受到「高山族」的文化特色，並以次推斷臺灣少數民族部落的整體風貌和所謂的「民族性格」。但是，無論是猜想型、獵奇型，還是審美型的遊客，他們的想像都建立在「現代」和「傳統」的二元分野之上。因此，她們兩種對立的思考中：一是希望看到有高山族特色的舞蹈，而反對策劃者對其變更太大。這表現在加入其他非高山族的元素，使得觀念上「接受不了」。比如，音樂要清唱，最多加一點部落的樂器，不要帶金屬味道這麼濃厚的迪斯可曲調，甚至是鋼琴、竹簫的現代樂器。二是希望演員和觀眾多互動，讓高山族和遊客相互瞭解和交流。讓他們的文化展現（舞蹈）不是那麼難理解，也能以熱情、微笑的方式給所有遊客以均等的服務。前者是原始態的觀點，反對改動；後者是對消費者本位的考慮。這為編導設計腳本、排演高山族舞蹈帶來兩難：一是要保持原貌，從九族文化村搬來的時候的原汁原味；二是要迎合消費市場的普遍口味進行市場化改造。結果，一個節目中即要保持了「原始」、「奇異」的文化特徵，又融入現代元素以說明大眾理解，比如音樂、動作、解說、道具，以及各種類型的互動環節的加入。

這樣，從觀看和被看的兩個視角出發，所謂「高山族」的形象之建構是被安置於兩個主體性（觀眾和演員）不同的身體實踐當中。就演員的言，一方面他們要在編導教學和原文化的「基礎」之間找到一個合法性的協調，透過舞台的身體實踐將「創新」的「高山族」文化呈現在觀眾面前。就觀眾而言，在大眾傳媒長期薰陶下，形成關高山族「原始」、「自然」一類的他者想像，以至於形成評價表演呈現「高山族」形象的客觀標準。他們相信這一種商業機制下的文化產品，卻極力在其中尋找「臺灣特色」的相關證明。這樣的選擇基於不同的動機，而表現出有差別的想像再建構。

三、「我們都是一家人」：觀眾與演員的空間互動

如果說舞台表演側重觀眾「看」和演員「演」兩者的不同的身體實踐，那麼互動環節的加入成為擺脫兩者之間的對立關係，走向文化溝通和交流的一個重要途徑。在編導麥克看來，觀眾是消費市場的主體，是臺灣民俗村邀請的「客人」。因此，舞蹈文本的引進、設計和改編的思考，都被應建立在觀眾的現場體驗之上。而這個體驗的核心是演員參與舞台的表演空間，與表演者進行無距離的間的交流和互動。這時候，劇場作為觀演關係發生和結束的場所，其空間的布置理念也隨之進行變革。

（一）「凝聚」在一起

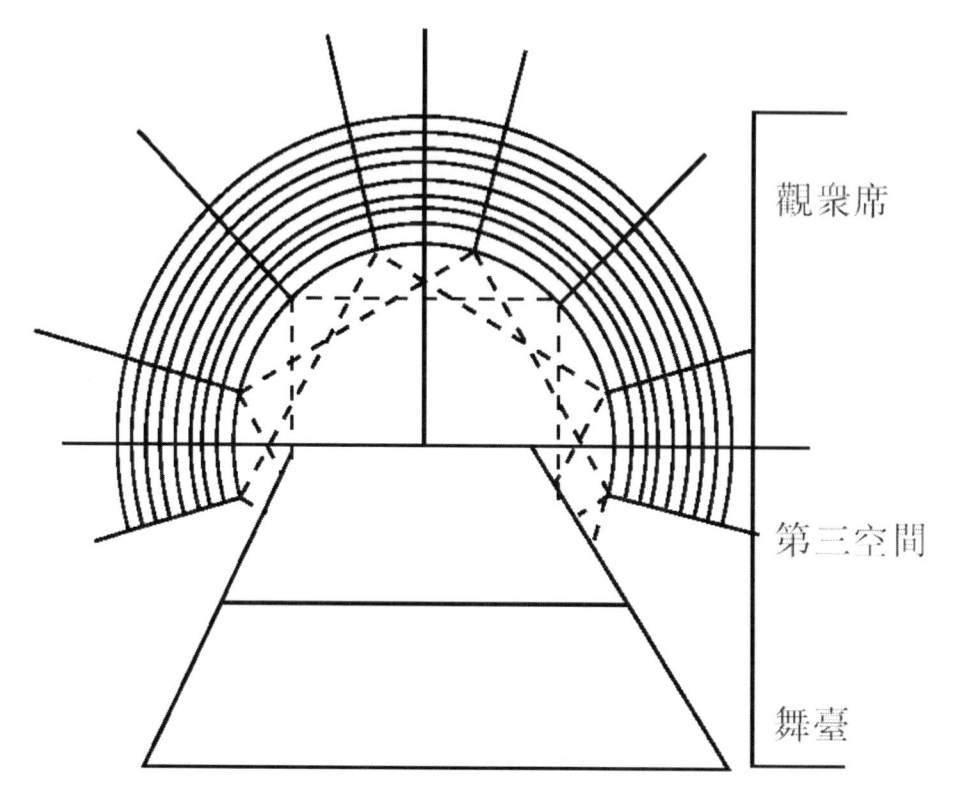

圖4-3　娜麓灣劇場的抽象圖

　　如面所述，娜麓灣劇場摹本來自於九族文化村，由180度的敞口舞台、梯形座位席、中間的空地三部分連接而成。（如圖4-3）劇場的變革從原來茅草屋的小舞台，衍變成現在的大劇場。背後是表演觀念的轉變，從單純為舞台表演區設計「視覺表演」的環境，轉換為包括觀眾在內、關注參與戲劇演出活動的總體性表演空間。從觀眾透視的角度來看，180度的敞口舞台是以一個中心點為聚合點，向四周輻射的表演空間。表演區處於「視覺凝視」的中心位置，觀眾席圍合於表演區形成向心式觀看和體驗活動。這樣，共同向一處「聚焦」，就產生出空間的凝聚感。這一空間型構類似於古希臘的酒神劇場。（秦文寶，空間體驗與表演空間設計：[碩士學

位論文〕，上海戲劇學院，2003年5月）古希臘劇場的平面結構呈圓形，並利用自然的山坡地形構築形成二維的空間，觀眾的視軸是由外向一個中心聚焦。觀眾席與舞台建築之間是合唱隊的演出通道，通道空間一方面起著分割舞台與觀眾席的作用；另一方面，透過合唱隊的演出行為，將舞台的表演與觀眾參與儀式的行為相互連接在一起。與酒神劇場的設計目的類似，麥克希望在娜麓灣劇場裡「觀眾能感覺的一種向心力。」如果說酒神劇場的設計強調人對神的崇拜，那麼類似的建築結構的移植，同樣是為了達到類似的效果：在一種「共同」的觀看和參與行動中，包括視覺、知覺，等組成的複合體驗，將彙聚成一種潛在的「集體意識」（涂爾幹在《宗教生活的基本形式》討論了宗教儀式對集體意識的召喚功能，強調藉助對一種外來力量的神聖性喚醒，以激發參與者，乃至社群的共有集體性和團結意識。這裡的「集體意識」有所不同，強調展演「高山族」舞蹈以觸發觀眾集體性的獵奇心理，形成每個人都有「嘗試一下」的體驗衝動）。這正是原來酒神劇場舉行儀式，以及娜麓灣劇場的觀演互動，所力圖向參與者營造、傳達的空間感。

（二）「消失」的距離

觀眾席與舞台之間的過道，在編導的設計宣導下，演變為演員和觀眾交流、互動的「第三空間」。在這裡，參與互動者、演員之間的角色定位模糊了。他們在未參與者（未參與者是指那些沒有參與互動遊戲而仍留在座位上旁觀的遊客）看來，也是展演的「演員」。正如編導不希望表演與觀眾相互分隔，透過各種互動環節的策劃和設計，讓觀眾參與其中，使得視覺觀看和身體實踐融合為一體。在這點上，編導的特意安排類似於舍赫納的環境戲劇的理念。（可以參考人類學家舍赫納提出環境戲劇的六項原則。曹路生，國外後現代戲劇，南京：江蘇美術出版社，2002年，第51~72頁）舍赫納認為，觀眾的參與正是對原有觀演二元模式的打破，將戲劇表演的不確定性和主動性重新歸還給觀眾。這裡的「第三空間」成

為觀眾用身體實踐「高山族」文化的重要場所。一旦進入其中，參與者就以一種體驗、交流的方式對所用的空間媒介、資訊、以及各種劇情的安排進行多元化的解讀。這樣，三方的參與使實在的距離頓時「消失」，卻透過交流、互動的各種行動，共同參與到建構「高山族文化」的空間實踐當中。

1.「我也是演員」：歡迎大首領遊戲

先從我的體驗說起吧。當時，民俗村的林助理一臉誠懇——幾番對大首領遊客的寫意，讓我充滿了參與和體驗的期盼。我不由問自己，「為什麼不借入園免費之便，體驗一把『高山族』呢？」帶著有點搭便車的成就感，我於2007年5月的一個豔陽天，和幾個朋友一道「光臨」了民俗村。節目一開始，我就盼望著大首領遊戲快點到來。幾節後，標誌性的場景出現了。五個魯凱人打扮的「阿里山小伙」，正向觀眾席緩步走來。後面四個人抬著藤條編成的轎子。這轎子的樣式，頗有幾份我去江西廬山旅遊時見到的登山轎椅。轎子上面道具很顯眼，正是我想像的高山族酋長「獸袍」。前面領頭的小伙，皮膚黝黑。他手裡捧著酋長羽冠，正四處尋找合適的人選。看到幾個觀眾正要離席「報名」，我趕忙起身跑到「高山族」面前自告奮勇。台上的主持人一身阿佤黑衣，似乎與高山族特色有點相悖。他一臉堆笑，連忙順水推舟說道：「讓我們用掌聲歡迎這位先生，成為我們（高山族）部落的酋長。就我們的大首領啊！」幾番話下來，吹得我幾分得意。但是，台下的掌聲寥寥。「沒事，至少我現在是視覺中心了。」我暗自鼓勵，努力不去想台下觀眾會有什麼表情。

接下來，我被七腳八手地穿上「戲服」。這還是在幾個人幫助之下，真有點「寡人」的感覺。坐上轎，還好體重還行，四個「高山族」不是太費力。到了台上，主持人先寒暄了問了貴姓和感覺。之後，五個小伙手拉手圍著我，「嘿哈、嘿哈」的轉了一圈。主持

人解釋說，這是來自「臺灣高山的祝福」。後來聽知道他們的舞蹈改編自勇士狩獵舞。豈不是我成了他們「圍獵」的對象啦。還是旁邊的阿美姑娘對頭，展手鞠身——表示尊敬。下一個環節，一旁的「阿美姑娘」輕輕地從雙連杯中取出一杯酒。主持人大聲介紹，「這是熱情、好客的族人，專門為酋長準備的小米酒」。心想不就一杯米酒麼？不是和我們閩中客家釀的米酒度數差不多。但是，我還有點猶豫，怕酒後亂性。沒想到台下觀眾沸騰起來。「喝啊！喝呀！」我想想，不能讓觀眾看低了，也不能對不起「高山族」同胞的「熱情、好客」呀。於是一股腦喝了下去。剛完事，主持人接上話：「剛才是讓酋長帶領我們敬天、敬地。現在的第二杯要祝福我們的祖國——安定、和諧。一旁的高山族男子持杯走到面前，先自轉數周後，彎腰、敬酒。這杯酒意義大了，不喝過不去。這兩杯酒過後，酒勁上來。我暗自尋思，這有50度吧。之後才知道，這其實是金門高粱酒，56度之高。最後一次，是祝福全場觀眾「幸福美滿、事事順利」。這還得喝。台下觀眾更熱烈了。

幾杯酒下肚，臉開始發燙、頭發暈。沒想到還有一個環節，主持人讓我手握兩條繫棉紗的木棒。然後讓一旁的阿美姑娘點燃。主持人在一旁解說，要我給大家教一句祝福語言。我想，「高山族語？是哪一個系的呀？」主持人沒看出我的想法，面對觀眾說「當大頭目說『咿呀』的時候，觀眾朋友就一起跟著喊『咿呀』。」這時候，台下的熱情不減，我也借著酒勁大喊「咿呀」，聽到對面觀眾高舉起的響應——「唔～」。幾個回合下來，滿場都是熱情的雙手「支持」我。在天地倒轉中，我真感覺自己真是個「高山族酋長」了。

在這一環節中，觀看的觀眾角色對換成為被看的演員，並在舞台正式演員的引導下自編自導舞蹈的動作，不斷地積極參與到整個劇情的表演設計中。現實中的自我形象，是各種標籤為「城市的」、「漢人」、「遊客」的複合「現代人」形象，卻在「大頭

目」的角色扮演中全部被顛覆為「原始」、「有威望」的「部落酋長」形象。可以說，這時候的觀眾儼然成為想像中的演員。他們沒有事先排戲，沒有腳本依託，而只是即興創作。就我而言，這個表演事件是透過「第三空間」創造出來，成為舍赫納所指稱的「環境戲劇」的組成構件。我的幾個朋友，包括在場的其他觀眾，不僅在觀看我的表演活動，也在置身於想像的「族人」角色。這樣的遊戲環節設計，將演員和觀眾、觀看和被看的二分法打破了。共用的表演體驗，成為模糊角色的兩者，在空間中呈現自我的一個重要方式。可以說，從穿戲服、坐轎子、喝酒到向觀眾祈福的整個事件流程中，我都在用身體的移動、姿態的表演實踐著想像中的演員角色。而且，互動環節中的觀眾，也不再是固定在觀看的位置上，而成為台下的表演參與者的組成。所有人不加掩飾自己的「錯誤」（這裡的「錯誤」是指，不是根據腳本設計，而根據主持人、演員的引導，按照各自意志塑造角色的即興表演）動作，而是進入表演所建構的想像空間中，調動身體感官全方位地想像、參與、體驗「高山族酋長」和「族人」之間的對話。

圖4-4 《歡迎大首領》遊戲（攝於2007-5-2）

2.「跟我學」：竹竿舞

再看看其他觀眾的參與和體驗。下一個節目是竹竿舞，也是一個互動性很強的節目。在「竹棒舞春風」結束之後，男女演員分四列擺開竹竿陣。主持人就開始動員大家上台表演。我的幾個朋友也上去跳了，開始音樂節奏放得很慢，讓大家先習慣基本步伐。主持人在舞台上，來回走動，似乎在向參與者「教學」舞蹈要領：「大家聽我口令：開合、開合、開開合……」。幾個男生就是猜不對，老碰到竹竿；女生相對好點，畢竟樂感比我們強。幾個來回後，適應訓練結束，竹竿的節奏加快。場面有點亂。有的人怕竹竿夾腳，停止舞蹈。有的人似乎找到路數，來回自如。還有人用雙手搭在「高山族」的肩膀上，兩眼卻死死盯住雙腳的跳動位置。這時候，有一個十來歲的小女孩出現在觀眾的視野中。她是這麼地可愛，一邊小心地牽著阿美「阿姨」的手，另一邊的雙腳卻如跳毽子般靈活。4分鐘左右的時間，遊戲結束了。觀眾也陸續回到座位上。

　　這時候我趕忙問了幾個朋友的參與感受。他們都表示「有點刺激」，但想法存在不同：

　　小李感覺很平淡，堅持舞蹈要「進行改進」。他說：「以前我在電視裡看到過。今天能親身體驗一下啦。竹竿敲打聲很激烈阿。但我一旁的『高山族』美女的帶領下，大家醜態百出。我覺得自己跳得還不錯啦。想像自己在跳橡皮筋。都一樣。希望這個節目保留下去，節奏感強又富有民族特色。……這一輪當然是不會過癮的，還要熟悉一下。你去跟他們說說，建議在跳的時候，唱唱高山族傳統的歌謠就更好了。」（隨行聊天筆記，時間2007-5-2，以下小何、老張的談話出於同一時間段）我知道小李來得不止一次。有意思的是，上次的互動的時候，他的動作僵硬、變形。下舞台的時候，連連抱怨節拍很難跟上。而現在舞得有點專業水準、像模像樣的，小李卻開始「提議」傳統要「保留下去」。

　　小何是一個私企職員。剛結束竹竿舞的時候，第一句話就問我

「你怎麼不上去？」我笑笑，說想聽他的想法。他告訴我，「噢。你看這些舞蹈，和我在海南民俗村裡跳得一模一樣。好像是黎族的舞蹈吧，我不太記得了。有可能是高山族和我們大陸的少數民族存在有關係呢。」說到這裡，他笑了笑：「以前在中學的課本就學過，現在看過一些網站資料，對我們來說，這都一樣的。」我追問說：「什麼都一樣呢？」他不解地看了我一眼，然後認真地說：「看過寫書，歷史專家說過他們是從我們大陸遷移過去的。記得我在海南看到黎族的舞蹈表演，感覺是一樣的。眼睛見為實嘛。臺灣那邊文化就是我們大陸傳過去的唄。」在小何看來，身體的體驗目的不但是為了娛樂，同樣需要感受書本知識對高山族「同根同源」的描述。換句話說，他是在身體移動中想像兩岸少數民族的所有具有的同根特徵。

　　老張倒是很平靜。「……基本節奏就是『點腳—點腳—跳跳跳』。節奏對了，就現學現賣。後來跳著跳著，倒也有幾分『高山族』的樣子。」他接著說，「以前在雲南的苗族風情園跳過。剛開始的時候，就是不敢跳進去，生怕那竹竿夾到腳，好不容易鼓起勇氣跳了進去。現在旅遊的地方多了，國內少數民族都有這個舞蹈，也自然就學會了。」「本來想學那些人在竹竿上踩（的難度動作），想想還是算了。下次再挑戰自己吧。」不難看出，多次的外地旅遊經歷，成為他竹竿舞不斷學習的機會。不同與笨拙的初學者，老張每次都站到領舞的「高山族」「美女」（廈門當地人對女士的一種尊稱）身邊，向台下、背後的觀眾炫耀自己的「熟練技術」。

　　還有一些團隊遊的個案，從集體的角度表達不同的聲音。這裡包括商務團和學生團的各種看法。首先是，來自臺灣燦坤企業的商務遊（這部分企業遊的訪談時間為2008-1-19）的訪談。「有上台去學。節奏慢的時候，跟得上。後來加快了，我有點想挑戰自己，努力去跟，還是被夾到幾次。」「很刺激。有幾次看著就要夾到

腳，一晃就過去了。呵呵。」「大家都爭著上前，都是新員工，上去主要是體驗他們的文化。來這裡就是圖開心。」「圖開心」在其他訪談中也占一定的比例，還有的人體會到「高山族人的親切感」。一位來自浙江的導遊很高興，「團結舞與竹竿舞的互動讓觀眾和演員融化成一體。感覺就像一家人那樣——很親切、很溫馨。」（一次偶然的聊天筆記，時間2007-7-23）汪老師是從武漢來廈門組織夏令營活動的一位元小學老師。他說：「我覺得感受最深的應該是，台上台下的互動吧。竹竿舞蹈在現場學，很好地讓學生們參與其中。」來自熱苗小學的肖主任說，「（竹竿舞）蠻磨練一個人的智力的。手、眼、腳都要協調。」她還發現了「高山族」沒有距離感，「在來民俗村以前，我一直覺得高山族很陌生，就像外國人一樣——居住在很遙遠的地方。」（學生遊的訪談筆記，時間2008-1-19）

　　與前面散客的個性化表演不同，商務團和學生團關注的是集體性。無論是學校的老師，還是企業的領隊，都強調整體的協調、共同參與一項文化活動。比如，燦坤企業的主辦方希望舞蹈過程中，員工的互助表現有利於之後投身到企業的「大熔爐」中。因此，領導往往鼓動每個團隊在隊長的帶頭下行動，並強調互動體現出：男生要多照顧女生，老員工要幫助新員工的公司文化。而組織夏令營的老師則有所不同，他們特別強調師生教學的傳承關係。這表現在兩種表演的現象上：一是老師緊跟在高山族演員，面向學生教授步伐的要領；二是老師自成一佇列，邊演邊想一旁模仿的中小學生示範動作。在他們看來，舞台空間成為他們進行學校外的「第二課堂」。演員示範的跳躍要領，成為學生團裡老師進行現場教學的素材。同樣，這裡的竹竿舞互動中，演員和觀眾的邊界在空間實踐中再一次模糊。兩者融合了一些異質的社會框架，如上面所說的領導和員工、老師和學生的複合關係，重新詮釋了竹竿舞力圖建構「高山族文化」的想像。

3.「拉起我們的手」：團結舞

編導介紹說，作為壓軸的團結舞（拉手舞）在臺灣少數民族地區已有悠久的歷史。查找文獻，我瞭解到：拉手舞又名「蹋蹄」（即踏歌），高山族民間群舞形式之一。早在三國時期，沈瑩在《臨海水土志》中對此有所記載。《隋書•東夷傳》云：「流求國（按：臺灣之古稱，原引文注），......歌呼蹋蹄，一人唱，眾皆和，音頗哀怨。扶女子上膊，搖手而舞。」據《北史•流球傳》中描寫了記載：「歌呼踏蹄，一人唱，眾皆和，音頗哀怨，扶女予上膊，搖手而舞。」這種一人領唱，眾人相和，踏地為節的情形，與今天的「拉手舞」的特點是基本一致的。清代《臺灣生熟悉圖像》中畫有一幅若干人拉手而舞的形象。各種獨特的拉手方法，及踏足環舞的姿態，與高山族的「拉手舞」基本一致。在臺灣少數民族樂舞網站中，拉手舞的起源於部落祭祀部分，屬於集體強化儀式（rites of intensification）。包括收穫祭、團結祭、或複合式的年祭時所跳的舞蹈，還有阿美人的年祭、排灣人的五年祭、卑南人的大獵祭、鄒人的戰祭、賽夏人的矮靈祭等，一些祭典時跳的舞蹈。從舞者隊形的安排上，男女有別、長幼有序的社會關係，一目了然。此外，臺灣少數民族社會雖賦予舞蹈各樣的情境意義，舞蹈強化社會凝聚力，也是個人表現自我以受社會評價的時機。但是最終目的仍是在強化社會一體的價值觀。（參見 http://www.arte.gov.tw/aborigine）

同樣，在民俗村的團結舞是觀眾和演員一起完成。（如圖4-5所示）他們來到舞台和觀眾之間的「第三空間」中，拉手合圍。從三、五人開始，十數人，甚至數十人的加入中，觀眾和演員不斷拉大舞動的範圍。在《高山青》有節奏的「阿依呀哦耶」的襯詞助興下，男女相間交插排列成圈，上步、撇步，抬腳，做著簡單的步伐。人數可以不斷增加，直到圓圈大小受場地限制而無法容納新人的時候，再開出一圈、兩圈、多圈。麥克告訴我，「這個舞蹈強調

協調——演員和觀眾的協調、轉動方向和步伐的協調、相鄰人之間的協調。」設計者希望所有參與者都感覺到——無論是方向、旋律、快慢、強弱等，都是在追求彼此之間的一致性。再最高潮的時候，這些動作似乎都有一個共同的目的——踏出強弱的「腳拍子」，與旋律附和成趣。實際上，這種舞蹈的一致性是需要漸進的過程。往往在開始的時候，參與者一邊依次平淡地步行，一邊看著演員左、右側走的步伐進行模仿。這期間，總有幾個「不安分」的觀眾笑場退出，或是插入其間的觀眾干擾了原先動作學習的過程。要不了幾分鐘，先是女性觀眾，然後是男性觀眾，開始跟上音樂節拍，掌握基本的行走規律。左行三步，換位，右行三步。再十分鐘後，觀眾開始學著側身、踢腿。但往往動作不一，形成不了協調一致的整體效果。每到這個時候，圈子中央就會悄悄鑽進一個男演員作為領舞。這時候，合圍的觀眾目光都會彙集到他的體態、身姿和動作上面，再進行第三次的舞蹈學習。二十分鐘左右，眾人舞蹈動作逐漸取向一致，有幾分群舞的味道。卻有例外的是，更多的觀眾把拉手舞當作是兒時玩耍的「拉圈」遊戲。他們的身體實踐甚至違反舞蹈的基本步伐、音樂節拍、移動方向，而帶著演員圍著中心瘋狂地甩、轉。也許，這可以看作是參與者對拉手舞的協調性的一種另類的闡釋。

圖4-5　團結舞的互動現場（攝於2007-8-1）

　　舞蹈結束時，我詢問了幾個參與者。他們的觀點不一，但強調了「共同」的感覺。大體有兩種趨向：一是團隊凝聚力的強調；二是對「兩岸交流」的主題回應。首先，企業團的員工將舞蹈作為員工團結的表述。比如，小甄說，「當時很多員工都上去，圈圍得非常大。幾個演員插到隊伍中，都有點亂。但重要是有那種感覺：大家一起跳，很融洽。我兩邊都是女孩子，平時（拉手）都不好意思，但在當時就沒覺得。」（企業遊訪談筆記，時間2007-8-11）小聶很感慨：「感覺同事在一起，像家一樣很親切。」其次，學校的老師（學生遊訪談筆記，時間2008-1-19）思緒更多地和「兩岸交流」的主題聯繫在一起。肖主任告訴我，旁邊就是「臺灣同胞」，讓聯想到臺灣和大陸之間的關係：「我是很認同臺灣實行『一國兩制』的方式。我們可以自由往來，沒有什麼顧忌。我在臺

灣有一個遠房親戚，現在已經六、七十歲了。我還在讀小學的時候，他就和我們聯繫上。直到現在，他還很掛念我們這裡，但不能經常過來（大陸）。當時，他是因為徵兵而去的臺灣。」回到民俗村的辦園主題上來，他強調說，「......我覺得，民俗村辦一個高山族和觀眾的互動，也是這樣。增加兩岸人們之間的文化瞭解。不管是原始的，還是現代的元素在裡面，主要我們手來手，一起交流，什麼誤解都可以變成理解。」周老師表示學生和家長需要溝通，兩岸同樣需要溝通。「就像我們主任所說的那樣，透過互動很帶動我們，家長和孩子之間的交流。現代的社會太缺少時間了。每個人都在忙工作，缺少的正是交流。還有，藉助這個機會讓我們瞭解高山族。本來課本上的知識，圖片上的形象，現在讓大家用另一種方式，身體體驗的方式，來理解高山族文化。這個舞蹈中，不管你是哪裡來的——臺灣也好，大陸也好，不用什麼複雜的語言交流，大家在一起拉手跳舞，這就有了心與心的交流。」

四、協商的主體性

綜上所述，娜麓灣劇場營造的互動式體驗，是由編導、演員、觀眾，共同建構的一種以「觀看」的視覺觀賞、身體實踐為主的旅遊體驗。在整個觀演互動中，編導為了迎合市場需要，觀眾基於新鮮、獵奇的衝動，舞者力圖試圖闡述好「高山族」的角色；三方主體在舞台表演的不同場景中相互結合，共同演繹著標籤為「高山族」的舞蹈。本文認為，圍繞著觀眾參與過程的能動實踐，推動著其他主體（編導和演員）合力建構對「兩岸文化交流」的多元化解讀。如此，「同根同源」話語以某種方式協調各主體對臺灣原住民文化的共同理解，以達到各主體之間的某種契合。

我們可以簡單描述出這樣的流程。首先，觀眾到臺灣民俗村觀看表演，是希望看到「真實的」高山族舞蹈，以期待建構完整的

「臺灣高山族」形象。這樣的市場需要，置編導於兩難的處境：一方面力圖引進原生態文化滿足觀眾獵奇的心理，另一方面面臨市場運營高成本的壓力。其結果是，兩種展演策略的採用：一種是使用「同根」話語作為選擇演員的依據，雇傭南方少數民族以「扮演」和呈現臺灣高山族的文化；二是引用和改編臺灣九族文化村的節目文本，重新塑造在廈門的「原始」、「奇異」的他者想像。接下來，演員透過身體實踐的學習，結合本民族相似的、「同根」的風俗傳統，將所理解的高山族文化外化為舞台呈現的表演形象。而觀眾透過觀看、身體實踐，與演員發生符號互動和交流，一起生產所謂「高山族」的文化體驗。這一體驗延伸出遊客不同面向（例如，上述觀眾建構出的高山族的形象類型）的認知和理解，以至於形成對差異化的「高山族」刻板印象。反過來，這些刻板印象又推動遊客參與到文化展演的市場消費當中。結果是，三個主體在舞台空間中共同構建「高山族」的想像中並達到契合，都成為生產和消費迴圈鏈中不可少的環節。其中，編導和演員不斷對文本賦予意義（生產），而觀眾透過實踐不斷解讀意義（消費）。

在這個意義上，表演空間實際上是由表演者和參與者共同來賦予意義的。其意義透過展演文本的建構而得以生產，並透過觀者的觀看行動而得以消費。這樣，空間實踐依託於話語呈現的他者理解，並在消費文化中不斷促進表演者和參與者共同協商符號的意義。而協商的本身，也是處於不斷的流動之中。

結論與反思

一、文化展演的同構性

　　本研究考察博物館、主題公園在政治和經濟兩個不同維度中，如何展現設計者賦予意義和參觀者解讀的各種實踐。其中，「同根」的表徵體系形塑著建築景觀和展覽空間，並賦予秩序化、邏輯化的主題敘述，為所有參與者造就「非常」的身體體驗——透過視覺為主的感觀體驗，讓參觀者進入空間生產的概念體系當中。參與者透過在展覽空間中多元化的親身體驗，實踐著個人經歷與表徵體系之間的互動和對話。這樣，意義不斷被賦予、被解讀，觀演關係不斷被複製和生產著，最終所有主體在觀念上達成協商和契合。雖然每個主體基於不同動機和目的而表現出各自的能動性，但不是對結構的抵抗，或甚顛覆。確切地說，所有主體在空間實踐中不斷協商中，讓「同根」的表徵體系維繫著其存在的合法性。不僅如此，「同根」的表徵體系透過文化同構的方式，與經濟、政治力量「不謀而合」，繼續在類似的空間中滲透，以至於讓更多的景觀設計、展演主題等加入其中，呈現出同一化歸的主題化趨勢。

　　以上各個章節，圍繞著供視覺參觀的人造景觀，是如何在三個連續生產的空間中展演著「同根同源」的話語體系。根據田野調查中獲得的生活史、傳奇故事、個人記憶，社會活動的音像記錄、文字書寫的資料收集、整理和分析，探討了文化展演的空間轉化——建築呈現、主題表述和空間實踐三個階段所進行的展演實踐，分析各個參與主體（生產者和消費者）如何在「同根同源」的話語作用下，實現著各自的主體性，並最終達成某種協商。文章論述的「同根同源」展演，分別採用兩個維度進行敘述：一是經濟維

度的民俗村；二是政治維度的博物館。

在經濟維度中，民俗村藉助「同根」話語，讓消費者「到這裡」進行體驗為中心的生產消費，以成就企業贏利的最終目的。這其中，「同根」的符號被包裝在各種文化商品當中，向到來的遊客販賣各種奇觀式的體驗。具體到個案中，這一過程的實現卻表現出兩對張力：一是「原始」和「熟悉」的意義衝突；二是真實和虛假之間的價值衝突。最終，這兩對矛盾在「同根同源」的話語表述下，都在所有參與者的共同參與中得到協商。這可以表現在：建築者在「高山族」建築中展現高山族與大陸的淵源關係；展覽負責人在「正宗」符號敘述中隱含兩岸工藝的師承關係；編導聘用的新演員與「高山族」具有文化的相似性；觀眾為了探索「高山族」形象而到民俗村觀看、體驗，帶來對企業服務的消費；演員透過學習「高山族」而獲得展現本文化的舞台空間。

在政治維度中，博物館使用「同根」話語，讓參觀者到這裡接受兩岸「同根同源」的知識學習和體驗，以表達反「臺獨」的政治訴求。這其中，「同根」的符號內化到各種展品、場景當中，以類儀式的體驗方式，讓參觀者感受系統化建構出兩岸的「共同」記憶。在這一過程中，同樣表現出兩對張力：一是「權威」編碼和「娛樂」解讀之間的衝突；二是歷史「實證」與「理想未達到」之間的衝突。最終，這兩對矛盾在「同根同源」的話語表述下，所有參與者在共同參與實踐中達到協商。這可以表現在：建築設計者力圖展現文化的傳承關係；展覽規劃者在「緣」的分類實踐中，敘述著兩岸民眾生活上的諸多相似性；觀眾為回憶過去而激發對臺灣親人的思念，以及個體對中國人的身分認同，等等。

無論是哪一個維度，都具有展演脈絡的同構性。「同根同源」的表徵體系作為「大一統」的知識建構之一，藉助文化相似性作為一種進路，滲透到空間的占據、挪用，進而達成旨在「促進交流」

的文化展示的各種空間生產中。誠如個案所述，在博物館、民俗村有意圖的作用下建築銘刻於地表上，並融合進各種展現「同根」的符號和意義，形成城市名片的風景座標。而空間內的物品按照一定邏輯的陳列和安排，同樣承載了空間設計者如何理解各主體之間的關係，包括商人和消費者，主題策劃與參觀者，政府與地方機構、企業之間的各種社會關係。「同根」的表徵體系需要透過展演而不斷運轉，這需要透過空間得以視覺化的呈現，其中包括了意識、想像與規範的空間表徵。對博物館而言，如何落實「緣」的主題思想，以物品的排序和文字表述，決定了「同根」話語的意義、功能是如何被具體化，並分解到每個展示的空間當中。然後，透過參觀者的身體移動、視覺體驗的過程而得到有效的解讀。從這個意義上講，空間的塑造可以被看作「同根」話語的視覺表達，而「同根」的話語憑藉空間塑造的支持而處於不斷生產之中。

那麼，「同根」話語是以什麼方式鑲嵌到兩個不同地點、不同職能的景觀當中呢？簡單用「相似性」作為詞藻修飾一筆帶過，似乎無法說明深厚的文化根源。我認為，這一鑲嵌方式與歷史學、文化學、倫理學所探討的「家國同構」概念，存在某種必然的聯繫。許多歷史學研究表明，「家國同構」是「中華文明」對古代主流的文化認同和接受的思想觀念（價值觀）。追溯起源而探討這一價值觀如何在「華夏文明」中得以發展、擴散等一系列歷史命題，不是本書重點討論的問題。關鍵的問題是「家國同構」的基礎是什麼。學者的研究表明，「家國同構」的價值觀形成，與古代「簡單的社會結構」存在聯繫：社會以家庭為中心，締結人與人的基本關係；而統治者與個人的關係，是權力指派的關係。這兩者構成家族和國家兩個基本的組織系統。前者在文言中表示「家」的概念，而後者的表述較為多樣，比如「邦」（呂關泉，呂紹綱，周易入門，長春：吉林人學出版社，1988年）、「國」（孟子•梁惠王上，北京：中華書局，1985年）、「天下」（指《尚書•弘洪》中的「天

下農民父母，以為天下王」）等。這些概念的形成，都說明家庭為中國古代社會的基本單位，與統治權力具有直接的聯繫。這一聯繫的強化，以至於形成某種價值觀，是漢人的儒家思想的廣泛教化中得以實現。其中，「治國、齊家、平天下」的類似觀點在許多經典中可以找到。比如《禮記》有「欲治於其國，先齊其家」；《荀子》道：「君者，國之隆也；父者，家之隆也。隆一而治，自古及今，未有二隆爭重而能長久者」。不難看成，「家國同構」是將家庭的父子關係，外推到家與國關係之上。而強調「父子」和「君臣」的上下關係，是其同構的一種基本關係。從價值觀來看，將個人對家的「孝」與對國的「忠」聯繫在一起。這樣個人對家庭、家族的倫理道德的服從，在政治上成為對君王統治的順從。

　　回到本研究中，主題公園和博物館的文化展演，都呈現出對「家國同構」價值觀的當代解讀和結構移植。在第一個階段人造景觀的建造中，民俗村選擇「高山族」符號、博物館選擇「閩南文化」符號，都在力圖說明臺灣文化與中原文化、閩南文化存在建築同構的關係。民俗村使用干欄式的家居建築，而博物館使用紅磚厝的民宅，並以小見大的方式，從家居的相似推及更大的建築文化相似，以說明兩者之間的文化根源關係。第二階段物品展示主題化中，民俗村選擇「正宗」臺灣商品和博物館以「緣」作為陳列設計的主題，都是將文本表述依託於「同根同源」的歷史記憶上面。其中，民俗村強調商品的工藝源於大陸，工匠多來自閩南地區；而博物館強調兩岸關係類似於「割不斷、捨不棄」的緣分。兩者都強調了兩地在歷史上的（擬）家族關係——在臺灣的漢人祖籍絕大部分在中國福建。第三階段的空間實踐中，民俗村的演員選擇和觀眾尋找的想像應驗，是基於「同根」的知識建構，即臺灣「高山族」源於大陸的南方少數民族。博物館的空間設計和觀眾的身體實踐，都圍繞著將個體對家的小情感，上升為對國家認同的大情懷。這些都是家國同構的典型表現。

二、觀眾、演員和文化腳本

（一）觀眾和演員的定位

狹義的表演理論將演員看作是舞台表演的主體。從廣義的社會表演來看，生產者和消費者既是演員，也是觀眾。在辛格（Milton Singer）那裡，表演被廣泛定位為各種文化要素的展示。（Singer, M.When a Great Tradition Modernizes. New York: Praeger. 1972.）這可以看作是將表演研究的視角擴大到雙方之間的互動，以此涵蓋觀眾、表演者、創作者，場地、文本的各種研究而成為一個整體。在本書中，生產者和消費者是兩個核心的主體，他們從人造景觀的建立，主題思想的表述到各種空間的實踐活動，都在以各種方式不斷地敘述對「同根用源」話語的不同理解。這裡，「同根同源」的話語體系是兩者表意和解意（編碼和解碼）的文化腳本。在中國的當代社會中，文化腳本的論述邏輯相對固定，而演員和觀眾的角色卻處於不斷轉化、變換的過程當中。

在博物館的空間實踐當中，參觀者對展品符號的認知、以視覺中心為中心的體驗引導「同根」話語的主題化敘事；而博物館也透過各種展現設計塑造複合式的身體體驗，並激發各種情感。在這個意義上，展覽生產者不是絕對意義上的演員，而消費者不是絕對意義上的觀眾。在民俗村的空間實踐當中，遊客對商品、舞台表演的認識，是內置於商品生產和消費的整個環節中。基於市場需要而做出的各種企業文化等策劃調整，是以迎合遊客需要為出發點和歸屬點逐步展開。在這個意義上，遊客接受各種媒介塑造的「正宗」商品形象，以及所謂高山族的「真實」形象，引導民俗村的文化策劃進行市場化的改進；而民俗村也透過各種消費符號塑造消費者「到來」的各種體驗，激發他們參與其中的熱情。同理，所有的主體不能在絕對的意義中區分出演員和觀眾的二元對立。相反，這兩者均

表現出內在的一致性，即所有參與者在共同的文化閱讀中，交換著彼此對「同根同源」話語的理解，而「同根」的表徵體系依此而不斷運行著。

從這個角度進行延伸性思考，文化展演的研究脈絡從表演客體性轉向對視覺主體的關注，正是針對演員和觀眾的固定化預設的一種反思。從封閉的劇場表演，轉移到人類儀式的探討，再到更廣闊的社會、文化空間當中，文化展演的研究逐漸擴大著理論的解釋力度。許多關注表演客體的研究，大多屬於結構主義、闡釋主義的人類學研究，比如格爾茨對峇里島社會的擬戲劇研究。這類研究中，觀眾和演員的關係似乎被固定化。從視覺的角度來看，觀眾被放置在「觀看」角色，而演員成為「被看」的角色。換句話說，表演行動似乎成為演員本身所承當的職能和本質，而觀眾只是表達資訊的接受者和回饋者。因此，在本研究中，我嘗試脫離觀眾和演員的固定化預設，轉向使用更為靈活的生產者和消費者的概念使用。其中，觀眾和遊客可以被看作是消費者，而建築者、文化策劃者、展覽設計者等被看作是生產者。從更廣泛的意義來看，他們在文化展演的話語體系中處於不斷交換的角色，可以屬於對「同根」話語的解碼者。因此，從視覺主體性出發，以「看」和「被看」雙重視角出發，作為展演現象研究的一個相對適宜的著眼點，也可作為以往研究缺失的一種補充性嘗試。換句話說，研究主體的觀看行為，可以從一個側面研究表徵體系如何在空間中運作，以及不同主體如何實踐著對社會空間的形塑。本書圍繞著建築景觀、物品擺放和空間中的身體實踐三者的研究，就是將這一雙重視角看作是理解「同根」話語如何被展示的主要方式，更是強調它是認識和理解主體參與到經濟、政治、文化實踐活動中的一個重要路徑。

（二）結構中的主體性

回到論述中。在博物館空間中，展品的「中國人」敘事建立具

有排他性的身分區隔中。也就是說，將臺灣同胞看作是「中國人」的重要組成，與「我們」成為一個共同體的表述單位。這是將各種外部力量，如「殖民者」、「侵略者」、「西方列強」等劃歸到與「他者」並列的一組對立的概念。而觀者的主體性，如個人回憶生活經歷，激發憤怒的情緒，等等，都在博物館空間中激發和釋放出來。這樣，歷史記憶、個人情感和身分區隔在「同根」的話語下環環相互扣，成為觀眾確認中國人身分的重要場所。「同根」的表徵體系透過確認「我們」和「敵人」的二元標準而得以運作。而且，知識的傳播、教化由「緣」的主題來安排展品序列，製作供體驗的展演景觀。這些方面將「同根」話語自上而下的教化過程，放在觀眾參觀的各種情感體驗上面。相對而言，民俗村的劇場空間裡，「同根話語」的教化實踐內置於遊客的觀看表演、參與互動的身體實踐當中。遊客透過區分漢族和高山族的「你-我」概念中，實踐著文化商品的從生產到消費的整個過程。因此，遊客不是被動地觀看文化表演，而是主動地參與表演——他們用身體的實踐體驗各自不同的解讀。換句話說，遊客基於高山族的形象好奇而來到民俗進行親身體驗，透過自我檢驗的方式理解「高山族」舞蹈表演的相似性和差異性。其中，差異性被認為是「原始」的表徵，而相似性卻被認為是印證了「同根同源」的一種視覺存在（fact）。

　　從整體來看，兩者空間都不是關注簡單的話語灌輸和觀眾被動接受，而是轉向迎合他們的主體性——以視覺為中心的感官體驗，由此帶來的生產者、消費者對知識學習的一系列「自我規訓」之過程。就這一點而言，與傅柯在《規訓與懲罰》中提出的「全景式監視」的概念有類似之處。傅柯認為，一方面，各種公共空間對個體實現軟性的規範和監督；另一方面，人們也透過觀看的方式，逐漸將自己與理性、知識建構的空間編制在一起。然而，在討論話語作用下的主體性時，傅柯多使用帶有「被動」、「順服」的詞彙進行修飾。這一觀點同樣在德波的景觀理論，以及布希亞的「擬

像」理論中找到相似的影子。例如，德波否認在資本邏輯下主體可以與景觀的表演進行有效地溝通。布希亞甚至認為，由仿像支援的社會結構不斷向主體兜售幻想和迷惑，並將個體放置於不斷迴圈的消費場景中加以控制。（丹尼•卡瓦拉羅，文化理論關鍵字，張衛東、張生等譯，南京：江蘇人民出版社，2006年，第198頁）不難看出，他們是客觀主義的絕對信徒，無不將結構中的主體性看作是被動、受權力支配的物件。但在本研究中，個體並沒有失去主體性、能動性而成為「順服」、無主見的大眾成員。相反，他們正積極地用身體移動體驗著對知識的理解，用情感實踐著個人、企業和國家之間的協商：

首先，在博物館空間中，參觀者將「思親人」的小情感，上升對國家「盼統一」的大情感訴求之中。觀眾在展覽觀看後，形成的各種認知（包括家和國的情感同訴、中國人身分確認、以及對「根」的詞彙發明），是大眾主體性的一種表達。他們將博物館參觀，看作是自我「角色扮演」的社會舞台。他們的參觀體驗實際上是在「扮演」生活裡的自我角色，是與權威空間的知識建構的一種互動和對話。這一對話可以看作是，觀看主體的個人經驗與理性主義建構的權威知識之間的協商結果。其次，在民俗村的舞台空間中，編導為了迎合市場需要，觀眾基於新鮮、獵奇的衝動，舞者力圖闡述好「高山族」的角色。三個主體在舞台表演的不同場景中相互結合，共同演繹著標籤為「高山族」的舞蹈。這一互動圍繞著對消費者需要的滿足而展開，卻促成了三個主體在舞台空間中共同構建「高山族」想像中達到經濟上的契合。換句話說，這一契合讓他們成為生產和消費迴圈鏈中不可少的兩個環節：編導和演員不斷對文本賦予意義（生產），而觀眾透過實踐不斷解讀意義（消費）。

（三）建構和協商：在生產者、消費者和話語體系之間

隨著一棟棟建築的興起，各種公共空間在展示的名義下再現政

治和經濟的價值和利益，逐漸淡忘了原初的意義和功能。它們跨越了地域局限，祛除了歷史和經驗深厚的背景，逐漸加入到非深度、相互模仿的空間建構的大潮流中。本研究的中國情況，與艾倫•布里曼探討美國社會的「迪士尼化」趨勢大同小異。更確切地說，在「同根同源」的話語作用下，主流意識和消費力量不斷複製、建構類似形態、特定意義的新建築、新景觀。與此同時，博物館、主題公園的主題不再是以理性、技術的信仰反映歷史根源的文化再現，轉而走向對主流話語、大眾文化的主動迎合。在這個過程中，供人參觀、體驗的社會空間被各種新、舊符號的拼接而獲得新意義的建構。建築表像、展品（包括商品）敘事、表演活動，都緊密地圍繞著消費者視覺為中心的感官體驗。在人們歡呼高雅文化從高高的祭台下走向民間生活之時，文化的視覺化呈現自然成為大眾解讀文化意義的必然趨勢。這時候，文化脫離了日常生活的語境，變成一種可以閱讀的圖像、可以觸摸的體驗。人們似乎不需要太多的線索暗示，相信依靠主流的話語、價值觀和個人想像，就可以猜個「八九不離十」。

　　話語建構的權力無處不在建構社會空間的各種姿態，透過有形的建築物扎根於地表上的社會行動而達成；接下來，就是四面會圍出可觀看的三維空間，然後不斷用經濟、政治的方式合理地將空間「概念化」；最後，透過特定話語的運轉方式，不斷同構、概念化展覽的內容，以複製出類似主題的新空間。人們在空間中的參觀實踐，成為主流價值觀被認同、接受的主要方式之一。透過豐富的藝術形態的指涉作用，人們的情感被多元化地激發出來，在記憶、想像和認同中調整、定位，並確認自己對意義的解讀。這些都在同一空間中達到某種的契合。

　　在人與空間的互動中，生產者和消費者的作用被突顯出來。生產者在文化腳本中找到消費者知道、喜歡的製作素材，以形象方式將這些素材重新組合、加工，構成供觀看、可體驗的視覺物。但

是，製造空間的行動本身，不是在反映素材本身的意義，而是在重新創造出新意義。當消費者滿懷好奇，試圖發現「新大陸」的時候，卻發現視覺物的形象是如此熟悉。當他們失望之餘，誰也不會承認自己也是意義的締造者。因為，他們的各種認知實踐，只是在證明透過何種途徑、在什麼樣的範圍內，可以接納生產者的意圖。在這個意義上，本書所說的協商，不意味著話語透過展演的方式操縱或控制參觀者，而是所有主體都被邀請來，一起參與到對空間的意義製造、生產的過程中。同時，協商也意味著主體可以透過互動、交流的方式能動地參與意義的解讀實踐當中。雖然解讀的結果往往令人失望，與原本賦予的意義並非完全重疊，甚至走向異化。但是，這一交流卻不斷透過編碼和解碼的實踐活動，以空間為依託而不斷生產著。

　　回到對研究現狀的簡要爬梳當中，我認為，當前的中國博物館陳列和設計方式存在二元分立的問題解決，需要我們從研究視角的轉換入手：從單向轉向互動。這就需要不僅強調知識的權威性建構和觀眾的解讀需要，更應將研究的關注點落下兩者的互動之中。這在本研究中表現為一種基於知識建構和認知（解碼和編碼）的雙向過程，是一種互動、交流的過程。同時，針對中國主題公園、民俗村的當前研究存在缺少話語分析，並似乎有將知識建構當成必然前提的傾向，這同樣值得我們進一步反思。本書對臺灣民俗村的分析，是在關注消費力量對文化景觀影響之同時，也將目光集中在話語（意識形態和消費力量）是如何影響技術的建造、主題思想的論述，以及最後觀眾的空間體驗的三個連續進程當中。這一方法與上述博物館研究相一致，在本書中表現為基於知識建構和認知的雙向過程的有關討論。如果說現代的博物館、主題公園一類的人造景觀，建得比任何時候都宏偉、奇特、引人注目，打造成為人類征服自然的又一個成果，以證明現代科學、技術如何地強大。那麼，僅僅做到這一點是不夠的。空間內部的設計需要「說事」，提供言

談、圖片、影像、環境等一系列視覺符號。這是知識在空間建構的兩個關鍵流程。與此同時，觀者的認知和解讀同樣重要。在本書中，參與者的觀看行為正是透過身體移動而讓感官融入到空間的具體實踐當中，透過體驗方式積極地將各種符號與個人的經驗、記憶、情感、想像等有機地編織在一起。在這個意義上，互動可以說是一種主體性的協商，是在知識教化與自我的體驗實踐當中，架起一道可以逾越的橋樑。

後記

　　從南方到北方，我體驗了一回地域文化上的差異。在廈門生活了20多年，沒感覺到閩南文化有什麼新鮮、特別之處。來到北京學習和生活後，重回福建的故土，我才突然發現「變熟為生」的奧妙之處。作為一個「生於斯、長於斯」的閩南人，從事本土研究應是得心應手之事。但是，現實的田野調查、研究訪談，以及後來的材料收集，都煞費苦心。不僅捲入其間的各種複雜的關係網絡，而且每次的交流互動，都需要我不斷變換自己的角色定位。從遊客、實習生、老鄉，到同學、臨時講解員，這些身分在實地調查中讓我成為一個「演員」，甚至到後來的文本生產也像是格爾茨所說的「表演文本」。

　　可以說，本書的寫作是一個磨練意志的過程。將收集到的點點素材整理成一個完整的文本。其中的苦楚只有自己明白。幾乎每日都去國家圖書館等圖書館查閱資料，每晚又往往熬到深夜。特別是有一段思路中斷的時候，完全不能撥開迷霧，找到前先的方向。還好，老師的教導、同學的幫助，以及朋友的希冀成為重要的後盾。在此，我一併獻上感謝：

　　首先把感謝獻給我的導師王建民教授。本書是在他的悉心指導下、循循善誘的基礎上完成的。從田野調查、框架構思、章節寫作，到後來的多次的修改中，王老師提出了許多富有價值的意見和建議。回顧跟隨王老師的三年學習，他開拓思維、嚴謹治學、開明睿智的啟迪，都讓我受益匪淺。老師為人謙和、儒雅和善，處事和治學上對學生嚴格教誨。每每回憶起其中的點點滴滴，都能讓我受益終身！感謝我的幾位教師：潘蛟教授從族群認同理論方面、潘守永教授從展示理論的脈絡、王銘銘教授從閩南地域文化的研究，以

及翁乃群研究員從文化再生產的理論，給了我富有深度的批評和啟發。最後田野調查的內容、訪談提綱的再設計，以及調查的關注點選擇，其中的許多方面的修改來源於老師們的貢獻。還要感謝所有教過我的老師，是他們從多元的角度敞開人類學的大門，讓我有可能循道以體會這門學科的大智慧。

然後是我的家人。我是一面在家設計提綱、整理材料，一面下企業和博物館進行實地工作。家，成為我論文研究的「辦公室」。不得意時，與家人傾訴；順風浪時，與家人調侃。許多思緒、火花就在那時迸發出來。所以，家人的照顧、關心，以及經歷的談天中，給了我雙份的支持。亦親亦師，乃人生一大幸事。

再下來，我要感謝同學的幫助。同門師兄弟姐妹給了我良多的啟發，宛如黑夜的明燈，點亮迷航的帆船。跨專業的交流、碰撞，也為我的寫作引爆靈感。這些積聚能量的無私幫助，都讓我體會到久逢甘露般的珍貴。

還不能忘記的是那些田野中遇到的受訪者。感謝民俗村的企業業主黃景山、管理層的幾位經理，閩臺緣博物館的領導楊彥傑、陳健鷹等，資訊中心的陳紹陽；講解員陳甜甜、阮玲娜、洪小靜、林闖敏、丁一哲、范怡婷、黃毅等，還有許多不知名的參觀者、導遊、遊客對我的研究理解、支持和幫助。我相信，相見相知就是一種「緣」。總之，這些「幕後」英雄，都值得我一生銘記。

最後，謹將此書獻給所有參與文本製作的人們，特別是獻給跟隨我的愛人陳美芳和兩個即將出世的雙胞胎孩子——他們打開了飛向未來的窗戶。

國家圖書館出版品預行編目(CIP)資料

兩岸同根同源的文化展演研究：以臺灣民俗村和閩臺緣博物館為例 / 潘峰著. -- 第一版. -- 臺北市：崧燁文化，2018.12

面； 公分

ISBN 978-957-681-666-6(平裝)

1.文化交流 2.兩岸關係

541.28　　　　107021632

書　名：兩岸同根同源的文化展演研究：以臺灣民俗村和閩臺緣博物館為例
作　者：潘峰 著
發行人：黃振庭
出版者：崧燁文化事業有限公司
發行者：崧燁文化事業有限公司
E-mail：sonbookservice@gmail.com
粉絲頁　　　　　　　網　址：
地　址：台北市中正區重慶南路一段六十一號八樓 815 室
8F.-815, No.61, Sec. 1, Chongqing S. Rd., Zhongzheng Dist., Taipei City 100, Taiwan (R.O.C.)
電　話：(02)2370-3310　傳　真：(02) 2370-3210
總經銷：紅螞蟻圖書有限公司
地　址：台北市內湖區舊宗路二段 121 巷 19 號
電　話：02-2795-3656　傳真:02-2795-4100　網址：
印　刷：京峯彩色印刷有限公司（京峰數位）

　　本書版權為九州出版社所有授權崧博出版事業股份有限公司獨家發行電子書繁體字版。若有其他相關權利及授權需求請與本公司聯繫。

定價：450 元

發行日期：2018 年 12 月第一版

◎ 本書以POD印製發行